Joachim Schwede

Praxisleitfaden Gesetzliche Unfallversicherung (SGB VII)

Arbeitsschutz · Arbeitsunfall · Berufskrankheit

5., aktualisierte Auflage

ecomed
SICHERHEIT

Bibliografische Informationen der Deutschen Nationalbibliothek

Die Deutsche Nationalbibliothek verzeichnet diese Publikation in der Deutschen Nationalbibliografie; detaillierte bibliografische Daten sind im Internet über http://www.dnb.de abrufbar.

Bei der Herstellung des Werkes haben wir uns zukunftsbewusst für umweltvertragliche und wiederverwertbare Materialien entschieden.

ISBN 978-3-609-69209-8

E-Mail: kundenservice@ecomed-storck.de

Telefon: 089/2183-7922
Telefax: 089/2183-7620

Titelbild: AdobeStock

Satz: Fotosatz Buck, 84036 Kumhausen/Hachelstuhl
Druck: CPI books – Leck Gmbh, 25917 Leck

Inhaltsverzeichnis

Abkürzungsverzeichnis

Abs.	Absatz
a.E.	am Ende
a.F.	alte Fassung
AFG	Arbeitsförderungsgesetz
ArbRAktuell	Arbeitsrecht Aktuell
ARP	Arbeitsschutz in Recht und Praxis
Az.	Aktenzeichen
BAG	Bundesarbeitsgericht
BeckRS	Rechtsprechungssammlung des Verlages C.H. Beck (beck-online)
BG	Berufsgenossenschaft
BGBl.	Bundesgesetzblatt
BSG	Bundessozialgericht
BSGE	Entscheidung zitiert aus der amtlichen Sammlung, jeweils mit Band-Nummer und Seitenzahl
bspw.	beispielsweise
bzw.	beziehungsweise
d.h.	das heißt
D/K/K/W	Däubler/Kittner/Klebe/Wedde, Kommentar zum Betriebsverfassungsgesetz, 18. Auflage 2018, Bund Verlag
f.	folgende
ff.	fortfolgende
FD-ArbR	Fachdienst Arbeitsrecht, Verlag C.H. Beck
FD-MedR	Fachdienst Medizinrecht, Verlag C.H. Beck
FD-SozVR	Fachdienst Sozialversicherungsrecht, Verlag C.H. Beck
i.d.F.	in der Fassung
KassKomm-Bearbeiter	Kasseler Kommentar Sozialversicherungsrecht, 2. Auflage (einschließlich aktueller Ergänzungen), Verlag C.H. Beck
LSG	Landessozialgericht
MDR	Monatsschrift für Deutsches Recht
m.w.Nw.	mit weiteren Nachweisen
NJW	Neue Juristische Wochenschrift
n.v.	nicht veröffentlicht
NZA	Neue Zeitschrift für Arbeitsrecht
NZS	Neue Zeitschrift für Sozialrecht
o.g.	oben genannte(r, n)
RVO	Reichsversicherungsordnung

S.	Seite
Schulin-Bearbeiter	Schulin, Handbuch des Sozialversicherungsrechts, Band 2 Unfallversicherungsrecht, 1996; Verlag C.H. Beck
SG	Sozialgericht
SGb	Die Sozialgerichtsbarkeit
SGB	Sozialgesetzbuch
Soz-R	Sammlung der Entscheidungen des Bundessozialgerichts, 3. Folge; Carl Heymanns Verlag
u.a.	unter anderem; und andere
usw.	und so weiter
z.B.	zum Beispiel

Vorwort

Das vorliegende Buch ist ein Handbuch für die Betriebs- und Beratungspraxis – es erläutert die Grundlagen des Gesetzlichen Unfallversicherungsrechts und stellt diese in einen Kontext mit allgemeinen Fragen des Arbeitsschutzes. So gehört das Buch in die Hände aller derjenigen, die im Betrieb mit Fragen des Arbeitsschutzes befasst sind, seien es nun Sicherheitsbeauftragte, Fachabteilungsleiter, die Unternehmer selbst (bei kleinen und mittleren Unternehmen) oder Betriebs- und Personalräte. Aber auch die Mitarbeiter der Berufsgenossenschaften und freie Berater auf dem Gebiet des Arbeitsschutzes haben die Möglichkeit, mit dem Buch gezielt und praxisnah Fragestellungen aus dem Betrieb zu bearbeiten. Eine Vielzahl von Beispielen und Praxistipps machen die eher graue Theorie lebendig. Um im Schadensfall zu wissen, welche Leistungen in Anspruch genommen werden können, sind diese und das damit verbundene Verwaltungsverfahren erläutert worden. Ein eigenes Kapitel zum Thema „Berufskrankheiten", das sich auch mit Fragen psychischer Belastungen am Arbeitsplatz auseinandersetzt, ermöglicht den Aufbau von Grundlagenwissen, das zur Vermeidung dauerhafter gesundheitsschädigender Belastungen im Arbeitsumfeld notwendig ist.

Das Recht der Gesetzlichen Unfallversicherung ist insbesondere im Bereich der Arbeits- und Wegeunfälle sowie der Berufskrankheiten stark durch die Rechtsprechung der Sozialgerichte geprägt: Sehr allgemein formulierte Gesetzestexte lassen einen breiten Auslegungsspielraum zu, den die Rechtsprechung ausfüllt. Im Buch werden deswegen alle wichtigen allgemeinen Rechtsregeln anhand von Beispielen aus der Rechtsprechung erläutert. Die Erläuterungen folgen damit im Ergebnis auch den in der Rechtsprechung entwickelten Meinungen. Wegen der Ausrichtung auf die Betriebspraxis wurde auf die Darstellung eher akademischer Fragestellungen vollständig verzichtet. Für die aktuelle Ausgabe wurden erneut weit über 200 Entscheidungen aus den letzten Jahren ausgewertet und eingearbeitet.

Da ein Buch sich nur im Sinne seiner Leser entwickeln kann, freuen sich Verlag und Autor über Anregungen und Kritik.

Die 5. Auflage wurde durch eine große Zahl aktueller Entscheidungen und wichtiger Aktivitäten des Gesetzgebers, z.B. zum Unfallversicherungsschutz im Homeoffice, ergänzt.

Mein besonderer Dank gilt meiner Frau Gaby Schwede, ohne deren Mitarbeit und Unterstützung dieses Buch nicht möglich gewesen wäre.

Aichach, im Herbst 2023, Joachim Schwede

1 Entwicklung und Bedeutung der gesetzlichen Unfallversicherung

Prinzipien der Sozialversicherung

Die Unfallversicherung ist wie die gesetzliche Kranken-, Pflege- und Rentenversicherung ein Zweig der **gesetzlichen Sozialversicherung**. Die wichtigsten **Prinzipien der deutschen Gesetzlichen Sozialversicherung** sind:

- Dem Versicherten steht unabhängig von seinen Beitragsleistungen Versicherungsschutz zu,
- es erfolgt keine Prüfung der Bedürftigkeit und
- die Träger dieser Versicherung sind selbstverwaltete Körperschaften des öffentlichen Rechts.

Wichtig ist die sozialpolitische Zielsetzung: Die Sozialversicherung soll unter dem Verzicht auf Gewinnerzielung sozial Bedürftigen helfen und die Allgemeinheit vor einer mangelhaften eigenen Absicherung schützen.

Historischer Ursprung

Eine gesetzliche Unfallversicherung gibt es in Deutschland seit 1884. Ihre Regelung erfolgte in der Reichsversicherungsordnung (RVO), aus der sie 1996 in das Sozialgesetzbuch VII (SGB VII) überführt worden ist.

Unternehmerhaftpflichtversicherung

Die Gesetzliche Unfallversicherung wurde von Anfang an als eine Art Unternehmerhaftpflichtversicherung gestaltet. Sie schützt den Arbeitnehmer vor den berufsspezifischen Risiken am Arbeitsplatz, der Unternehmer wird im Schadensfall vor der direkten Inanspruchnahme durch den Arbeitnehmer geschützt. Die sehr ungleiche Risikoverteilung im Arbeitsverhältnis führte zu einer gesetzlichen Konstruktion, die im Sozialversicherungsrecht bis heute einmalig ist: Die Beiträge werden allein durch den Unternehmer aufgebracht (in den anderen Zweigen der Sozialversicherung erfolgt grundsätzlich eine Teilung der Beiträge zwischen Arbeitgeber und Arbeitnehmer) und allein der Arbeitnehmer ist berechtigt, Leistungen in Anspruch zu nehmen.

1.1 Wirtschaftliche Bedeutung

Im System der sozialen Sicherung hat die gesetzliche Unfallversicherung in der Bundesrepublik Deutschland eine erhebliche Bedeutung: Bei ca. 97 Millionen versicherten Menschen (im Jahr 2021)[1] betrugen die Einnahmen der Versicherungsträger insgesamt ca. 17,6 Milliarden Euro.

Zahl der Versicherungsfälle

Zur Einschätzung der Bedeutung eines Versicherungszweigs der Sozialversicherung genügt ein Blick auf die Zahl der Versicherungsfälle, die jährlich zu bewältigen sind. Man unterscheidet zwischen Arbeits- bzw. Wegeunfällen und Berufskrankheiten:

Jahr	Arbeitsunfälle in 1.000	Wegeunfälle in 1.000	Angezeigte Berufskrankheiten in 1.000	Anerkennungsquote bei Berufskrankheiten in %
1995	1.800	269	99	32
1999	1.560	248	84	26
2000	1.144	177	71	34
2006	949	191	61	38
2008	972	177	61	38
2010	954	176	70	21
2016	1.046	227	80	21
2017	885	176	79	22
2018	877	189	82	21
2022	787	173	37	32

Prävention

Der weitere Rückgang der Zahl der Arbeitsunfälle ist auf die Corona-Pandemie zurückzuführen, die auch für die starke Zunahme bei den Berufskrankheiten verantwortlich ist. Die Zahl der Wegeunfälle bleibt relativ stabil.

[1] Aktuelle Informationen dazu finden sich regelmäßig auf der Homepage des Statistischen Bundesamtes (http://www.destatis.de) und der DGUV (http://www.dguv.de).

Ein wichtiger Faktor für den Rückgang der Unfälle und Erkrankungen sind die Beitragszahler, also die Unternehmen selbst. Indem sie die Präventionsbemühungen aktiv unterstützen und damit Versicherungsfälle vermeiden helfen, haben sie in ihrem Versicherungszweig die Höhe ihrer Beiträge ganz wesentlich in der Hand.

Die Zahl der tödlichen Arbeitsunfälle ist stabil, die Zahl der tödlichen Wegeunfälle dagegen rückläufig, was auf die Corona-Pandemie zurückzuführen ist:

Jahr	Tödliche Arbeitsunfälle	Tödliche Wegeunfälle
2000	825	722
2001	811	669
2006	711	535
2008	572	458
2010	519	367
2018	420	310
2018	497	309
2022	423	248

Um ihren Aufgaben gerecht werden zu können, wurden die Träger der Versicherung (siehe dazu S. 209 ff.) mit eigenen Rechtsetzungsbefugnissen ausgestattet. Sie können Vorschriften erlassen, an die sich alle Beteiligten (Arbeitgeber und Arbeitnehmer) zur Vermeidung von Gefährdungen am Arbeitsplatz zu halten haben. Von dieser Rechtsetzungsbefugnis haben die Berufsgenossenschaften vielfältig Gebrauch gemacht – Ergebnis sind die sogenannten „DGUV Vorschriften (DGUV-V)", ehemals besser bekannt als „Unfallverhütungsvorschriften (UVV)", die, bezogen auf den jeweiligen Gewerbezweig, sehr detailliert regeln, was am Arbeitsplatz und im Unternehmen zu tun ist, um Gefährdungen zu vermeiden.

1.2 Aufgaben der gesetzlichen Unfallversicherung

Grundsätzlich ist es Aufgabe der gesetzlichen Unfallversicherung,

- Arbeitsunfälle und Berufskrankheiten zu verhüten und
- im Versicherungsfall die Versicherten bzw. ihre Hinterbliebenen zu versorgen.

Reglementierung des Arbeitslebens

Dieses wird zum einen durch die Unfallverhütungsvorschriften (DGUV-V) und zum anderen im Schadensfall durch die leistungsrechtlichen Regelungen des SGB VII bzw. die Berufskrankheiten-Verordnung gewährleistet.

Eine Vielzahl weiterer gesetzlicher Regelungen, wie z.B. das Arbeitsschutzgesetz, das Arbeitssicherheitsgesetz, die Arbeitsstätten-Verordnung, die Lastenhandhabungs-Verordnung, die Baustellen-Verordnung usw. tragen ebenfalls dazu bei, einen möglichst weitgehenden Gesundheitsschutz am Arbeitsplatz zu sichern. Diese Regelungen sehen jedoch keine versicherungsrechtliche Absicherung des Arbeitnehmers vor, sondern schaffen Sicherheit durch staatliche Reglementierung erlaubter Arbeitsverfahren bzw. entsprechender Aufsichts- und Zwangsmaßnahmen, die deren Durchsetzung garantieren.

1.3 Stellung im System der sozialen Sicherung

Das Unfallversicherungsrecht ist ein Zweig der gesetzlichen Sozialversicherung. Zur Sozialversicherung gehören vor allem die gesetzliche Kranken- (SGB V) und Rentenversicherung (SGB VI), die Pflegeversicherung (SGB XI) und die Arbeitslosenversicherung (SGB III).

Das Unfallversicherungsrecht ist ein auf Gegenseitigkeit beruhendes Recht. Durch die Beitragszahlung der Unternehmer wird ein Finanzpolster erwirtschaftet, aus dem die sozialen Leistungen für die Arbeitnehmer erbracht werden.

Vollkommen im Gegensatz dazu stehen Sozialgesetze, die ohne jede Beitragsleistung allein aufgrund des Umstands der Bedürftigkeit Hilfe gewähren. Hierzu gehören z.B. die Sozialhilfe (Bundessozialhilfegesetz – SGB XII), das Kinder- und Jugendhilferecht (SGB VIII), das Wohngeldgesetz (WoGG) u.a.m.

Aufbau des Sozialgesetzbuches

SGB I – Allgemeiner Teil
materiell-rechtliche Bestimmungen, die für alle Sozialleistungsbereiche gelten

SGB II – Grundsicherung für Arbeitssuchende
Absicherung gegen die Risiken von Langzeitarbeitslosigkeit

SGB III – Arbeitsförderung
Leistungen zur Arbeitsvermittlung und bei Arbeitslosigkeit

SGB IV – Gemeinsame Vorschriften für die Sozialversicherung
Vorschriften für Kranken-, Renten-, Unfall- und Pflegeversicherung

SGB V – Gesetzliche Krankenversicherung
Sicherung gegen das Risiko „Krankheit"

SGB VI – Gesetzliche Rentenversicherung
Sicherung für Berufs- und Erwerbsunfähigkeit sowie das Alter

SGB VII – Gesetzliche Unfallversicherung
Sicherung bei Arbeits- und Wegeunfällen sowie gegen Berufskrankheiten

SGB VIII – Kinder- und Jugendhilfegesetz
Sicherung und Förderung der Entwicklung von Kindern und Jugendlichen

SGB IX – Rehabilitation und Teilhabe behinderter Menschen
Regelungen der bisher vom Schwerbehindertengesetz erfassten Schutzrechte behinderter Arbeitnehmer

SGB X – Verwaltungsverfahren, Schutz der Sozialdaten, Zusammenarbeit der Leistungsträger

SGB XI – Gesetzliche Pflegeversicherung
Sicherung gegen das Risiko der Pflegebedürftigkeit

SGB XII – Sozialhilfe
Sicherung gegen Armutsrisiken

SGB XIV – Soziales Entschädigungsrecht
Übernahme der Versorgung aus dem Bundesversorgungs- und dem Opferentschädigungsrecht[1)]

---

1) Das SGB XIV tritt schrittweise bis 2024 in Kraft.

1.4 „Echte“ und „unechte“ Unfallversicherung

Echte/unechte Unfallversicherung

Die Unterscheidung zwischen „echter“ und „unechter“ Unfallversicherung hat für den Versicherten selbst nur eine geringe Bedeutung. Die „echte“ Unfallversicherung schützt den Arbeitnehmer vor Arbeitsunfällen und Berufskrankheiten, die „unechte“ Unfallversicherung erweitert diesen Schutz auf diejenigen, die im Interesse des Gemeinwohls tätig sind (siehe Kap. 2.1), und vor allem auf Kinder in Kindertageseinrichtungen, Schüler und Studenten. Diese Unterscheidung wird vor allem deshalb vorgenommen, um die Zuständigkeit der einzelnen Träger der gesetzlichen Unfallversicherung voneinander abzugrenzen.

Finanzmittel der unechten Unfallversicherung

Die Finanzmittel für die Leistungen an die im Interesse des Gemeinwohls Tätigen, Kinder in Kindergärten, Schüler und Studenten werden nicht aus den Beiträgen der Unternehmer erbracht, sondern stammen aus Steuermitteln. Unfälle, die demjenigen zustoßen, der sich für das Wohl der Allgemeinheit einsetzt, so z.B. der Nothelfer, oder derjenige, der einer allgemeinen gesetzlichen Verpflichtung nachkommt, wie etwa der schulpflichtige Schüler, sollen auch von dieser Allgemeinheit reguliert werden.

Während Träger der echten gesetzlichen Unfallversicherung die Berufsgenossenschaften sind, sind es bei der unechten Unfallversicherung z.B. die Gemeindeunfallkassen.

Praxistipp:

Ansprüche der unechten Unfallversicherung richtet man in der Regel gegen die Körperschaft, für die die Tätigkeit erfolgte. Diese benennt dann den Träger der Unfallversicherung.

1.5 Die private Unfallabsicherung

Wachsende Bedeutung der privaten Absicherung

Die private Vorsorge nimmt einen zunehmenden Stellenwert in der Absicherung sozialer Risiken ein. Die bereits lange diskutierte Mehrsäuligkeit der Sicherungssysteme wird immer mehr zur Realität, sei es in der gesetzlichen Rentenversicherung, in der die private Vorsorge steuerlich gefördert wird, oder in der gesetzlichen Krankenversicherung, deren Reformansätze vermehrt mit der Rücknahme bislang gesetzlich garantierter Leistungen verbunden sind, die, will man sie auch weiterhin in Anspruch nehmen, privat abgesichert werden müssen.

Berufsunfähigkeitsversicherungen

Auch die Absicherung gegen Unfallrisiken kann sinnvoll durch eine private zusätzliche Absicherung unterstützt werden. Sogenannte Berufsunfähigkeitsversicherungen, die das Risiko von Einkommensausfällen für den Fall der krankheitsbedingten Unfähigkeit, einer Berufstätigkeit nachzugehen, absichern, können eine nützliche Ergänzung darstellen.

Absicherung gegen Erwerbsminderung

Die Gesetzliche Rentenversicherung sieht unter engen Voraussetzungen im Falle einer verminderten Erwerbsfähigkeit eine Rentenleistung vor. Eine „volle Erwerbsminderung" ist gegeben, wenn die Erwerbsfähigkeit derart eingeschränkt ist, dass Tätigkeiten auf dem Arbeitsmarkt nunmehr weniger als drei Stunden täglich verrichtet werden können (§ 43 SGB VI). Eine „teilweise Erwerbsminderung" wird anerkannt, wenn der Rentenantragsteller auf dem allgemeinen Arbeitsmarkt, unabhängig von seinem erlernten Beruf, nur noch drei bis unter sechs Stunden täglich tätig sein kann (§ 43 SGB VI). Allerdings wird auch in diesem Fall eine Rente wegen voller Erwerbsminderung als sogenannte „Arbeitsmarktrente" gewährt, wenn der (Teilzeit-)Arbeitsmarkt als verschlossen gilt. Das ist dann anzunehmen, wenn der Versicherte keinen seinem Leistungsvermögen entsprechenden (Teilzeit-)Arbeitsplatz innehat oder ihm kein solcher angeboten werden kann. Da solche Arbeitsplätze selten konkret benannt werden können, sind Arbeitsmarktrenten bei einem drei- bis unter sechsstündigen Leistungsvermögen eher häufig.

Berufsschutz

Im Gegensatz zum früheren Recht gibt es keinen „Berufsschutz" mehr. Nach dem früheren Recht (das für alle Arbeitnehmer noch gilt, die im Jahr 2010 50 Jahre und älter waren) wurde die Erwerbsminderungsrente dann versagt, wenn der Versicherte in einem anderen – seiner Ausbildung angemessenen Beruf – tätig sein konnte. Nach dem nun geltenden Recht gibt es diesen Berufsschutz nicht mehr. Der Versicherte muss jeder Tätigkeit nachgehen, die er trotz seiner Leiden ausüben kann und die geeignet ist, ihm seinen Lebensunterhalt zu sichern.

So kann es also durchaus möglich sein, dass eine Erzieherin, die ihren Beruf aus gesundheitlichen Gründen nicht mehr ausüben kann, nun als Pförtnerin ihren Lebensunterhalt erwerben muss, wenn dieses ihrer gesundheitlichen Disposition nicht widerspricht.

Erwerbsminderung nur befristet

Zu beachten ist auch, dass eine Erwerbsminderungsrente im Regelfall nur befristet gewährt wird. Nach Ablauf der Bezugsfrist (von zwei bis drei Jahren) muss diese jedes Mal neu beantragt werden – verbunden mit einem jeweils neu stattfindenden Überprüfungsverfahren, ob die Voraussetzungen für die Rente noch vorliegen.

Höhe der Erwerbsminderungsrente

Die Erwerbsminderungsrente ist zudem sehr niedrig. Sie wird wie die Altersrente berechnet, wobei wegen der regelmäßig früheren Inanspruchnahme der Erwerbsminderungsrente Abschläge in Kauf zu nehmen sind und oft keine sehr langen Versicherungszeiten der Berechnung zugrunde liegen. Bei einem Bruttoeinkommen von 3.000 € kann mit einer Erwerbsminderungsrente von nur ca. 1.000 € gerechnet werden, wenn diese voll gewährt wird, bei einer Teilgewährung beträgt diese dann 500 €. Zu der Erwerbsminderungsrente kann unbegrenzt hinzuverdient werden.

Es ist allzu deutlich, welche Folgen eine Erwerbsminderung für die Finanzierung des täglichen Lebensbedarfs haben kann. Eine zusätzliche private Absicherung ist dringend zu empfehlen.

Welche Form privater Absicherung wirklich geeignet ist, kann hier nicht vertieft werden. Insgesamt ist hier ein intensiver Vergleich der Angebote auf dem Markt über ein neutrales Institut angeraten.

Praxistipp:

Auch in diesen Versicherungsverträgen ist das „Kleingedruckte" ein intensives Studium wert. Ist eine Erkrankung als Berufskrankheit im Sinne des SGB VII anerkannt, hat dies nicht automatisch die Leistungsverpflichtung der privaten Versicherung zur Folge, wie auch umgekehrt der Leistungsfall der privaten Versicherung nicht automatisch die Anerkennung eines Versicherungsfalls des SGB VII darstellt.

2 Versicherte Personen

Wer Versicherter ist und wer deshalb Ansprüche geltend machen kann, ist für jeden Zweig der Sozialversicherung gesondert gesetzlich geregelt. In der gesetzlichen Unfallversicherung regeln dies die §§ 2 ff. SGB VII.

Man unterscheidet zwischen Versicherten

- **kraft Gesetz** (§ 2 SGB VII – siehe Kap. 2.1),
- **kraft Satzung** (§ 3 SGB VII – siehe Kap. 2.2) und
- denjenigen, die **freiwillig versichert** sein können (§ 6 SGB VII – siehe Kap. 2.3).

2.1 Versicherte kraft Gesetz

§ 2 SGB VII legt den Personenkreis fest, der kraft Gesetz versichert ist, d.h., er nennt die Personengruppen, die aufgrund gesetzlich genannter Umstände unter den Schutz der gesetzlichen Unfallversicherung fallen, und definiert damit gleichzeitig die versicherten Tätigkeiten. Die Absätze 1 bis 3 nennen 20 verschiedene Tätigkeiten. Nachfolgend werden die wichtigsten und in der Praxis häufigsten Fälle ausführlicher, die anderen lediglich der Vollständigkeit halber behandelt.

Versicherter Personenkreis

Durchgängiges Prinzip der gesetzlichen Sozialversicherung ist es, den Versicherungsschutz davon abhängig zu machen, ob ein Anspruchsteller überhaupt zum versicherten Personenkreis zählt. In Zweifelsfällen ist es deshalb wichtig zu wissen, nach welchen Kriterien dieser Personenkreis festgelegt wird. Gerade in Betrieben, in denen z.B. immer wieder auch Freiberufler beschäftigt werden, kann diese Fragestellung oftmals zu Problemen führen.

Beispiel:

Die Spedition S beschäftigt in ihrer IT-Abteilung neben ihren dort angestellten Mitarbeitern auch sogenannte „freie Programmierer", die als „Subunternehmer" mit eigener Ausrüstung als Freiberufler tätig sind.

Erleidet ein so beschäftigter Programmierer einen Arbeitsunfall, wird die Berufsgenossenschaft zunächst prüfen, ob dieser überhaupt einen Versichertenstatus genießt. Das wäre z.B. möglich, wenn es sich bei ihm nur um einen sogenannten „Scheinselbstständigen" handelt.

■ Beschäftigte

Begriff

Der wichtigste Kreis der versicherten Personen sind die „Beschäftigten" im Sinne des **§ 2 Abs. 1 Nr. 1 SGB VII**. Grundsätzlich regelt § 7 SGB IV, wer „Beschäftigter" ist. Danach ist die „Beschäftigung die nichtselbstständige Arbeit, insbesondere in einem Arbeitsverhältnis". Damit ist der Beschäftigte üblicherweise der Arbeitnehmer in einem Arbeitsverhältnis.

Soll also festgestellt werden, ob ein Versicherungsverhältnis vorliegt, das auf einer Beschäftigung beruht, ist vor allem zu prüfen, ob ein Arbeitsverhältnis vorliegt.

Vorliegen eines Arbeitsverhältnisses

Das beste Argument für das Vorliegen eines Arbeitsverhältnisses ist immer der **Arbeitsvertrag nach § 611a BGB**. Dieser wird jedoch immer wieder nicht korrekt schriftlich gefasst, sondern nur mündlich vereinbart, da auch nur mündlich geschlossene Arbeitsverträge grundsätzlich gültig sind. Nach dem aufgrund europarechtlicher Vorgaben erheblich „nachgeschärften" Nachweisgesetz ist der Arbeitgeber verpflichtet, dem Arbeitnehmer spätestens einen Monat nach Beginn seiner Tätigkeit schriftlich und umfassend die wesentlichen Vertragsbedingungen auszuhändigen (§ 2 NachweisG). Dieser Nachweis ersetzt zwar nicht den schriftlichen Arbeitsvertrag, ist aber ein gutes Indiz dafür, dass ein sozialversicherungspflichtiges Beschäftigungsverhältnis vorliegt.

Liegt kein Arbeitsvertrag vor und ist auch kein Nachweis nach dem NachweisG zu bekommen, muss auf anderem Wege nachgewiesen werden, dass ein Beschäftigungsverhältnis vorliegt. Es wird dann anhand tatsächlicher Kriterien geprüft, ob eine nichtselbstständige Arbeit erbracht wurde.

Tatsächliche Kriterien

Eine Tätigkeit liegt vor, wenn eine Dienstleistung erbracht wird und ein Arbeitserfolg herbeigeführt wird. Die **Nichtselbstständigkeit** ist in der Regel dann anzunehmen, wenn eine **per-**

sönliche Abhängigkeit des Arbeitnehmers festzustellen ist, die durch folgende Merkmale deutlich wird:

- organisatorische Eingliederung in einen fremden Betrieb,
- Erbringung fremdbestimmter Arbeit nach Weisungen,
- kein eigenes wirtschaftliches Risiko.

Kein ausschlaggebendes Kriterium für das Vorliegen eines Beschäftigungsverhältnisses ist es, dass ein **Gehalt gezahlt** wird, da dieses – im Gegensatz z.B. zur Gesetzlichen Krankenversicherung (s. § 5 Abs. 1 Nr. 1 SGB V) – nicht ausdrücklich im Gesetz vorgesehen ist. So kann z.B. ein Handballer, der für einen Bundesligaverein tätig ist, ohne dafür ein Entgelt zu bekommen, durchaus Beschäftigter sein, weil seine Verpflichtungen gegenüber dem Verein (Teilnahme am Training und Spielbetrieb, Öffentlichkeitsterminen usw.) wesentlich weitgehender sind als die einfacher Vereinsmitglieder[1].

Ort der Tätigkeit

Auf den Ort der Tätigkeit kommt es grundsätzlich nicht an. So steht ein Arbeitnehmer auch unter Versicherungsschutz, wenn er nicht an seinem Arbeitsplatz tätig ist, sondern z.B. im Haushalt des Arbeitgebers. Wichtig ist dann aber, dass diese Tätigkeiten Bestandteil des Arbeitsverhältnisses bzw. des Arbeitsvertrages sind[2].

Freie Mitarbeiter

Keine abhängige Beschäftigung liegt dagegen bei sogenannten „freien Mitarbeitern" vor.

Beispiel:

A ist als „freier Mitarbeiter" Kurierdienstfahrer bei B. Ihm werden die Fahrten per Funk von B vermittelt, A selbst darf von Dritten keine Aufträge entgegennehmen. Die Zeiten der Fahrbereitschaft sind A vorgeschrieben. A erhält pro Fuhre einen prozentualen Anteil an den eingenommenen Gebühren. B führt für A keine Sozialversicherungsbeiträge ab. Auf einer Kurierfahrt verunglückt A und möchte Leistungen der Berufsgenossenschaft in Anspruch nehmen. Die Berufsgenossenschaft teilt dem A mit, dieser sei als „freier Mitarbeiter" kein Beschäftigter und deswegen würde sie für ihn nicht eintreten. Kann A Ansprüche geltend machen?

---

[1] LSG Baden-Württemberg vom 13.12.2013 – L 8 U 1324/13, BeckRS 2014, 65018

[2] LSG Berlin-Brandenburg vom 9.3.2017 – L 1 KR 45/15, FD-SozVR 2017, 392908

Dieses Beispiel schildert einen häufigen Fall des Versuchs der Umgehung von Sozialversicherungsabgaben. Die Belastung der Unternehmer mit Lohnnebenkosten durch die Sozialversicherungsbeiträge und Steuern sowie oftmals der Wunsch der Mitarbeitenden, ohne Sozialversicherungsabgaben beschäftigt zu sein, führen immer wieder dazu, dass „freie Mitarbeitsverhältnisse" vereinbart werden. Es kommt aber überhaupt nicht darauf an, wie das Beschäftigungsverhältnis genannt wird, also ob vereinbart wurde, „A ist freier Mitarbeiter", sondern alleine darauf, was A rein tatsächlich zu tun hat. A musste in o.g. Beispiel

- bestimmte Bereitschaftszeiten einhalten (= Eingliederung in die Organisation von B),
- Aufträge fahren, die ihm vermittelt wurden (= fremdbestimmte Arbeit nach Weisungen) und
- durfte selbst keine Aufträge von Dritten annehmen (= kein eigenes wirtschaftliches Risiko).

Damit war A Beschäftigter im Sinne des § 7 Abs. 1 SGB IV und Versicherter der zuständigen Berufsgenossenschaft. B muss für A also die Beiträge zur Sozialversicherung nachzahlen und A kann Leistungen der Berufsgenossenschaft in Anspruch nehmen.

Freie Pflegekraft

Die anhaltend hohe Nachfrage nach Pflegekräften führt dazu, dass zur Abdeckung von Belastungsspitzen in Krankenhäusern und Pflegeeinrichtungen vermehrt der **Einsatz sog. „freier" Pflegekräfte** vorgesehen ist. Im Falle eines Intensivpflegers hat das LSG Nordrhein-Westfalen festgestellt, dass es sich dabei um abhängig beschäftigte Arbeitnehmer handelt[1)]. Ausschlaggebend sei alleine die vollständige Eingliederung in den organisatorischen Ablauf der Klinik. Zudem sei der Intensivpfleger nach der Zahl der geleisteten Stunden bezahlt worden, was stets ein Indiz für eine Scheinselbständigkeit darstelle. Hierzu gibt es eine Vielzahl weiterer Entscheidungen. Grundsätzlich gilt: Alleine der Umstand, dass es Bereiche gibt, in denen nach dem Berufsbild eine Beschäftigung als Freiberufler denkbar ist, lässt keinen Rückschluss auf die tatsächlich ausgeübte Tätigkeit zu. Alleine diese ist für den sozialversicherungsrechtlichen Status ausschlaggebend[2)].

---

1) LSG Nordrhein-Westfalen vom 26.11.2014 – 8 R 573/12, FD-SozVR 2014, 364231

2) BSG vom 4.6.2019 – B 12 R 11/18 R, NZS 2020, 223 für Honorarärzte

Selbstständiger Werkunternehmer

Eine weitere Form der Umgehung der Sozialversicherungspflicht ist der in der bundesdeutschen Wirtschaft weit verbreitete **Einsatz sogenannter selbständiger Werkunternehmer**. Sowohl im Bereich des Bauhandwerks, der IT-Dienstleistungen wie auch in der fleischverarbeitenden Industrie oder in der Landwirtschaft finden sich „Werkunternehmer“, die ohne soziale Absicherung wie Selbständige tätig werden sollen. Diese werden möglichst nicht in betriebliche Abläufe integriert, müssen ggf. mit eigenem Werkzeug tätig werden und sollen fest umrissene Aufgaben möglichst selbständig erfüllen. Ein Indiz ist weiterhin, dass diese nach Stückzahlen (z.B. zerlegte Tiere, eingebaute Fenster, fertig gestellte Programme) oder für die Erledigung eines fest umrissenen Projekts bezahlt werden. Im Falle eines sog. „Projektingenieurs“, der von einer Projektberatungsgesellschaft bei einem Endkunden eingesetzt wurde, um dort unter Verwendung der IT-Einrichtungen des Endkunden Nutzfahrzeugmotoren zu erproben, hat das LSG Baden-Württemberg festgestellt, dass es sich hierbei um eine Umgehung handelte – der Projektingenieur war als abhängig Beschäftigter tätig und damit sozialversicherungspflichtig[1)]. Hier fehlte es am eigenen unternehmerischen Risiko, am Einsatz eigener Betriebsmittel und der Arbeitnehmer war durch die Zusammenarbeit mit Kollegen des Endkunden in die betrieblichen Abläufe eingegliedert. Zudem sei auch hier eine Stundenvergütung gezahlt worden.

Praxistipp:

Selbstverständlich können sich auch Werkunternehmer freiwillig gegen das Risiko arbeitsbedingter Unfälle und Erkrankungen absichern. Auch für sie gelten die Einschränkungen des Versicherungsschutzes (z.B. eines unversicherten Treppensturzes im häuslichen Büro, weil die Berufsbezogenheit nicht nachgewiesen werden konnte[2)]).

Arbeitnehmer im Ausland

Arbeitnehmer, die von ihrem Arbeitgeber **in das Ausland entsandt** worden sind, unterliegen dem Schutz der zuständi-

1) LSG Baden-Württemberg vom 9.4.2014 – L 5 R 2000/13, FD-SozVR 2014, 363678
2) LSG Baden-Württemberg vom 9.2.2015 – L 1 U 1862/14, FD-SozVR 2015, 368217

gen Berufsgenossenschaft in Deutschland, wenn sie im Ausland einen Arbeitsunfall erleiden.

§ 4 Abs. 1 SGB IV regelt, dass auch Personen, die im Rahmen eines im Geltungsbereich des deutschen Sozialrechts bestehenden Beschäftigungsverhältnisses in ein Gebiet außerhalb dieses Geltungsbereichs entsandt werden, dem Schutz der Sozialversicherung unterliegen, wenn die Entsendung infolge der Eigenart der Beschäftigung notwendig ist oder vertraglich im Voraus zeitlich begrenzt ist („Ausstrahlung"). Wichtig ist also, dass die Tätigkeiten des Versicherten vor der Entsendung des Arbeitnehmers in das Ausland in Deutschland stattgefunden haben oder nach Ende der Tätigkeit wieder in Deutschland stattfinden werden. Wird dagegen ein Arbeitsvertrag geschlossen, der nur eine Tätigkeit im Ausland zum Gegenstand hat, ist eine Ausstrahlung nicht möglich:

Beispiel[1]:

Schließt ein Arbeitnehmer mit dem Unternehmen einen Arbeitsvertrag ab, dessen Gegenstand ausschließlich die Abwicklung einer im Ausland gelegenen Baustelle als Projektleiter ist, besteht kein Sozialversicherungsschutz über den Tatbestand der Entsendung.

Aber: Die Unfallversicherungsträger (s. dazu Kap. 7.) können nach § 140 Abs. 2 SGB VII durch einen Beschluss ihrer Vertreterversammlung eine Versicherung gegen Unfälle einrichten, die Personen im Zusammenhang mit einer Beschäftigung bei einem inländischen Unternehmen im Ausland erleiden, wenn diese Personen nicht bereits Versicherte im Rahmen der Entsendung sind. Die Teilnahme an der Versicherung erfolgt auf einen gesonderten Antrag der Unternehmer. Die Mittel dieser Versicherung werden von den Unternehmern aufgebracht, die der Versicherung angeschlossen sind. Insofern sollte in einem solchen Fall immer geprüft werden, ob nicht doch eine Versicherung der reinen Auslandstätigkeit vorliegt.

Geschäftsführer von GmbHs

Geschäftsführer von GmbHs, die an diesen Gesellschaften selbst beteiligt sind, stehen immer wieder vor der problematischen Fra-

[1] Nach der Entscheidung des BSG vom 19.12.2013, B 2 U 14/12 R, NZS 2014, 303

ge, ob sie in der Gesetzlichen Sozialversicherung versichert sind oder nicht. Grundsätzlich gilt, dass ein GmbH-Geschäftsführer dann der Gesetzlichen Sozialversicherung unterliegt, wenn er nicht über die Mehrheit der Anteile (über 50 %) verfügt oder er zwar Minderheitenanteilseigner ist (unter 50 %), jedoch weitergehende Rechte in Form einer sogenannten „Sperrminorität" hat[1]. Dann muss er in der Lage sein, aufgrund dieser weitergehenden Rechte so zu agieren, als hätte er Mehrheitsanteile.

Praxistipp:

In zweifelhaften Fällen empfiehlt es sich, hinsichtlich der Versicherteneigenschaft eine Auskunft der sogenannten „Clearingstelle" bei der Deutschen Rentenversicherung nach § 7a SGB IV einzuholen, die den Versichertenstatus verbindlich feststellt[2]. Dieser Bescheid kann vor den Gerichten der Sozialgerichtsbarkeit angefochten werden.

Leiharbeitnehmer

Auch **Leiharbeitnehmer**, die im Unternehmen des Entleihers tätig werden, unterliegen selbstverständlich dem Versicherungsschutz der gesetzlichen Unfallversicherung. Zuständiger Versicherungsträger für diese Arbeitnehmer ist allerdings die Berufsgenossenschaft, der das Verleihunternehmen angehört, weil dieses auch die Versicherungsbeiträge abführt.

ABM-Maßnahmen

Tätigkeiten in Arbeitsbeschaffungsmaßnahmen oder als sogenannte „Ein-Euro-Jobber" unterliegen ebenfalls dem Schutz der Gesetzlichen Unfallversicherung nach § 7 Abs. 2 S. 2 SGB VII.

Probearbeitnehmer

Probearbeitnehmer, also Arbeitnehmer, die zur Erprobung in einem Unternehmen tätig sind, ohne z.B. dafür ein Gehalt zu bekommen, weil sie auf diese Weise wieder in das Arbeitsleben zurückkehren wollen, sind gesetzlich unfallversichert[3], allerdings mit Einschränkungen[4]. Wie bereits oben festgestellt

---

1) LSG Baden-Württemberg vom 21.2.2013 – L 10 U 5019/11, BeckRS 2013, 67814; grds. dazu BSG vom 29.8.2012 – B 12 KR 25/10 R, BeckRS 2012, 75372

2) Das LSG Baden-Württemberg (21.2.2013 – L 10 U 5019/11, BeckRS 2013, 67814) hält diese Auskunft entgegen der herrschenden Meinung für die Träger der Gesetzlichen Unfallversicherung für unverbindlich.

3) BSG vom 14.11.2013 – B 2 U 15/12 R, BeckRS 2014, 67312; zu den Einschränkungen hinsichtlich der Wege dabei s. jedoch LSG Baden-Württemberg vom 14.3.2023 – L 9 U 911/22, BeckRS 2023, 17392

4) S. Fn. 3!

wurde, ist es kein entscheidendes Kriterium für das Vorliegen eines Beschäftigungsverhältnisses, dass ein Gehalt gezahlt wird.

Auszubildende und Praktikanten

Auszubildende fallen als Beschäftigte nach § 7 Abs. 2 SGB IV unter den vollen Schutz des Unfallversicherungsrechts nach § 2 Abs. 1 Nr. 1 SGB VII. Dieser Schutz erstreckt sich auf alle mit der Ausbildung im Zusammenhang stehenden Tätigkeiten, findet sich also nicht nur im Betrieb selbst, sondern auch in überbetrieblichen Ausbildungsstätten (z.B. öffentlich geförderte Lehrwerkstätten) und damit verbundenen Wegen. Der Besuch der Berufsschule ist nach § 2 Abs. 1 Nr. 8 b SGB VII versichert.

Praktikanten in Betrieben fallen ebenfalls unter diesen Schutz. Sie können allerdings auch wie Beschäftigte versichert sein, wenn, wie in letzter Zeit häufig, die Beschäftigung als Praktikant nichts anderes ist als eine „verkappte" Anstellung. Grundsätzlich kann man bei Praktikanten wie folgt differenzieren: Die Tätigkeit eines Praktikanten ist dem ausbildenden Betrieb zuzurechnen, wenn der Praktikant in die betriebliche Ordnung eingegliedert ist[1]. Das Praktikum ist ausnahmsweise der schulischen Ausbildung zuzuordnen, wenn die praktische Tätigkeit dem Verantwortungsbereich einer Schule oder Hochschule unterliegt und nach den Ausbildungsordnungen formal und inhaltlich als Bestandteil des Unterrichts anzusehen ist[2].

Geringfügig Beschäftigte

Eine Besonderheit kennt das Unfallversicherungsrecht zudem bei den **geringfügig Beschäftigten**:

Beispiel:

A ist in einem sogenannten „520-Euro-Job" bei B als Putzhilfe beschäftigt. Eines Abends rutscht sie auf dem frisch gebohnerten Parkett aus und bricht sich das linke Bein. Der Unfallarzt meldet den Unfall der zuständigen Berufsgenossenschaft. Diese lehnt eine Kostenübernahme ab, da A eine geringfügig Beschäftigte im Sinne des § 8 SGB IV sei. Zu Recht?

---

1) OLG Koblenz vom 8. 2. 2008 – 8 U 397/07, r+s 2009, 171

2) BSG vom 1.3.1989 – 2 RU 59/87, SozR 2200 § 539 Nr 131

Geringfügig Beschäftige im Sinne des § 8 SGB IV sind Arbeitnehmer, die derzeit max. 520 Euro im Monat verdienen dürfen. Sie sind in der gesetzlichen Renten- und Krankenversicherung nicht versichert, obwohl Beiträge geleistet werden müssen. Diese Einschränkung gilt jedoch nicht in der gesetzlichen Unfallversicherung. Hier kommt es lediglich auf den Umstand der Beschäftigung an, unabhängig davon, wie umfangreich diese ist. Deswegen sind A die Leistungen durch die Berufsgenossenschaft zu Unrecht verweigert worden.

Beschäftigte in Familienhaushalten

Geringfügig Beschäftigte werden oft auch in Familienhaushalten eingesetzt. Zuständiger Unfallversicherungsträger ist dann der Gemeindeunfallversicherungsverband, dem die Beschäftigten ohne Nennung eines Namens genannt werden können, wenn diese nur stundenweise eingesetzt werden. Für sie ist dann ein geringer pauschaler Beitrag zu entrichten. Wird ein monatliches Entgelt bezahlt, das 520 Euro nicht übersteigen darf, so ist die „Minijobzentrale Knappschaft-Bahn-See"[1] im sogenannten Haushaltsscheckverfahren zuständig.

Familienmitglieder als Beschäftigte

Gerade in kleinen Unternehmen (Familienunternehmen) ist es oftmals üblich, dass beim Ausfall eines Arbeitnehmers oder bei plötzlichen „Arbeitsspitzen" Familienmitglieder (Ehepartner, Kinder, andere Verwandte) mithelfen, um der Arbeitsbelastung Herr zu werden. Diese stehen dann ebenfalls unter dem Schutz der gesetzlichen Unfallversicherung, wenn sie wie die anderen Beschäftigten des Unternehmens tätig werden. Diese Abgrenzung ist nicht immer leicht vorzunehmen.

Praxistipp:

Um feststellen zu können, ob das mithelfende Familienmitglied wie ein Arbeitnehmer Versicherungsschutz genießt, sind verschiedene Kriterien relevant:

- Die Tätigkeit muss wirtschaftlich als Arbeit zu werten sein,
- sie muss dem Willen des Unternehmers entsprechen und
- die Tätigkeit darf keine „familiäre Verpflichtung" sein.

Diese Kriterien geben jedoch nur Anhaltspunkte, da die Rechtsprechung hierzu sehr uneinheitlich ist.

---

[1] http://www.minijob-zentrale.de

Die Versicherung „helfender Hände" im Unternehmen erstreckt sich im Übrigen nicht nur auf Familienangehörige, sondern auch auf gute Freunde. Wie die Rechtsprechung hier argumentiert, zeigt lehrreich die Entscheidung des SG Karlsruhe vom 30.1.2012[1]. Bei Gefälligkeitsleistungen unter Verwandten und Freunden ist demnach darauf abzustellen, ob das Familienmitglied/der Freund eine Gefälligkeit erweist, die durch die Stärke des Verwandtschafts- bzw. Freundschaftsverhältnisses ihr Gepräge erhält, oder ob es sich um eine ernstliche Tätigkeit handelt, die über das hinausgeht, was allgemein in Verwandtschafts- bzw. Freundschaftsbeziehungen gefordert und normalerweise von abhängig Beschäftigten erbracht wird. Je enger eine Gemeinschaft ist, umso größer ist der Rahmen, in dem bestimmte Verrichtungen hierdurch ihr Gepräge erhalten. Hilft z.B. jemand spontan im Rahmen eines Sonntagsausflugs seinen Freunden beim Viehabtrieb und erstreckt sich diese Hilfeleistung auf eine kurzfristige Unterstützung (hier: 5 Minuten), so entsteht kein Versicherungsschutz[2].

Hier kann aber auch ein Schutz als sogenannter „Wie-Beschäftigter" greifen (s.u.).

■ Hausgewerbetreibende, Zwischenmeister u.a.

§ 2 Abs. 1 Nr. 6 SGB VII regelt den Unfallversicherungsschutz von Hausgewerbetreibenden und Zwischenmeistern sowie ihren mitarbeitenden Ehegatten. Eine Definition dieser Begriffe gibt § 12 SGB IV:

§ 12 Hausgewerbetreibende, Heimarbeiter und Zwischenmeister

1. Hausgewerbetreibende sind selbstständig Tätige, die in eigener Arbeitsstätte im Auftrag und für Rechnung von Gewerbetreibenden, gemeinnützigen Unternehmen oder öffentlich-rechtlichen Körperschaften gewerblich arbeiten, auch wenn sie Roh- oder Hilfsstoffe selbst beschaffen oder vorübergehend für eigene Rechnung tätig sind.

---

[1] NZS 2012, 307

[2] LSG Hessen vom 28.6.2011 – L 3 U 134/09, BeckRS 2011, 75583; s.a. SG Heilbronn vom 2.7.2014 – S 342979/13, FD – SozVR 2014, 364987.

2. Heimarbeiter sind sonstige Personen, die in eigener Arbeitsstätte im Auftrag oder für Rechnung von gewerbetreibenden, gemeinnützigen Unternehmen oder öffentlich-rechtlichen Körperschaften erwerbsmäßig arbeiten, auch wenn sie Roh- oder Hilfsstoffe selbst beschaffen; sie gelten als Beschäftigte.
3. ...
4. Zwischenmeister ist, wer, ohne Arbeitnehmer zu sein, die ihm übertragene Arbeit an Hausgewerbetreibende oder Heimarbeiter weitergibt.
5. ...

Ausgewählte gesetzliche Regelungen für Heimarbeiter

Die Rechtsverhältnisse dieser „Arbeitnehmer" richten sich nach dem Heimarbeitsgesetz. Die Zahl der Heimarbeiter hat mit weiter sinkender Tendenz erheblich abgenommen. Ein erheblicher Anteil dieser Heimarbeiter sind Frauen. Das Heimarbeitsgesetz selbst sieht bereits Schutzvorschriften vor: Derjenige, der Heimarbeit aus- oder weitergibt, muss die Heimarbeitnehmer über Unfall- und Gesundheitsgefahren aufklären und zu Maßnahmen und Einrichtungen zur Abwehr dieser Gefahren Hinweise geben (§ 7a Heimarbeitsgesetz). Die Heimarbeitsplätze müssen ebenfalls bestimmten Schutzvorschriften entsprechen (§§ 12–14 Heimarbeitsgesetz), die von der Gewerbeaufsicht überprüft werden können (§ 16a Heimarbeitsgesetz). Den Gewerbeaufsichtsämtern sind die Orte der Heimarbeit bekannt, da diese vom Unternehmer nach § 15 Heimarbeitsgesetz angezeigt werden müssen.

Welche Berufsgenossenschaft ist zuständig?

Für diese Versicherten zuständig ist die Berufsgenossenschaft, in deren Gewerbezweig der Versicherte tätig ist, nicht dagegen diejenige des Auftraggebers (§ 122 Abs. 1 SGB VII).

Mitarbeitende Ehegatten oder gleichgeschlechtliche Lebenspartner

In der Heimarbeit nicht selten ist der Fall, dass Ehegatten oder gleichgeschlechtliche Lebenspartner, die nach dem Lebenspartnerschaftsgesetz geschützt sind, dem Heimgewerbetreibenden helfen. Dabei unterliegen sie ebenfalls dem Unfallversicherungsschutz.

Telearbeit/Homeoffice

Eine zunehmend um sich greifende Form der „Heimarbeit", die mit der zunehmenden Vernetzung und der Digitalisierung von Arbeit immer weitere Kreise zieht, ist die Arbeit an **Telearbeitsplätzen** oder im **Homeoffice.** Telearbeit wird jede auf Informations- und Kommunikationstechnik gestützte Tätigkeit genannt, die ausschließlich oder zeitweise an einem außerhalb der zentralen Betriebsstätte liegenden Arbeitsplatz verrichtet wird. Dieser Arbeitsplatz muss mit der zentralen Betriebsstätte durch elektronische Kommunikationsmittel verbunden sein. Telearbeit oder die Arbeit im Homeoffice unterscheidet sich erheblich von der klassischen Heimarbeit, da es sich bei Telearbeitnehmern in der Regel um Beschäftigte im Sinne des § 7 SGB IV handelt, also um Arbeitnehmer und nicht um Heimarbeiter.

Kriterien für das Vorliegen von Telearbeit

Der Arbeitnehmer ist nach § 2 Abs. 1 Nr. 1 SGB VII versichert,[1] wenn

- er mit dem Hauptrechner des Arbeitgebers verbunden ist (dies entspricht der Eingliederung in die Betriebsorganisation, wobei die Verbindung nicht dauerhaft sein muss; es genügt die Zugriffsmöglichkeit) und
- der Arbeitgeber Einfluss auf die Durchführung und die Zeit der Arbeiten nimmt.

In diesen Bereichen tauchen oftmals auch Scheinselbstständigenprobleme auf, da die Grenzen zwischen der Eingliederung und der selbstbestimmten Arbeit unscharf sind.

Telearbeiter sind oftmals auch solche Arbeitnehmer, die sowohl am betrieblichen Arbeitsplatz als auch zuhause arbeiten. Insgesamt stellen Telearbeitsplätze hohe Anforderungen an die Prävention (siehe auch Kap. 3.6). Auf die zunehmende Bedeutung der Telearbeit wurde seitens des Gesetzgebers reagiert: Nach der Arbeitsstättenverordnung (ArbStättV)

Praxistipp:

Die vielfältigen Probleme, die sich in der Abwicklung betrieblicher Tätigkeiten durch Telearbeitnehmer ergeben, sollten – wenn diese im Unternehmen eine gewisse Bedeutung erlangen – strukturiert gelöst werden. Hierbei handelt es sich um eine Aufgabe, die eine starke Einbeziehung des Betriebsrats ermöglicht: Die eindeutige Klärung der Beschäftigungsverhältnisse (selbstständig oder angestellt?), die Gestaltung der Arbeitsplätze, die soziale Eingliederung der Arbeitnehmer in den Betrieb sind nur einige Aspekte. Hierzu empfiehlt sich der Abschluss einer Betriebsvereinbarung.[2]

---

[1] KassKomm-Seewald, § 7 SGB IV Rn. 108

[2] Richter, ArbRAktuell 2019, 142; Schwede, ArbRAktuell 2020, 160

unterfallen nach § 2 Abs. 7 ArbStättV nun auch Telearbeitsplätze dieser Norm und sind dementsprechend einzurichten.

Von Telearbeit zu unterscheiden ist die Arbeit im Homeoffice bzw. die „mobile Arbeit". Diese hat während der Corona-Pandemie einen erheblichen Zuwachs erfahren, der auch nach deren Ende nicht wesentlich zurückgegangen ist. Ca. 61% der deutschen Unternehmen bieten nach wie vor die Möglichkeit an, von zu Hause zu arbeiten. Im Durchschnitt ermöglichen sie ihren Mitarbeitenden 6,4 Tage Homeoffice im Monat, nach 6,7 Tagen vor einem Jahr[1]. Homeoffice und mobile Arbeit sind heute zentrale Aspekte für Unternehmen, wenn es um die Positionierung auf dem Arbeitsmarkt und die Gewinnung von Fachkräften geht.

Gesetzgeberische Ansätze, einen Anspruch der Beschäftigten auf diese Arbeitsform einzuführen, sind bislang ohne Erfolg geblieben. Insofern ist es als sozialpolitischer Fortschritt anzusehen, dass zumindest seit Juni 2021 der Unfallversicherungsschutz im Homeoffice oder bei mobiler Arbeit geregelt ist, der zuvor in der Rechtsprechung sehr umstritten war. § 8 Abs. 1 S. 3 SGB VII regelt nun: „Wird die versicherte Tätigkeit im Haushalt der Versicherten oder an einem anderen Ort ausgeübt, besteht Versicherungsschutz im gleichen Umfang wie bei Ausübung der Tätigkeit auf der Unternehmensstätte." Mit dieser Neuregelung verbunden sind neue Herausforderungen für Arbeitgeber im Arbeitsschutz (s. dazu Kap. 3). Trotz der gesetzlichen Regulierung gibt es nach wie vor eine einschränkende Rechtsprechung der Instanzgerichte zu Unfällen im Homeoffice (s. Kap. 4.1), insbesondere zu Fragen des Wegeunfalls (s. Kap. 4.2).

Behinderte Menschen

Behinderte Menschen im Sinne des SGB IX sind Arbeitnehmer, die wie alle anderen Arbeitnehmer nach § 2 Abs. 1 Nr. 1 SGB VII geschützt sind. Ist die Behinderung jedoch so schwerwiegend, dass eine Beschäftigung im „freien" Arbeitsmarkt nicht möglich ist, so besteht die Möglichkeit der Beschäftigung in besonderen Einrichtungen wie einer **Werkstatt für behinderte Menschen**. Hier richtet sich der Unfallversicherungsschutz nach § 2 Abs. 1 Nr. 4 SGB VII. Allerdings beschränkt die Rechtsprechung

[1] Mitteilung des ifo-Instituts aus dem Juli 2023, FD-ArbR 2023, 458531

diesen Schutz dahingehend, dass Personen, die aufgrund ihrer Behinderung keine verwertbaren Arbeitsleistungen erbringen können, nicht versichert sind[1].

Schutz bei im Zusammenhang mit der Arbeitsleistung bestehenden Verrichtungen

Alle im Zusammenhang mit dem Arbeitsverhältnis bestehenden Verpflichtungen des Arbeitnehmers, wie z.B. die **Teilnahme an betriebsärztlichen Untersuchungen** und **Impfungen**[2], fallen ebenfalls unter den Schutz der Unfallversicherung des Beschäftigten.

Unfallversicherungsschutz in der Elternzeit?

Auch während der **Elternzeit** besteht Unfallversicherungsschutz, wenn Arbeiten auf Bitten des Arbeitgebers vorgenommen werden, bei der Teilnahme an Schulungen, an betrieblichen Gemeinschaftsveranstaltungen und auf allen Wegen, die damit verbunden sind. Kein Schutz besteht hingegen bei privaten „Besuchen" bei Kollegen im Betrieb[3].

■ Kinder in Tageseinrichtungen, Schüler und Studierende

Die nicht zu unterschätzenden Risiken für Kinder bzw. junge Menschen in Tageseinrichtungen, Schulen (auch Berufsschulen) und Universitäten sind ein wichtiger Zweig der „unechten" Unfallversicherung (siehe Kap. 1.4). Der Schutz des § 2 Abs. 1 Nr. 8 SGB VII wird unabhängig von der Rechtsform des Ausbildungsinstituts (privat oder öffentlich) gewährt.

Der Schutz wird auf alle mit dem Besuch der Institution in Zusammenhang stehenden Vorgänge ausgedehnt.

Stehen Klassenfahrten unter dem Schutz der Unfallversicherung?

Das BSG hat dazu[4] festgestellt, dass ein Versicherungsschutz zu bejahen sei. Klassenfahrten gehören zum organisatorischen Verantwortungsbereich der Schule, und zwar alle damit im Zusammenhang stehenden Umstände, also auch die Übernachtung.

Grenzen des Schutzes der Unfallversicherung

Wie auch beim Arbeitnehmerschutz liegen die Grenzen dieses Versicherungsschutzes dort, wo es überwiegend um private Verrichtungen geht. So ist z.B. der Weg zum Nachhilfeunter-

---

1) LSG Nordrhein-Westfalen vom 7.11.2014 – L 15 U 490/14 B, FD-SozVR 2015, 368619

2) SG Mannheim vom 15.12.2015 – S 9 U 556/15, NZS 2016, 111

3) Mitteilung der DGUV, FD-ArbR 2017, 393850

4) vom 5.10.1995 – 2 RU 44/94, NJW 1996, 2678

richt, der privat erteilt wird, nicht versichert, ganz im Gegensatz zum zusätzlichen Förderunterricht, der nachmittags von der Schule, selbst auf freiwilliger Basis, angeboten wird. Grundsätzlich gilt, dass Schutz dort gewährt wird, wo Veranstaltungen, die nicht zum Kernbereich des schulischen Lebens gehören, unter der Mitwirkung der Schulleitung stattfinden (bejaht z.B. für eine Rockparty[1)] oder ein schulisches Projekt, das außerhalb der Schule allerdings unter Mitwirkung der Lehrer so stattfindet, dass die Eltern von einem schulischen Zusammenhang ausgehen können[2)]).

Musikunterricht, der zwar in der Schule angeboten wird, der aber privat organisiert ist, ist keine versicherte Tätigkeit[3)]; somit sind auch die damit verbundenen Wege nicht versichert.

Unfallversicherungsschutz in Kindertageseinrichtungen (Kita)

Mit der Regelung im SGB VII wurde der Schutz für Kinder erheblich erweitert. Kinder in Kitas sind bei allen dort üblichen Verrichtungen und Wegen unfallversichert, auch wenn diese nicht in der Einrichtung selbst stattfinden (z.B. bei Tagesausflügen).

Es kommt nicht darauf an, dass der Vertrag zwischen den Eltern und der Einrichtung (sogenannter Betreuungsvertrag) privatrechtlicher Natur ist. Hat die Einrichtung eine behördliche Erlaubnis nach dem SGB VIII, stehen die Kinder unter dem Schutz der gesetzlichen Unfallversicherung[4)].

Praxistipp:

Kein Versicherungsschutz besteht, wenn die Kinderbetreuung rein privat organisiert ist (z.B. durch eine Gruppe von Eltern, die eine Tagespflegeperson beschäftigt[5)]) oder die Betreuung durch die Großeltern organisiert ist[6)].

Da Kinder ganz besonders schutzbedürftig sind, ist dieser Schutz in Kindergärten und Horten sehr weitgehend. So erkennt die Rechtsprechung es z.B. an, dass ein Kind selbst dann noch den Schutz dieser Versicherung genießt, wenn es sich ei-

---

1) LSG Rheinland-Pfalz vom 3.2.2015 – L 3 U 62/13, FD-SozVR 2015, 371931
2) BSG vom 23.1.2018 – B 2 U 8/16 R, NZS 2018, 734
3) LSG Mecklenburg-Vorpommern vom 8.2.2023 – L 5 U 10/17, BeckRS 2023, 12362
4) SG Düsseldorf vom 27.5.2014 – S 1 U 461/12, n.v. für den Fall einer Tagesmutter
5) BSG vom 19.6.2018 – B 2 U 2/17 R, NZS 2019, 154
6) LSG-Sachsen- Anhalt vom 16.11.2016 – L 6 U 58/14, NZFam 2017, 680

genmächtig aus dem Kindergarten entfernt, ohne dass dies ein Betreuer bemerkt.

Studierende an Universitäten und anderen Hochschulen

Auch Studierende an Universitäten und anderen Hochschulen, so z.B. den Fachhochschulen, fallen unter den Schutz der gesetzlichen Unfallversicherung. Dabei ist zu beachten, dass sich dieser Versicherungsschutz nur auf die unmittelbar mit dem Studium zusammenhängenden Tätigkeiten erstreckt, so wie z.B. in der Entscheidung des LSG Nordrhein-Westfalen,[1] das festgestellt hat, dass der Student auf dem Weg zum Postbriefkasten versichert ist, wenn er sich dorthin begibt, um eine Studienhausarbeit einzuwerfen. Studierende, die z.B. neben dem Studium arbeiten, sind dabei als Beschäftigte unfallversichert.

Der Schutz Studierender ist auch im Rahmen des Hochschulsports relevant. Nehmen Studierende an von der Universität angebotenen Kursen teil, unterliegen sie dem Versicherungsschutz und zwar auch dann, wenn diese Kurse im Ausland abgehalten werden (z.B. Skikurs[2]). Hochschulsport ist zudem auch dann versichert, wenn Studierende an einer Hochschulsportmeisterschaft teilnehmen[3], nicht jedoch, wenn Studenten an allgemeinen Sportangeboten des Hochschulsports teilnehmen, um sich zu ertüchtigen[4].

■ Ehrenamtlich Tätige

Auch ehrenamtlich Tätige, wie z.B. Gemeinde- und Stadträte oder Personen, die für öffentlich-rechtliche Religionsgemeinschaften tätig sind, genießen Versicherungsschutz im Rahmen der gesetzlichen Unfallversicherung (§ 2 Abs. 1 Nr. 10 SGB VII).

Abgrenzungsprobleme

Hier ist es oftmals sehr schwierig festzustellen, ob die gerade ausgeübte Tätigkeit in den Bereich des Versicherungsschutzes fällt oder nicht. So sind Ministranten nach der Rechtsprechung des BSG[5] nicht versichert, wenn sie an einer von der

[1] vom 10.12.1997 – L 15 U 241/96, NZS 1997, 192
[2] BSG vom 4.12.2014 – B 2 U 13/13 R, FD-SozVR 2014, 364416
[3] BSG vom 4.12.2014 – B 2 U 10/13 R, FD-SozVR 2014, 364416
[4] KassKomm-Ricke, § 8 SGB VII, Rn. 155 m.w.Nw.
[5] BSG vom 8.12.1998 – B 2 U 37/97 R, NZS 1999, 253

Pfarrei veranstalteten Jugendherbergsfahrt teilnehmen. Ein Gemeindebeigeordneter ist z.B. unfallversichert, wenn er auf ein Heimatfest geht, solange er offizieller Vertreter der Gemeinde ist.[1] Das LSG Nordrhein-Westfalen hat jedoch einer freiwilligen Helferin (Mitglied in der Katholischen Frauengemeinschaft Deutschland) bei einem Pfarrfest, die sich beim Waffelverkaufen das rechte Handgelenk brach, den Versicherungsschutz abgesprochen, weil diese nicht im Rahmen eines Ehrenamtes tätig war.[2] Auch gerichtlich bestellte Betreuer unterliegen diesem Schutz. Geht dieser Betreuer mit seinem Pflegling spazieren, so kann er unfallversichert sein, wenn dieser Spaziergang als „vertrauensbildende und -erhaltende Maßnahme" anzusehen ist.[3]

Mitglieder von Hilfsorganisationen

Mitglieder von Hilfsorganisationen sind zwar auch ehrenamtlich tätig, sind aber nicht geschützt. Das LSG Baden-Württemberg hat dazu entschieden, dass ein ADAC-Mitglied, das bei einer Motorsportveranstaltung des ADAC ehrenamtlich als Streckenposten eingesetzt wird, nicht als „Wie-Beschäftigter" unter dem Schutz der gesetzlichen Unfallversicherung steht.[4]

■ Helfer bei Diensthandlungen und Zeugen

Begriff der Diensthandlung

Wird ein Bürger zur Hilfe bei Diensthandlungen herangezogen, so ist er unfallversichert (§ 2 Abs. 1 Nr. 11 a SGB VII). Dabei ist als Diensthandlung jede Handlung eines Bediensteten in seinem Funktionsbereich anzusehen (z.B. als Polizeibeamter oder Schülerlotse). Damit wird ein größtmöglicher Schutz des Bürgers erreicht, der zu einer Diensthandlung herangezogen wird und dabei einem höheren Gefahrenpotenzial ausgesetzt ist. Muss ein Bürger z.B. bei einem Unfall auf Anordnung eines Polizisten Absicherungsmaßnahmen vornehmen, ohne selbst an dem Unfall beteiligt zu sein, so ist er dabei abgesichert.

---

1) BSG vom 18.3.1997 – 2 RU 22/96, NZS 1997, 528

2) LSG Nordrhein-Westfalen vom 4.12.2001, L 15 U 93/01, ZMV 2002, 94; ebenso abgelehnt für die Teilnahme an einem Brauchtumsfest vom LSG Sachsen vom 8.2.2017 – L 6 U 92/14, FD-SozVR 2017, 388454

3) BSG vom 23.3.1999 – B 2 U 15/98 R, NJW-FER 1999, 334

4) Urteil vom 22. 2. 2007 – L 10 U 2292/04, NJOZ 2007, 2485

Schutzumfang für Zeugen

§ 2 Abs. 1 Nr. 11 b SGB VII schützt Zeugen auf allen mit der Zeugenaussage verbundenen Wegen, wenn sie von einer berechtigten Stelle, in der Regel also vom Gericht oder von der Polizei, zur Beweiserhebung herangezogen werden. Für den Versicherungsschutz von Zeugen gilt grundsätzlich, dass dieser Schutz unabhängig davon besteht, ob das Erscheinen dieses Zeugen vom Gericht angeordnet worden ist oder nicht,[1] was z.B. der Fall sein kann, wenn ein Rechtsanwalt einen Zeugen mit zum Gericht nimmt, um ihn gegebenenfalls als sogenannten „präsenten Zeugen" einvernehmen zu lassen. Kein Versicherungsschutz besteht für diejenigen, die in eigener Sache vorgeladen werden.[2]

Praxistipp:

In vielen Bundesländern gibt es sogenannte Schlichtungsstellen, deren Aufgabe es ist, vorgerichtlich eine Einigung streitender Parteien herbeizuführen. Auch hier unterstehen vorgeladene Zeugen dem Unfallversicherungsschutz.

■ Helfer in Unternehmen bei Unglücksfällen

„Unternehmen zur Hilfe" sind alle im öffentlichen Interesse tätigen Organisationen mit dem wesentlichen Zweck, Unglücksfälle zu vermeiden oder nach deren Eintritt Hilfe zu leisten, so z.B. DRK, DLRG, THW, Wasser- und Bergwacht usw.[3] Personen, die in diesen Unternehmen unentgeltlich als Helfer bei Unglücksfällen tätig sind, so z.B. Ersthelfer, sind dabei versichert (§ 2 Abs. 1 Nr. 12 SGB VII). Dieser Schutz erstreckt sich auch auf entsprechende Ausbildungsveranstaltungen, die Kenntnisse vermitteln, die diese Helfer für ihre Hilfeleistung benötigen.

■ Helfer bei Unglücksfällen und andere

§ 2 Abs. 1 Nr. 13 SGB VII sieht einen größeren Kreis von Personen vor, die – weil sie anderen helfen – dabei geschützt werden sollen:

---

1) KassKomm-Ricke, § 2 SGB VII Rn. 56

2) BSG vom 11.11.1971 – 2 RU 152/69, NJW 1972, 550

3) KassKomm-Ricke, § 2 SGB VII Rn. 59 m.w.Nw.

a) Erste Alternative: Helfer bei Unglücksfällen

Begriffe

Der Helfer bei Unglücksfällen ist beim jeweiligen Bundesland (hier in der Regel vertreten durch den Gemeindeunfallversicherungsverband), in dem er lebt, unfallversichert. Um Versicherungsschutz zu erlangen, ist erforderlich, dass

- ein **Unglücksfall** (hierunter versteht man eine plötzlich eintretende Situation mit der nahe liegenden Möglichkeit eines Schadens), z.B. ein Autounfall,
- eine **gemeine Gefahr** (das ist eine plötzlich oder allmählich entstandene Situation mit der erheblichen Gefahr der Schädigung einer Mehrzahl von Personen oder Sachen), z.B. Unwetter, durchgehende Pferde, Freisetzung von gefährlichen Stoffen,
- eine **gemeine Not** (eine Zwangslage für die Allgemeinheit), z.B. Ausfall der Wasser- und Energieversorgung vorliegt oder
- ein anderer aus **erheblicher gegenwärtiger Gefahr** für seine Gesundheit gerettet wird (z.B. Hilfsmaßnahmen bei Bergunfällen).

„Hilfe leisten" und „retten"

Die weiteren Voraussetzungen „Hilfe leisten" und „retten" bedeuten ein aktives Tun zur Abwendung dieser Gefahr. Wer z.B. einem Betrunkenen, der bewusstlos im Graben liegt, Hilfe leistet, um Gefahren von diesem abzuwehren und dabei verunglückt, steht unter Versicherungsschutz.[1]

Es muss dabei keine rechtliche Pflicht zum Helfen bestehen.

Beispiel:

Autofahrer A weicht dem ihm mit hoher Geschwindigkeit entgegenkommenden und Schlangenlinien fahrenden B durch eine ruckartige Bewegung aus, die dazu führt, dass er selbst ins Schleudern gerät. Dabei kommt sein Wagen von der Straße ab und überschlägt sich. Der Wagen ist vollständig zerstört, A schwer verletzt.

Nach der Rechtsprechung des BSG[2] war A in diesem Fall unfallversichert, auch wenn er durch einen Fehler den Schaden

---

[1] SG Dortmund vom 9.1.2001 – S 36 (17) U 350/98, n.v.

[2] BSG vom 30.11.1982 – 2 RU 70/81, NJW 1984, 325

mitverursacht hat, da er – wie ein Nothelfer – Schaden von anderen abgewendet hat. Er kann neben seinem Körperschaden nach § 13 SGB VII auch seinen Sachschaden ersetzt verlangen.

Es muss sich ausdrücklich um eine Hilfeleistung in akuten Notfällen handeln. Das alleinige Aufmerksam machen auf eine drohende Gefahr, wie z.B. bei Greenpeace-Aktivisten, ist keine Nothilfehandlung in diesem Sinne[1].

Wird ein Helfer nicht aus eigenem Antrieb tätig, sondern durch einen Amtsträger zur Hilfeleistung verpflichtet, so besteht bereits Versicherungsschutz nach § 2 Abs. 1 Nr. 11 SGB VII (siehe Abschnitt „Helfer bei Diensthandlungen und Zeugen").

b) Zweite Alternative: Blut-, Organ- oder Gewebespender

Blut-, Organ- oder Gewebespender („Gewebe" sind Haut und Knochen) sind während aller mit der Spende zusammenhängenden Vorgänge nach § 2 Abs. 1 Nr. 13 b SGB VII versichert. Dabei wird auch alles versichert, was über die für die Spende sowieso erforderlichen Eingriffe hinausgeht, wie etwa eine Infektion, die sich der Spender z.B. im Krankenhaus zuzieht.

Durch § 12a SGB VII wird nun ausdrücklich geregelt, welche Vorgänge bei entsprechenden Spenden wie ein Arbeitsunfall zu behandeln sind und wann Vermutungen dafür sprechen, dass eine Blut-, Organ- oder Gewebespende für eine Folgeerkrankung verantwortlich ist.

Versicherungsschutz bei Eigenblutspende?

Blutspender sind versichert, wenn sie das Blut einer gemeinnützigen wie auch einer gewerblichen Institution gegen Bezahlung spenden.[2] Anders liegt der Fall, wenn jemand Blut spendet, damit dieses ihm später als Eigenblut, z.B. bei einer Operation oder einer Eigenblutbehandlung, wieder zur Verfügung gestellt werden kann. Hier liegt eine unversicherte eigenwirtschaftliche Tätigkeit (zu diesem Begriff siehe S. 95 ff.) vor.[3] Der Blutspender ist auch auf dem Weg zur Blutspende und wieder nach Hause geschützt.[4]

---

1) LSG Hamburg vom 24.3.2015 – L 3 U 53/12, FD-SozVR 2015, 373937

2) BSG vom 22.11.1984 – 2 RU 49/83, NZA 1985, 374

3) PETRI u.a., § 2 SGB VII Rn. 57

4) Urteil vom 22.11.1984 – 2 RU 50/83, NZA 1985, 374

c) Dritte Alternative: Verfolgung von Straftätern u.Ä.

Wer bei der Verfolgung oder Festnahme einer Person hilft, die einer rechtswidrigen Tat verdächtig ist, oder wer einem Dritten beisteht, der sich einem rechtswidrigen Angriff gegenübersieht, ist nach § 2 Abs. 1 Nr. 13 c SGB VII gesetzlich unfallversichert. Dabei muss der Verdacht einer Straftat bei dem Helfer vorhanden sein; unschädlich ist es jedoch, wenn der Helfer die Situation als Laie falsch einschätzt.

Falsche Einschätzung durch Laien

Das kann in der Praxis problematisch sein: Einerseits ist anerkannt, dass eine falsche Einschätzung der Situation durch einen Laien grundsätzlich nicht schadet, andererseits soll der Versicherungsschutz aber erst greifen, wenn eine Straftat vorliegt, nicht etwa eine bloße Ordnungswidrigkeit.[1] In der konkreten Situation, in der ja üblicherweise schnelles Handeln erforderlich ist, kann dies aber von einem Laien nur schwer richtig eingeschätzt werden. Grundsätzlich wird man davon auszugehen haben, dass zumindest eine Gewaltanwendung gegen eine andere Person abzuwehren bzw. zu verfolgen ist.

In diesem Fall ist dem Versicherten nach § 13 SGB VII auch ein eventuell entstehender Sachschaden zu ersetzen.

Keine Verfolgung eines Straftäters liegt dann vor, wenn dieser verfolgt wird, um die Beute aus einer Strafhandlung sicherzustellen[2].

■ Meldepflichtige Arbeitslose und Sozialhilfeempfänger

Gesetzliche Grundlagen der Meldepflicht

Arbeitslose und Sozialhilfeempfänger sind unfallversichert (§ 2 Abs. 1 Nr. 14 SGB VII), wenn sie ihrer gesetzlichen Meldepflicht nachkommen. Diese Meldepflichten ergeben sich

- für Arbeitslose aus den §§ 309, 310 SGB III (Bezieher von Arbeitslosengeld), § 180 SGB III (Bezieher von Kurzarbeitergeld) und § 215 Abs. 1 SGB III (Bezieher von Schlechtwettergeld),

---

1) so z.B. PETRI u.a., § 2 SGB VII Rn. 58

2) LSG Hessen vom 11.3.2019 – L 9 U 118/18, FD-SozVR 2019, 416874

- für Leistungsempfänger der Grundsicherung („Hartz IV“) aus § 59 SGB II.

Umfang des Versicherungsschutzes

Versichert sind diese Personen auf allen Wegen, die mit der Erfüllung ihrer Meldepflichten im Zusammenhang stehen.

Die Einzelheiten zu den Meldepflichten sind der **Meldeanordnung der Bundesanstalt für Arbeit** zu entnehmen, die man sich als Arbeitsloser oder sonstiger Hilfeempfänger vom zuständigen Arbeitsamt aushändigen oder zeigen lassen sollte. Mit der Regelung des Rechts der Arbeitsförderung im SGB III wurden die o.g. Meldepflichten vereinheitlicht, aber auch verschärft. Schon deswegen sollte man die Verpflichtungen und die damit verbundenen Anforderungen an den Leistungsempfänger kennen, da sie nicht zuletzt auch Auswirkungen auf den Unfallversicherungsschutz haben.

Ist die Arbeitslosmeldung versichert?

Wegen der engen Voraussetzungen der Vorschrift des § 2 Abs. 1 Nr. 14 SGB VII (Wortlaut: „einer im Einzelfall an sie gerichteten Aufforderung“) unterliegen diejenigen nicht diesem Unfallversicherungsschutz, die erstmals das Arbeitsamt aufsuchen, um sich arbeitslos zu melden, da nach Auffassung des BSG hiermit keine Erfüllung einer gesetzlich geregelten Meldepflicht vorliegt.[1)] Nach § 38 SGB III muss sich jeder Beschäftigte, dessen Arbeitsverhältnis endet, drei Monate vor Ende der Beschäftigung persönlich Arbeit suchend melden. Bei kürzeren Kündigungsfristen ist diese Meldung innerhalb von drei Tagen nach Erhalt der Kündigung notwendig. Auch in diesem Fall liegt kein Unfallversicherungsschutz vor.

Einschränkungen des Versicherungsschutzes

Auch andere Vorsprachen bei der Arbeitsagentur unterliegen nicht unbedingt dem Unfallversicherungsschutz. Grundsätzlich muss eine besondere, an den von § 2 Abs. 1 Nr. 14 SGB VII erfassten Personenkreis im Einzelfall gerichtete Meldeaufforderung der zuständigen Dienststelle vorliegen. Da die Aufforderung jedoch keiner bestimmten Form bedarf,[2)] kann sie also grundsätzlich auch mündlich erfolgen, was jedoch gegebenenfalls zu erheblichen Beweisproblemen führen kann. Allerdings kann die Aufforderung zur persönlichen

1) BSG vom 29.5.1973 – 2 RU 97/71, BSGE 36, 39, s. dazu Ricken, NZA 2015, 860

2) BSG vom 8.12.1994 – 2 RU 4/94, NJW 1995, 2943

Vorsprache auch wesentlich weiter gefasst sein und sich trotzdem ein Versicherungsschutz ergeben. Nach erfolgter Aufforderung, die nicht mit einer Rechtsfolgebelehrung verbunden sein muss, sind die Wege zur und von der Agentur unfallversichert.[1]

Das BSG[2] hat in einem Fall, in dem eine Arbeitslose aufgefordert wurde, von ihr angeforderte Unterlagen „möglichst persönlich abzugeben", festgestellt, dass alleine der Eindruck reiche, der aus einem Schreiben hervorgehe, das persönliche Erscheinen sei notwendig, eine explizite Aufforderung sei gar nicht notwendig.

Wird ein Arbeitsloser von der Agentur für Arbeit aufgefordert, sich schriftlich oder per E-Mail mit einem potenziellen Arbeitgeber in Verbindung zu setzen und entscheidet dieser sich dann dazu, seine Unterlagen dort persönlich vorzulegen, ist er auf dem Weg dorthin wie auch wieder zurück ebenfalls unfallversichert[3]. Es soll dem Arbeitslosen nach dieser Entscheidung nicht zum Nachteil gereichen, dass er seiner Bewerbungsverpflichtung in anderer als der vorgegebenen Form nachkommt. Der Weg zu oder von einem Vorstellungsgespräch, das die Agentur für Arbeit vermittelt hat, ist ebenfalls versichert[4].

Praxistipp:

Hat ein Langzeitarbeitsloser eine sog. Eingliederungsvereinbarung (§ 15 Abs. 2 SGB II, § 37 Abs. 3 SGB III) abgeschlossen und kommt er im Rahmen dieser seiner Verpflichtung nach, Initiativbewerbungen vorzunehmen, unterliegt er nicht dem Versicherungsschutz nach § 2 Abs. 1 Nr. 14 SGB VII, weil die Rechtsprechung insoweit von einer eigenwirtschaftlichen Tätigkeit ausgeht[1].

Nicht versichert ist der Weg zur Agentur für Arbeit, wenn der Arbeitslose sich dorthin begibt, um erstmalig Arbeitslosengeld II zu beantragen.

---

1) BSG vom 19.6.2018 – B 2 U 1/17 R, NZS 2018, 835

2) BSG vom 12.9.2001 – B 2 U 5/01 R, NZS 2002, 208

3) SG Konstanz vom 26.11.2014 – S 11 U 1929/14, BeckRS 2014, 74092; s. dazu auch die Anm. von Plagemann, FD-SozVR 2014, 364750!

4) LSG Baden-Württemberg vom 20.7.2015 – L 1 U 5238/14, NZS 2015, 914

1) LSG Sachsen-Anhalt vom 11.10.2012 – L 6 U 6/10, BeckRS 2013, 66378

Eine Arbeitsplatzbewerberin kann bei der Besichtigung des Unternehmens im Rahmen eines eintägigen unentgeltlichen „Kennenlern-Praktikums" unter dem Schutz der gesetzlichen Unfallversicherung stehen, wenn die Satzung der Berufsgenossenschaft einen entsprechenden Schutz vorsieht[1] (s. dazu Kap. 2.2).

■ Tätige beim Selbsthilfebau

Umfang des Unfallversicherungsschutzes

Diese Vorschrift (§ 2 Abs. 1 Nr. 16 SGB VII) begünstigt den Bau von Wohnraum, für den mangels Eigenkapital Eigenbauleistungen erforderlich sind. Das betrifft jedoch nicht jedes Bauvorhaben, bei dem der Bauherr aus Ersparnisgründen Eigenleistungen erbringt. Der Schutz ist beschränkt auf den Bau von Familienheimen im Sinne des § 7 des 2. Wohnungsbaugesetzes, entsprechenden Eigentums- (§ 12 dieses Gesetzes) und Genossenschaftswohnungen (§ 13 dieses Gesetzes), die der Bauherr für sich und seine Familie nutzen will.

Versichert sind Selbsthilfearbeiten, die für die Gesamtbaukosten erheblich sind und zwar die Arbeit des Bauherrn selbst, die seiner Angehörigen und anderer Personen, wenn die Hilfe unentgeltlich oder auf Gegenseitigkeit erfolgt. Unentgeltlich ist die Hilfeleistung auch dann noch, wenn die Hilfspersonen z.B. Essen und Getränke erhalten.[2]

Es reicht nicht aus, dass die beim Hausbau sowieso in der Regel vom Eigentümer zu erbringenden Leistungen erbracht werden, wie z.B. das Tapezieren oder Verdübeln von Regalen an den Wänden.

■ Pflegepersonen

Welche Pflegepersonen sind versichert?

Pflegepersonen, die z.B. nicht bereits nach Nr. 1 als angestellte Pfleger oder nach Nr. 12 als ehrenamtliche Helfer versichert sind, werden nach § 2 Abs. 1 Nr. 17 SGB VII in den Schutz der gesetzlichen Unfallversicherung einbezogen.

Es muss sich um eine Pflegeperson im Sinne des § 19 Pflegeversicherungsgesetz (SGB XI) handeln, die einen Pflegebedürftigen

---

1) BSG vom 31.3.2022 – B 2 U 13/20 R, BeckRS 2022, 7030

2) BSG vom 25.8.1982 – 2 RU 75/81, BG 1983, 444

im Sinne des § 14 Pflegeversicherungsgesetz pflegt. Pflegepersonen sind dabei solche Personen, die Pflege nicht erwerbsmäßig erbringen, wenn diese Pflege in der häuslichen Umgebung des Pflegebedürftigen erfolgt. Pflegebedürftige sind aufgrund ihrer körperlichen, geistigen oder seelischen Erkrankung und Behinderung nicht in der Lage, die gewöhnlichen und regelmäßig wiederkehrenden Verrichtungen des täglichen Lebens auf Dauer ohne erhebliche fremde Hilfe selbst zu erledigen.

Die hierbei versicherten Tätigkeiten sind sämtliche nach § 14 Abs. 4 SGB XI in Betracht kommenden Tätigkeiten, so z.B. das Waschen, Duschen, Baden, die Zahnpflege, das Kämmen, Rasieren, die Darm- oder Blasenentleerung, mundgerechtes Zubereiten oder die Aufnahme der Nahrung, An- und Auskleiden, Gehen, Stehen, Treppensteigen oder im Bereich der hauswirtschaftlichen Versorgung das Einkaufen (damit verbunden auch das Geldabheben vom Geldautomaten)[1)], Kochen, Reinigen der Wohnung, Spülen, Wechseln und Waschen der Wäsche und Kleidung oder das Beheizen. Es sind auch nicht nur solche Pflegeleistungen versichert, die bei der Zuordnung einer Pflegestufe angerechnet worden sind. Eine Familienangehörige, die ihre Mutter pflegt und auf dem begleiteten Weg zum Arzt durch eine Unachtsamkeit der Mutter zu Fall kommt, erleidet damit auch dann einen Arbeitsunfall, wenn die Pflegestufe nicht wegen Mobilitätseinschränkungen zugestanden wurde[2)].

Auch „Betriebswege", wie z.B. die Rezepteinlösung für den Pflegebedürftigen[3)], die im Zusammenhang mit der Pflege stehen, können versichert sein.

Beispiel:

Holt eine pflegende Angehörige Medikamente aus einem anderen Stockwerk, um die Pflegehandlung als solche zu ermöglichen (die Pflegebedürftige konnte wegen akuter Schmerzen nicht ohne Schmerzmittel in den Rollstuhl gesetzt werden) und stürzt auf diesem Weg, sind die Sturzfolgen versichert[1)].

---

1) LSG Bayern vom 27.3.2013 – LZU 516/11, DBZ 0/3, 18

2) BSG vom 9.11.2010 – B 2 U 6/10 R, NZS 2011, 710

3) LSG Baden-Württemberg vom 24.1.2020 – L 8 U 4406/18, FD-SozVR 2020, 431248

1) LSG Baden-Württemberg vom 20.11.2014 – L 6 U 2398/14, FDSozVR 2015, 365046

Wann findet Pflege erwerbsmäßig statt?

Die Pflege ist dann nicht erwerbsmäßig, wenn die Pflegeperson eine Vergütung erhält, die das Pflegegeld nach § 37 SGB XI nicht übersteigt. Eine ausdrückliche gesetzliche Regelung gibt es hierzu nicht, jedoch wird man § 3 Satz 2 SGB VI, der für diesen Fall eine Pflichtversicherung in der gesetzlichen Rentenversicherung ausschließt, entsprechend anwenden können. Geschützt sind damit auch nahe Familienangehörige, die solche Pflegeleistungen schon aus Gründen des familiären Zusammenhalts erbringen.

Weitere Versicherte

Nach § 2 Abs. 1 SGB VII sind zudem noch pflichtversichert

- nach Nr. 2: Lernende während der beruflichen Aus- und Fortbildung[1],
- nach Nr. 3: Personen, die aufgrund von Arbeitsschutz- oder Unfallverhütungsvorschriften untersucht werden,
- nach Nr. 5: landwirtschaftliche Unternehmer,
- nach Nr. 7: Küstenschiffer und -fischer,
- nach Nr. 9: im Gesundheitsdienst oder bei der Wohlfahrtspflege Tätige[2],
- nach Nr. 15: Teilnehmer an medizinischer und beruflicher Rehabilitation.

Nach § 2 Abs. 2 SGB VII sind auch Gefangene in der Strafhaft oder im Jugendarrest, wenn sie wie Beschäftigte tätig werden, unfallversichert. Entwicklungshelfer sind nach § 2 Abs. 3 Nr. 2 SGB VII unfallversichert.

Die Versicherung der „Wie-Beschäftigten", § 2 Abs. 2 Satz 1 SGB VII

Zweck des Abs. 2 Satz 1 ist es, Tätigkeiten, die denjenigen eines Beschäftigten ähnlich sind und für die deshalb ein vergleichbares Schutzbedürfnis anzunehmen ist, in die Unfallversicherung einzubeziehen, obwohl nicht alle Voraussetzun-

1) Nicht jedoch Teilnehmer an Integrationskursen, LSG Hamburg vom 23.8.2016 – L 3 U 69/13, FD-SozVR 2017, 388036.

2) Diese werden weit gefasst. Es gehören z.B. auch sogenannte „Geistheiler" dazu, LSG Bayern vom 30.11.2016 – L 2 U 106/14, FD-SozVR 2017, 387278.

gen einer Beschäftigung erfüllt sind. Daraus ergibt sich, dass „Wie-Beschäftigte" insbesondere von den nicht versicherten selbstständig Tätigen und den mithelfenden Familienangehörigen (s.o.) abzugrenzen sind. Der Wortlaut der Vorschrift macht deutlich, dass einerseits nicht alle Voraussetzungen einer Beschäftigung gegeben sein dürfen (sonst wäre die entsprechende Person nach § 2 Abs. 1 Nr. 1 SGB VII versichert). Andererseits muss die Art der Betätigung derjenigen eines Beschäftigten zumindest vergleichbar sein. Der Versicherungsschutz nach § 2 Abs. 2 SGB VII hat eine sogenannte „subsidiäre Bedeutung" gegenüber dem Schutz nach § 2 Abs. 1 Nr. 1[1]. Fehlen die Voraussetzungen der Versicherung nach § 2 Abs. 1 Nrn. 2 bis 17 SGB VII, kann die fehlende gesetzliche Versicherung nicht nach Maßgabe des § 2 Abs. 2 Satz 1 SGB VII aufgefangen werden.

Die Rechtsprechung zu einer Norm, die so allgemein gefasst ist, ist naturgemäß umfangreich: Typische Fälle sind die Pannenhilfe (anerkannt als versicherte Tätigkeit[2]), die Nachbarschaftshilfe (bei der es für den Versicherungsschutz erheblich auf den Umfang und das eingegangene Risiko ankommt[3]), die unternehmerähnliche Tätigkeit[4] und Vereinstätigkeiten[5].

2.2 Versicherte kraft Satzung

Die gewerblichen Berufsgenossenschaften haben nach § 34 SGB IV als Körperschaften des öffentlichen Rechts die Pflicht, eine Satzung zu erlassen. Inhalte der Satzung können z.B. Verfahrensgrundsätze bei der Festlegung des Gefahrklassentarifs oder Vorschriften zur Handhabung der Unfallverhütung usw. sein. Die Satzung kann auch die Aufnahme von Unternehmern in den Schutzbereich der Berufsgenossenschaft regeln.

---

1) BSG vom 27.11.2018 – B U 8/17 R, NZS 2019, 515

2) LSG Thüringen vom 22.12.2018 – L 1 U 858/17, FD-SozVR 2019, 414153; LSG Baden-Württemberg vom 28.7.2016 – 8 U 2083/16, FD-SozVR 2017, 396009

3) SG Heilbronn vom 15.7.2017 – S 6 U 138/17, FD-SozVR 2017, 398866; LSG Bayern vom 12.9.2016 – L 2 U 221/15, FD-SozVR 2016, 384328

4) LSG Bayern vom 24.2.2016 – L 2 U 348/14, FD-SozVR 2016, 378774; LSG Nordrhein Westfalen vom 16.9.2015 – L 17 U 152/12, FD-SozVR 2016, 376634

5) LSG Berlin-Brandenburg vom 27.8.2015 – L 2 U 147/13, FD-SozVR 2016, 375165

Begriff des Unternehmers

Unternehmer ist nach § 121 Abs. 1 SGB VII derjenige, der von dem Betrieb, der Einrichtung oder der Tätigkeit profitieren will. Ist die Versicherung durch Satzung anerkannt, so erstreckt sich der Versicherungsschutz auf alle mit dem Unternehmen verbundenen Tätigkeiten.

Nach § 3 Abs. 1 Nr. 1 SGB VII müssen Unternehmer sowie deren mitarbeitende Ehepartner Versicherte in der zuständigen Berufsgenossenschaft werden.

Dritte auf der Unternehmensstätte

§ 3 Abs. 1 Nr. 2 SGB VII erweitert diesen Schutz auf Personen, die sich auf der Unternehmensstätte aufhalten. Die „Unternehmensstätte" ist der im Gesetz gewählte Begriff für den Sitz des Unternehmens und alle damit verbundenen Örtlichkeiten und Räumlichkeiten. Dazu gehören bei Bauunternehmen z.B. auch die auswärtigen Baustellen. Zwei wesentliche Einschränkungen sind hier zu beachten:

- zum einen kann die Satzung vorsehen, dass der Schutz für Besucher auf bestimmte Besucher beschränkt wird,
- zum anderen dürfen sich diese Besucher nur mit Einwilligung des Unternehmers an diesem Ort aufhalten.

Beispiel:

Anwalt A berät den Unternehmer U bereits seit mehreren Jahren. Zu diesem Zweck kommt er immer in das Büro von U. Eines Tages kündigt U dem A das Mandat und teilt diesem schriftlich mit, er wolle ihn „in seinem Laden" nicht mehr sehen. A, der trotzdem zu U fährt, verunglückt dabei auf dem Firmengelände von U.

Ein Versicherungsschutz kraft Satzung über die zuständige Berufsgenossenschaft von U besteht nach § 3 SGB VII deswegen nicht, da A ohne Einverständnis von U auf dessen Gelände unterwegs war.

Nachrangigkeit des Unfallversicherungsschutzes

Zu beachten ist, dass dieser Unfallversicherungsschutz jedoch nachrangig ist, d.h., dass er nicht eintritt, wenn der Besucher des Unternehmens aufgrund seiner Tätigkeit bereits Unfallversicherungsschutz genießt.

Beispiel:

Auf der Baustelle des Bauunternehmers B sind nach Ermittlungen der Bundesagentur für Arbeit Arbeitnehmer ohne Arbeitserlaubnis tätig. Es werden Beamte der Bundespolizei auf die Baustelle geschickt, um im Rahmen einer überraschenden Aktion die Arbeitnehmer zu überprüfen. Der zum Schutz der Beamten entsandte Polizeibeamte P stürzt über ein Bauteil und verletzt sich dabei schwer.

Kurz danach kommt ein Beauftragter der zuständigen Berufsgenossenschaft C auf die Baustelle, um die Arbeitnehmer beim Arbeitsschutz zu unterstützen, und verletzt sich dort.

Die Beamten haben sich wahrscheinlich nicht mit Willen des B auf der Baustelle aufgehalten. Somit tritt die Versicherung kraft Satzung nicht ein. P ist aber staatlich gegen Unfallschäden abgesichert. C dagegen hält sich mit dem zu unterstellenden Willen von B auf der Baustelle auf und könnte diesen Schutz genießen. Da er aber bereits Versicherungsschutz im Rahmen seiner Tätigkeit über seine Berufsgenossenschaft genießt, ist der Versicherungsschutz kraft Satzung nachrangig und tritt nicht ein.

Versicherte nach § 3 Abs. 1 Nr. 2 SGB VII

Versichert sind unter diesen Voraussetzungen z.B.:

- Mitglieder von Prüfungsausschüssen,
- Prüflinge oder Teilnehmer von Veranstaltungen der zusätzlichen Berufsschulung,
- Teilnehmer von Unternehmensbesichtigungen,
- Teilnehmer im Rahmen der Entwicklungshilfe,
- Rechtsanwälte, Steuerberater, Ärzte, Sachverständige usw.,
- Mitglieder des Aufsichtsrats, Beirats, Verwaltungsrats sowie des Vorstands des Unternehmens,
- Familienangehörige, die sich im Interesse des Versicherten im Unternehmen aufhalten.

2.3 Freiwillig Versicherte

Freiwilliger Beitritt von Unternehmern

§ 6 SGB VII sieht vor, dass Unternehmer, die

- nicht kraft Gesetz (§ 2 SGB VII) oder
- nicht kraft Satzung (§ 3 SGB VII)

bei einer Berufsgenossenschaft versichert sind, sich dieser freiwillig anschließen können. Dies empfiehlt sich, wenn ein Unternehmen rein privaten Belangen dient, aber mit gewissen Risiken verbunden ist, deren Folgen zu nicht abschätzbaren Schäden führen können. Die Satzung der Berufsgenossenschaft regelt in diesem Fall, wie der Beitrag festzusetzen ist, wobei der freiwillig Beitretende einen Betrag innerhalb eines gewissen Rahmens wählen kann. Der Beitritt erfolgt durch einen Antrag, dessen Form von der Satzung vorgeschrieben ist.

Ende der Mitgliedschaft

Die freiwillige Mitgliedschaft endet durch

- Beendigung des Unternehmens,
- Ausschluss aus der Berufsgenossenschaft wegen missbräuchlicher Leistungsherbeiführung,
- Kündigung und
- Beitragsrückstände zwei Monate nach Zahlungsaufforderung.

Mit „Beendigung des Unternehmens" endet auch der Versicherungsschutz. Hierbei kommt es sowohl auf die rechtlichen Umstände der Beendigung (z.B. Löschung aus dem Handelsregister, Abwicklung durch Insolvenz etc.) als auch auf tatsächliche Umstände (offenkundig keine Unternehmenstätigkeit mehr) an. Nachgelagerte Tätigkeiten, die zur Beendigung des Unternehmens gehören, unterfallen ebenfalls noch dem Schutz der Versicherung, so z.B. Tätigkeiten zur Abwicklung des Unternehmens, Aufräumarbeiten usw.

2.4 Versicherungsfreie Personen

Jeder Sozialversicherungszweig regelt immer ausdrücklich, wann bestimmte Personengruppen nicht pflichtversichert sein müssen. In der Regel handelt es sich dabei um Personengruppen, die schon aufgrund ihrer Tätigkeit einen anderen Versicherungsschutz besitzen. In der gesetzlichen Unfallversicherung sind diese Personengruppen in den §§ 4 und 5 SGB VII geregelt. Danach sind versicherungsfrei

- Personen, die Unfälle im Rahmen eines Dienst- oder Arbeitsverhältnisses erleiden, für das beamtenrechtliche Unfallfürsorgevorschriften oder entsprechende Grundsätze gelten,

- Personen, die eine Versorgung nach dem Bundesversorgungsgesetz für einen Unfall erhalten,
- Mitglieder geistlicher Genossenschaften, Diakonissen, Schwestern des Deutschen Roten Kreuzes und Angehörige ähnlicher Gemeinschaften,
- Ärzte, Zahnärzte, Tierärzte, Heilpraktiker und Apotheker, wenn sie selbstständig sind, und
- Verwandte des Haushaltsvorstands, wenn sie im Haushalt beschäftigt sind.

3 Prävention und Arbeitsschutz

3.1 Begriffsklärung und gesetzliche Grundlagen

■ Grundsätzliches

Begriff der Prävention

Ein zentrales Prinzip des deutschen Sozialversicherungsrechts ist es, Leistungsverpflichtungen, die sich z.B. aus Arbeitsunfällen und Berufskrankheiten ergeben können (siehe dazu Kap. 5), durch vorbeugende Maßnahmen zu verhindern. Man spricht hier von Prävention („Vorbeugung" und „Verhütung").

Bedeutung

Für die Berufsgenossenschaften sind Präventionsmaßnahmen von erheblicher Bedeutung, da jede erfolgreiche und erfolgversprechende Investition in diesem Bereich dazu beiträgt, die wesentlich kostenintensiveren Leistungsverpflichtungen zu verhindern, die entstehen, wenn es zu einem Schaden kommt. Die Ausgaben der Berufsgenossenschaften für die Präventionsleistungen steigen stetig an:[1)]

Jahr	Kosten der Prävention in Mio. Euro
1990	338
2000	717
2007	827
2008	892
2010	911
2019	1285
2021	1225

1) Gerundete Zahlen aus dem Geschäftsbericht der DGUV, siehe Homepage der DGUV

Aufgabe und Umfang

Prävention ist jedoch nicht nur eine Aufgabe der Berufsgenossenschaft, sondern obliegt unter dem weiter gefassten Begriff „Arbeitsschutz" allen im Betrieb Tätigen, wie auch entsprechenden öffentlichen Aufsichtsbehörden, so z.B. den Gewerbeaufsichtsämtern. Arbeitsschutz umfasst alles, was dazu geeignet sein kann, die Arbeitsverhältnisse so zu gestalten, dass Unfälle oder zu Krankheiten führende Belastungen vermieden werden.

Arbeitsschutz und Prävention sind aber auch eine Frage des Selbstverständnisses von Arbeitgebern und Arbeitnehmern. Diese Aufgaben als „unnötigen Zwang" anzusehen, schadet letztlich allen Beteiligten. Grundsätzlich ist davon auszugehen, dass sich jeder im Betrieb in den Arbeitsschutz investierte Euro rechnet und einen positiven Ertrag verursacht, z.B. durch die damit verbundene Absenkung von Krankheitstagen.

Was bedeutet Arbeitsschutz?

Arbeitsschutz umfasst alle rechtlichen, organisatorischen, technischen und medizinischen Maßnahmen, die den Arbeitnehmer bestmöglich vor den Gefahren schützen, die von seinem Arbeitsplatz, von seiner Tätigkeit und von der Arbeitsumgebung ausgehen.

Gesetzliche Grundlagen von Arbeitsschutz und Prävention

Arbeitsschutz und Prävention sind in einer Vielzahl von Vorschriften geregelt, die sich im Europarecht, im deutschen öffentlichen Recht (z.B. Arbeitsschutzgesetz, Arbeitssicherheitsgesetz, SGB VII) verbunden mit dem berufsgenossenschaftlichen Regelwerk und im Privatrecht (individuelles und kollektives Arbeitsrecht) finden.

Europäisches Recht

Europa wächst stetig zusammen. Deshalb bestimmen EU-weit geltende Rechtsvorschriften immer mehr die Rechtslage und Gesetzgebung in Deutschland. Maßnahmen europäischer Organisationen im Arbeitsschutz haben einen weitgehenden Einfluss auf technische und rechtliche Entwicklungen im deutschen Recht. Europäische Vorgaben, wie z.B. EU-Richtlinien, sind vom deutschen Gesetzgeber innerhalb vorgeschriebener

Fristen in nationales Recht umzusetzen. Geschieht dies nicht, so gelten sie unmittelbar im nationalen Recht.

Es gibt allerdings auch europäische Vorschriften, die einer ausdrücklichen Umsetzung gar nicht bedürfen, da sie z.B. grenzüberschreitende Bedeutung haben (u.a. beim Güterkraftverkehr) und deswegen europaweit direkte Geltung erlangen.

Staatliches Arbeitsschutzrecht

Im öffentlichen Recht unterscheidet man zwischen dem staatlichen Arbeitsschutzrecht und dem Arbeitsschutzrecht aufgrund des Unfallversicherungsrechts. Diese Unterscheidung ermöglicht es, sehr allgemein gefasste Regelungen im staatlichen Arbeitsschutzrecht vorzuhalten, die für alle Betriebe gelten, wohingegen das Arbeitsschutzrecht aufgrund des Unfallversicherungsrechts sehr betriebsspezifische Regelungen enthält.

Die wichtigsten Gesetze des staatlichen Arbeitsschutzrechts sind u.a.

- Arbeitsschutzgesetz (ArbSchG),
- Arbeitssicherheitsgesetz (ASiG),
- Mutterschutzgesetz (MuSchG),
- Arbeitszeitgesetz (ArbZG).

Hinzu kommen diverse Verordnungen, die die Arbeitsbedingungen bezogen auf spezielle Belastungen und Gefährdungen regeln, so u.a.:

- Baustellenverordnung (BaustellV),
- Arbeitsstättenverordnung (ArbStättV, einschließlich der Regulierung der Bildschirmarbeitsplätze),
- Lastenhandhabungs-Verordnung (LastenhandhabV),
- Gefahrstoff-Verordnung (GefStoffV).

Betriebssicherheitsverordnung

Ein wichtiger Ansatz zur Vereinheitlichung und EU-konformen Neuordnung des Betriebs- und Anlagensicherheitsrechts ist die **Betriebssicherheitsverordnung.**[1] Sie vereinheitlicht und vereinfacht das Recht im Bereich der Sicherheit und des Gesundheitsschutzes

[1] vom 3.2.2015, BGBl. I Nr. 4, S. 49

- bei der Bereitstellung von Arbeitsmitteln und deren Benutzung bei der Arbeit und
- der Sicherheit beim Betrieb überwachungsbedürftiger Anlagen.

Regelungsbereiche der Unfallverhütungsvorschriften

Öffentliches Recht ist aber auch das Unfallversicherungsrecht des SGB VII. Zentrale Vorschrift ist hier § 15 SGB VII, der vorsieht, dass die Berufsgenossenschaften **Unfallverhütungsvorschriften** erlassen können. Unfallverhütungsvorschriften heißen seit Mai 2014 **DGUV-Vorschriften**. Sie regeln

- welche **Einrichtungen, Anordnungen und Maßnahmen** der Unternehmer zu treffen hat, um Arbeitsunfälle zu verhüten und wie diese Aufgaben auf andere Personen übertragen werden können,
- wie sich Versicherte zu **verhalten** haben, um Arbeitsunfälle zu verhindern,
- die notwendigen **ärztlichen Untersuchungen** für Versicherte, bevor sie mit Aufgaben betraut werden dürfen, die für sie und/oder Dritte mit Gesundheitsgefahren verbunden sind,
- die **Maßnahmen**, die der Unternehmer ergreifen muss, um seine Pflichten **aus dem Gesetz** über Betriebsärzte, Sicherheitsingenieure und andere Fachkräfte **für Arbeitssicherheit** (Arbeitssicherheitsgesetz) zu erfüllen,
- die **Sicherstellung einer wirksamen Ersten Hilfe** durch den Arbeitgeber und
- die **Zahl der Sicherheitsbeauftragten**, die zu bestellen sind.

Die Berufsgenossenschaften sind damit befugt, viele Bereiche durch DGUV-Vorschriften zu regeln. Diese Vorschriften regeln z.B. auch, welche Schutzkleidung zur Verfügung zu stellen ist, die richtige Nutzung bestimmter Maschinen bis hin zur Einrichtung von Büros. Hier erweist es sich als Vorteil, dass die Berufsgenossenschaften nach Gewerbezweigen gegliedert sind, denn so können sie ihre Erfahrungen und Kenntnisse gezielt einsetzen. Zentrale Vorschrift zur betrieblichen Prävention ist die DGUV-Vorschrift 1 „Grundsätze der Prävention".

Erweiterung des Geltungsbereichs

§ 16 SGB VII erweitert in seinen beiden Absätzen den Geltungsbereich der DGUV-Vorschriften. Nach Absatz 1 gelten die

DGUV-Vorschriften eines Unternehmers auch für solche Versicherte, die zwar eigentlich einer anderen Berufsgenossenschaft zugehörig sind, die aber im betroffenen Unternehmen gerade tätig sind.

Beispiel:

Wartet der Chemie-Ingenieur A, angestellt bei einer Firma, die Laborgeräte herstellt und vertreibt (Zuständigkeitsbereich der Chemie-Berufsgenossenschaft), gerade im Rathaus der Stadt München die Laborgeräte im Umweltamt, so muss er sich während dieser Zeit auch an die Unfallverhütungsvorschriften des zuständigen Gemeindeunfallversicherungsverbandes halten.

Ausländische Unternehmer und deren Arbeitnehmer

Nach Absatz 2 unterfallen auch ausländische Unternehmer und ihre Arbeitnehmer den deutschen Unfallverhütungsvorschriften, wenn sie eine Tätigkeit im Inland ausüben, ohne einem Unfallversicherungsträger anzugehören. Damit können die deutschen Aufsichtsbehörden und Berufsgenossenschaften auch solche Unternehmen kontrollieren und überwachen.

Arbeitsschutzrecht und Privatautonomie

Öffentliches Arbeitsschutzrecht wirkt auch in die Privatautonomie hinein, also in die Freiheit, Verträge abzuschließen. Verträge, die gegen arbeitsschutzrechtliche Normen verstoßen, sind nach § 134 BGB nichtig.

Beispiel:

Arbeitgeber A vereinbart in einem Arbeitsvertrag mit dem neu einzustellenden B, dass dieser wöchentlich 50 Stunden arbeiten muss.

Diese Regelung des Arbeitsvertrags verstößt gegen § 3 ArbZG (Arbeitszeitgesetz) und ist damit nach § 134 BGB nichtig. Das hat allerdings keine Folgen für das Bestehen des Arbeitsvertrages als solchem, da anstelle der nichtigen vertraglichen Vereinbarung über die Arbeitszeit die gesetzlichen Vorschriften (also die Arbeitszeitvorgaben des ArbZG) gelten.

Auch in Tarifverträgen werden oftmals Arbeitszeiten geregelt. Auch diese Vereinbarungen zwischen den Tarifvertragsparteien unterliegen der Überwachung durch staatliches Arbeitsschutzrecht. Das gilt auch für Betriebsvereinbarungen nach § 77 BetrVG, die ebenfalls Regelungen zur Arbeitszeit umfassen können.

Zentrale privatrechtliche Vorschrift für den Arbeitsschutz ist § 618 BGB, der den Arbeitgeber zum Gesundheitsschutz am Arbeitsplatz verpflichtet. Gestützt auf diese Vorschrift kann der Arbeitnehmer den Arbeitgeber direkt in Anspruch nehmen, um Maßnahmen des Arbeitsschutzes an seinem Arbeitsplatz durchzusetzen. Jede Arbeitsschutznorm, die einen direkten Schutz des Arbeitnehmers zum Gegenstand hat, kann von diesem gegenüber dem Arbeitgeber geltend gemacht werden. So kann der Arbeitnehmer z.B. vom Arbeitgeber verlangen, dass an seinem Arbeitsplatz eine Gefährdungsbeurteilung (s. dazu unten) durchgeführt wird. Er kann jedoch nicht verlangen, dass diese in einer bestimmten Art und Weise durchgeführt wird,[1] was vor allem auch daran liegt, dass er dann in Mitbestimmungsrechte des Betriebsrats eingreifen könnte. (s. dazu Kap. 6.2)

So, wie der Arbeitnehmer den Arbeitgeber in Anspruch nehmen kann, wenn es darum geht, aus dem Arbeitsverhältnis heraus seinen Gesundheitsschutz zu wahren, so kann auch der Arbeitgeber dieses Vertragsverhältnis dazu nutzen, Arbeitsschutz am Arbeitsplatz durchzusetzen.

Ebenfalls Gegenstand des Privatrechts ist das kollektive Arbeitsrecht, das in einer Vielzahl von Vorschriften (z.B. im Betriebsverfassungsgesetz, BetrVG) Mitwirkungs-, Mitbestimmungs- und Informationsrechte des Betriebsrats vorsieht (siehe dazu Kap. 6).

■ Folge der Nichtbeachtung von Vorschriften

Bußgeld

Vorschriften sind jedoch vollkommen nutzlos, wenn ihre Einhaltung nicht kontrolliert und eine **Missachtung** nicht bestraft wird. Deswegen sieht § 209 SGB VII vor, dass Mitglieder (die Unternehmer) oder Versicherte (die Arbeitnehmer) mit einem **Bußgeld** belegt werden können, wenn sie gegen eine Unfallverhütungsvorschrift verstoßen und dieser Verstoß mit einem Bußgeld bedroht ist. Für solche Verstöße können Geldbußen bis zu 10.000 Euro verhängt werden. § 209 SGB VII enthält den vollständigen Katalog der mit Bußgeld bedrohten Verstöße.

---

[1] BAG, Urteil vom 12.8.2008 – 9 AZR 1117/06, BeckRS 2008, 56181

Der Unternehmer ist selbst dann Adressat der Unfallverhütungsvorschriften, wenn er gar keine Arbeitnehmer beschäftigt. So konnte gegen einen selbstständigen Bauhandwerker wegen Missachtung dieser Vorschriften ein Bußgeld verhängt werden, obwohl dieser sich darauf berufen hat, ja gar keine „schützenswerten" Arbeitnehmer zu beschäftigen.[1] Der Arbeitgeber muss auch Besichtigungen in seinem Betrieb nach dem Arbeitssicherheitsgesetz dulden bzw. ermöglichen, wenn er keine Arbeitnehmer beschäftigt oder nicht mehr beschäftigt. Verstößt er gegen diese Verpflichtung, so kann ebenfalls ein Bußgeld gegen ihn verhängt werden.[2]

Das staatliche Gewerbeaufsichtsamt ist nach einem Beschluss des VG Lüneburg[3] in einem Fall, in dem sich ein Arbeitgeber dagegen wehrte, einen Bescheid der Gewerbeaufsicht, mit dem ihm aufgegeben wurde, einen Betriebsarzt und eine Fachkraft für Arbeitssicherheit zu bestellen, umzusetzen, dazu befugt, diese Bestellung nach Maßgabe der Unfallverhütungsvorschriften der zuständigen Berufsgenossenschaft anzuordnen. Das auch dann, wenn der Arbeitgeber vorbringt, dass er durch die damit verbundenen Kosten im internationalen Wettbewerb benachteiligt wird.

Auch Verstöße gegen andere öffentlich-rechtliche Arbeitsschutzvorschriften können Bußgelder nach sich ziehen. Unternehmern, die nachhaltig und dauerhaft gegen derartige Vorschriften verstoßen und sich auch durch entsprechende Sanktionen nicht zu besserer Einsicht verleiten lassen, kann in letzter Konsequenz sogar die gewerberechtliche Erlaubnis entzogen werden.

Kündigung

Nach der arbeitsgerichtlichen Rechtsprechung kann die Missachtung von Arbeitsschutzvorschriften auch eine **ordentliche Kündigung** nach sich ziehen, wenn der Arbeitnehmer deswegen zuvor bereits erfolglos abgemahnt worden ist.

Grundsätzlich ist der Arbeitnehmer zu einem den Arbeitsschutzvorschriften entsprechenden Verhalten verpflichtet. Selbst wenn ein bestimmtes Verhalten in Arbeitsschutzvor-

---

1) OLG Düsseldorf, Beschluss vom 16.3.2009 – 2 Ss (OWi)234/08/ (OWi) 104/08 III, BeckRS 2009, 13974

2) OLG Hamm, Beschluss vom 6.5.2008 – 3 Ss OWi 277/08, BeckRS 2008, 11802

3) Beschluss vom 20.07.2011 – 5 A 26/10, BeckRS 2011, 52914

schriften nicht ausdrücklich untersagt ist, ergibt sich aus dem Umstand, dass der Arbeitnehmer alles zu unterlassen hat,

- was das Leben oder die Gesundheit von Kollegen oder
- das Eigentum des Arbeitgebers gefährdet.

Entsprechende Verstöße können eine Kündigung auslösen (so das LAG Schleswig-Holstein in einem Fall, in dem ein Arbeitnehmer nicht vollständig entleerte Farbspraydosen in einen Container für extrem heiße Abfälle geworfen hat[1]). Auch selbstgefährdendes Verhalten, wie z.B. die Weigerung, Sicherheitsschuhe bei der Arbeit zu tragen, kann eine ordentliche Kündigung zur Folge haben.[2] Grundsätzlich gilt aber, dass in jedem Fall der Kündigung eine **Abmahnung** vorausgehen muss, mit der dem Arbeitnehmer sein Fehlverhalten konkret vorgeworfen und für den Wiederholungsfall eine Kündigung in Aussicht gestellt werden muss.[3]

Hinweis:

Erfolgt eine Abmahnung wegen eines konkreten Verstoßes gegen Arbeitsschutzbestimmungen und ist in dieser „für den Fall weiterer Verstöße gegen Arbeitsschutzbestimmungen" eine Kündigung in Aussicht gestellt worden, so muss im kündigungsrelevanten Wiederholungsfall nicht gegen dieselbe arbeitsschutzrechtliche Vorschrift verstoßen worden sein.

Auch eine außerordentliche („fristlose") Kündigung ist denkbar. Sie kann jedoch nur bei schweren, wiederholten oder nachhaltigen Verstößen gegen Arbeitsschutzvorschriften als letztes Mittel eingesetzt werden.

Das lässt sich insgesamt damit begründen, dass Arbeitsschutzvorschriften nicht nur den Arbeitnehmer selbst, sondern auch Dritte schützen sollen und dass der Unternehmer daran auch ein wirtschaftliches Interesse hat, da seine Beiträge zur Berufsgenossenschaft individuell unter Berücksichtigung der Unfallhäufigkeit in seinem Unternehmen festgelegt werden.

---

1) LAG Schleswig-Holstein, Urteil vom 8.10.2008 – 6 Sa 158/08, BeckRS 2009, 50494

2) LAG Köln, Urteil vom 12.12.2008 – 11 Sa 777/08, BeckRS 2009, 62438

3) LAG Rheinland-Pfalz, Urteil vom 20.3.2009 – 6 Sa 725/08, BeckRS 2009, 62384

Privatrechtlicher Schadensersatzanspruch

Der Verstoß gegen arbeitsschutzrechtliche Vorschriften sieht zudem vor, dass diese zu privatrechtlichen Schadensersatzansprüchen führen können. Diese sind aber nachrangig: Ist eine Absicherung nach dem SGB VII vorhanden, so gehen diese Ansprüche vor. Ein Anspruch auf Schmerzensgeld neben den Leistungen der gesetzlichen Unfallversicherung kann sich für den Arbeitnehmer aber ergeben, wenn der Arbeitgeber den Arbeitsunfall vorsätzlich herbeigeführt hat. Dann ist aber erforderlich, dass der Arbeitgeber nicht nur vorsätzlich gegen arbeitsschutzrechtliche Vorschriften verstößt, sondern auch den Arbeitnehmer bzw. dessen Gesundheit konkret schädigen will, also auch diesbezüglich vorsätzlich handelt.[1)]

Es gibt jedoch nach der Rechtsprechung des BAG keinen Erfahrungssatz, dass derjenige, der vorsätzlich gegen zugunsten von Arbeitnehmern bestehende Schutzvorschriften verstößt, den Arbeitnehmer auch konkret schädigen will. Das sei – so die Rechtsprechung dazu – stets eine Einzelfallentscheidung, die vom Gericht jeweils aufzuklären sei[2)].

Hinweis:

Wird die Haftung des Arbeitgebers für eine Schädigung des Arbeitnehmers durch den Verstoß gegen Schutzvorschriften festgestellt, gilt diese Haftung selbstverständlich auch gegenüber den Leiharbeitnehmern im Betrieb.[3)]

3.2 Zuständigkeiten bei Arbeitsschutz und Prävention

Im mittelständischen und großen Betrieb gibt es eine Vielzahl von Personen, die dazu verpflichtet sind, die Einhaltung arbeitsschutzrechtlicher Vorschriften zu überwachen und durchzusetzen. Im Kleinbetrieb dagegen ist Arbeitsschutz eine Aufgabe, die vom Unternehmer wahrgenommen wird (zum Arbeitsschutz im Kleinbetrieb siehe unten).

---

1) LAG Hamm, Urteil vom 13.6.2008 – 12 Sa 1851/07, BeckRS 2008, 55456 (unter Berufung auf die ständige Rechtsprechung des BAG)

2) BAG, Urteil vom 20.6.2013 – 8 AZR 471/12, BeckRS 2013, 72036

3) OLG Koblenz, Urteil vom 22.5.2014 – 2 U 574/12, BeckRS 2014, 14961

Nachfolgend wird sich auf die berufsgenossenschaftlichen Aufsichtspersonen und die Sicherheitsbeauftragten beschränkt. Daneben gibt es weitere Beauftragte, wie z.B. Gefahrstoff- und Gefahrgutbeauftragte, Katastrophen- und Brandschutzbeauftragte, Zuständige für die Anlagensicherheit und den betrieblichen Umweltschutz usw. Ihre Aufgaben sind in diversen Gesetzen und Verordnungen geregelt.

■ Überwachung durch Aufsichtspersonen

Die Aufsichtsperson

Die §§ 17 ff. SGB VII sehen die Überwachung von Unternehmen durch **Aufsichtspersonen** vor.

a) Begriff und Aufgaben der Aufsichtsperson

Begriff

Aufsichtspersonen sind Angestellte der Unfallversicherungsträger. Sie haben einen Befähigungsnachweis vorzulegen, der auf einer Ausbildung beim Unfallversicherungsträger aufbaut. Meistens handelt es sich bei ihnen um Ingenieure, die der jeweiligen Fachrichtung der Berufsgenossenschaft angehören.

Aufgaben

Die von diesen Personen vorzunehmenden Maßnahmen unterscheidet man in

- Überwachung,
- Beratung und
- Erteilung von Anordnungen für den Einzelfall.

Überwachung und Beratung

Die **Überwachung und Beratung** erfolgt anlässlich von Betriebsbesichtigungen und der Untersuchung von Unfallstellen. Beratungen können jedoch auch auf Anforderung des Unternehmers erfolgen. Gegenstand von Überwachung und Beratung sind alle betrieblichen Abläufe und Einrichtungen. Dabei sind alle sicherheitsrelevanten Aspekte betroffen. Die Aufsichtsperson entscheidet, ob etwas sicherheitsrelevant ist oder nicht.

Beispiel:

In einem Büro findet eine Begehung durch die Aufsichtsperson A der zuständigen Berufsgenossenschaft statt. Dabei bemängelt A, dass hinter diversen Schreibtischen Kabel von Computern, Druckern und Schreibtischlampen einfach herunterhängen und ungesichert auf dem Boden liegen. Der den A begleitende Abteilungsleiter B.

weist darauf hin, dass dieses letztlich egal sei, weil dort sowieso nie jemand hindurchgehe, so dass überhaupt keine sicherheitsrelevante Beanstandung vorliege.

A beanstandet dieses trotzdem schriftlich und fordert den Unternehmer unter Fristsetzung auf, die Kabel zu sichern. B kümmert sich nicht darum, weil er nach wie vor auf dem Standpunkt steht, diese Beanstandung sei „reine Schikane".

In diesem Fall kann die Berufsgenossenschaft Bußgelder verhängen oder die Sicherungsmaßnahmen sogar per Ersatzvornahme (d.h. durch Einschaltung eines Dritten, dessen Kosten der Unternehmer zu tragen hat) durchführen lassen.

Anordnungen für den Einzelfall

Sieht die Aufsichtsperson einen entsprechenden Bedarf, so hat sie **Anordnungen für den Einzelfall** zu treffen, die

- zum einen auf Unfallverhütungsvorschriften und
- zum anderen auf der Abwehr allgemeiner Gefahren für die Sicherheit oder Gesundheit

beruhen. Diese sollen konkrete Hinweise auf die zur Abhilfe vorgesehenen Maßnahmen enthalten, zudem einen Termin, zu dem diese umgesetzt sein müssen. Die Nichtbefolgung dieser Anordnungen hat ein Bußgeld zur Folge. Es gibt weiterhin die Möglichkeit, diese Anordnungen zu vollstrecken.

b) Rechte der Aufsichtspersonen

Rechte

Um ihren Aufgaben nachkommen zu können, hat die Aufsichtsperson zudem das Recht,

- die Unternehmen während der Arbeitszeit zu besichtigen und Einsicht in bestimmte Unterlagen zu verlangen (§ 19 Abs. 2 SGB VII).
- Sie kann auch Proben von Arbeitsstoffen entnehmen und
- bei drohender Gefahr sofort vollziehbare Anordnungen treffen, um Gefahren abzuwenden.

Sofort vollziehbare Anordnungen können mit Rechtsmitteln nicht angegriffen werden, d.h., sie werden sofort wirksam.

Beispiel:

Anlässlich der Begehung einer Baustelle stellen die Aufsichtspersonen fest, dass ein Baugerüst nicht den sicherheitstechnischen Anforderungen entspricht. Um die damit verbundene unmittelbare Gefährdung der auf der Baustelle Beschäftigten zu verhindern, wird das Gerüst gesperrt und erst wieder zugänglich gemacht, wenn es nachgebessert wurde.

Wird das Gerüst während der Sperrung weiter benutzt, könnte die zuständige BG Bußgelder verhängen.

Schweigepflicht

Schweigepflicht

Aufsichtspersonen unterliegen als Angehörige der Berufsgenossenschaft nach § 207 Abs. 3 SGB VII selbstverständlich einer Schweigepflicht, an die sie nur gegenüber ihrer Berufsgenossenschaft und den sonstigen zuständigen Behörden nicht gebunden sind.

■ Sicherheitsbeauftragte

Bestellung eines Sicherheitsbeauftragten

In Unternehmen mit mehr als 20 Beschäftigten sind nach § 22 Abs. 1 SGB VII ein oder mehrere Sicherheitsbeauftragte zu bestellen. Einzelheiten regelt § 20 der DGUV Vorschrift 1. In Unternehmen mit regelmäßig mehr als 20 Beschäftigten hat der Unternehmer unter Berücksichtigung der im Unternehmen bestehenden Verhältnisse hinsichtlich der Arbeitsbedingungen, der Arbeitsumgebung sowie der Arbeitsorganisation Sicherheitsbeauftragte in der erforderlichen Anzahl zu bestellen. Kriterien für die Anzahl der Sicherheitsbeauftragten sind:

- Im Unternehmen bestehende Unfall- und Gesundheitsgefahren,
- räumliche Nähe der zuständigen Sicherheitsbeauftragten zu den Beschäftigten,
- zeitliche Nähe der zuständigen Sicherheitsbeauftragten zu den Beschäftigten,
- fachliche Nähe der zuständigen Sicherheitsbeauftragten zu den Beschäftigten,
- Anzahl der Beschäftigten.

Mitwirkung des Betriebsrats

Die **Bestellung des Sicherheitsbeauftragten** ist nach § 22 Abs. 1 Satz 1 SGB VII unter **Mitwirkung des Betriebsrats** vorzunehmen. Allerdings kann der Betriebsrat eine vom Arbeitgeber vorgenommene Bestellung nicht ablehnen.

Aufgaben

Der Sicherheitsbeauftragte hat den Unternehmer bei der Durchführung des Unfallschutzes zu unterstützen. Er hat insbesondere zu prüfen, ob vorgeschriebene Schutzvorrichtungen vorhanden sind und genutzt werden. Dazu muss er sich regelmäßig im Unternehmen umsehen, Arbeitsplätze kontrollieren und die Umsetzung der Sicherheitsvorschriften beachten.

Praxistipp:

Für die Sicherheitsbeauftragten sollte ein „schwarzes Brett" (in größeren Unternehmen natürlich mehrere) zur Verfügung stehen, an dem sie über neue Entwicklungen, neue Sicherheitsvorkehrungen oder entsprechende Schulungen und Unterweisungen berichten können. Werden zur unternehmensinternen Kommunikation auch E-Mails oder ein Intranet verwendet, kann es nützlich sein, dass der Sicherheitsbeauftragte die Mitarbeiter regelmäßig auch per „Rund-Mail" oder im Intranet informiert.

Sicherheitsbeauftragter kann nur sein, wer Mitarbeiter des Unternehmens ist. Externe kommen nicht in Frage. Es kann schwierig sein, einen entsprechend engagierten und belastbaren Kollegen zu finden, der bereit ist, diese verantwortungsvolle Aufgabe zu übernehmen. Hat der Unternehmer damit Probleme, darf er sich aber nicht darauf berufen und deswegen keinen Sicherheitsbeauftragten bestellen. Er muss versuchen, trotzdem einen Beauftragten zu ernennen, z.B. durch Schaffung von Anreizen, wie einer zusätzlichen Entlohnung. Aufgrund der Aufgabenstellung des Sicherheitsbeauftragten ist es nicht sinnvoll, Beschäftigte mit Vorgesetztenfunktion zu berufen, da es hier zu Interessenkonflikten kommen kann.

Keine Weisungsbefugnis

Die Sicherheitsbeauftragten dienen dem Unternehmen freiwillig und haben keine Weisungsbefugnis gegenüber anderen Mitarbeitern. Sie können diesen nur entsprechende Hinweise geben und müssen bei fortgesetzten Verstößen gegebenenfalls den Vorgesetzten einschalten. Daraus folgt, dass keine straf- oder zivilrechtliche Verantwortung für ihr

Handeln besteht, allerdings auch kein besonderer Kündigungsschutz.

Mit dieser Funktion ist auch keine Freistellung von der Arbeit verbunden oder eine Verpflichtung des Unternehmers gegeben, eine besondere Vergütung zu zahlen. Natürlich dürfen dem Sicherheitsbeauftragten aus seiner Tätigkeit auch keine Nachteile erwachsen (§ 22 Abs. 2 und 3 SGB VII).

■ Fachkraft für Arbeitssicherheit

Begriff

Nach § 5 Abs. 1 Arbeitssicherheitsgesetz (ASiG) muss der Arbeitgeber Fachkräfte für Arbeitssicherheit (Sicherheitsingenieure, -techniker, -meister) bestellen. Der Arbeitgeber kann diese Fachkräfte als Arbeitnehmer einstellen, muss dies aber nicht tun. Anstelle dieser Fachkräfte kann er einen externen Dienstleister beauftragen (siehe S. 64). Auf alle Fälle ist er jedoch verpflichtet, den bei ihm angestellten Fachkräften ihren Freiraum für Fortbildung einzuräumen (durch entsprechende Freistellungen), und er muss dafür sorgen, dass sie zur Erfüllung ihrer Aufgaben über die erforderlichen Mittel verfügen können.

Die Fachkraft für Arbeitssicherheit ersetzt nicht den Sicherheitsbeauftragten und umgekehrt. Sicherheitsbeauftragte können auch nicht zugleich Fachkraft für Arbeitssicherheit sein.

Aufgaben

Die Aufgaben der Fachkraft für Arbeitssicherheit ergeben sich zentral aus § 6 ASiG. Danach müssen sie

- den Arbeitgeber und die sonst für den Arbeitsschutz und die Unfallverhütung verantwortlichen Personen beraten (z.B. bei Planung, Ausführung und Unterhaltung von Betriebsanlagen, sozialen und sanitären Einrichtungen, bei der Beschaffung von technischen Arbeitsmitteln und der Einführung von Arbeitsverfahren und Arbeitsstoffen, der Gestaltung von Arbeitsplätzen und Arbeitsabläufen),
- Betriebsanlagen und technische Arbeitsmittel sowie Arbeitsverfahren sicherheitstechnisch überprüfen,

- die Durchführung des Arbeitsschutzes und der Unfallverhütung beobachten (z.B. durch regelmäßige Begehungen, Vorschlagen von Mängelbeseitigungsmaßnahmen, Ursachenuntersuchung von Arbeitsunfällen) und
- vor allem darauf hinwirken, dass sich alle im Betrieb Beschäftigten den Anforderungen des Arbeitsschutzes und der Unfallverhütung entsprechend verhalten.

Fachkräfte für Arbeitssicherheit bedürfen nach § 7 ASiG einer entsprechenden Ausbildung; sie müssen über die „erforderliche sicherheitstechnische Fachkunde" verfügen.

Betriebsarzt

Aufgaben

Der Arbeitgeber muss nach § 2 ASiG einen Betriebsarzt bestellen. Dieser hat nach § 3 ASiG u.a. folgende Aufgaben:

- Beratung des Arbeitgebers und der sonst für den Arbeitsschutz und die Unfallverhütung verantwortlichen Personen, insbesondere auch bei der Organisation der Ersten Hilfe und bei Fragen des Arbeitsplatzwechsels sowie der Eingliederung und Wiedereingliederung Behinderter in den Arbeitsprozess,
- Untersuchung und arbeitsmedizinische Beurteilung und Beratung der Arbeitnehmer, insbesondere Erfassung und Auswertung von Untersuchungsergebnissen,
- Durchführung des Arbeitsschutzes und der Unfallverhütung, z.B. durch regelmäßige Begehungen, und
- Sicherstellung der Einhaltung des Arbeitsschutzes und der Unfallverhütung im Betrieb, insbesondere durch Belehrung und Schulung der Helfer in Erster Hilfe.

Nicht zu den Aufgaben des Betriebsarztes gehört es ausdrücklich, Krankmeldungen der Arbeitnehmer auf ihre Berechtigung hin zu überprüfen (§ 7 Abs. 3 ASiG).

Qualifikation

Der Betriebsarzt bedarf nach § 4 ASiG neben seiner Berechtigung, den ärztlichen Beruf auszuüben, einer arbeitsmedizinischen Fachkunde.

Überbetriebliche Dienste

Auslagerung unternehmerischer Pflichten

Gerade in kleineren Unternehmen kann es dem Arbeitgeber grundsätzlich nicht zugemutet werden, Fachkräfte für Arbeitssicherheit und Betriebsärzte einzustellen. § 19 ASiG sieht deswegen vor, dass der Arbeitgeber dieser Verpflichtung auch nachkommen kann, indem er einen überbetrieblichen Dienst von Betriebsärzten oder Fachkräften für Arbeitssicherheit zur Wahrnehmung dieser Aufgaben bestimmt. Diese Verpflichtung verstößt nach der Rechtsprechung des BSG nicht gegen höherrangiges Recht, insbesondere nicht gegen verfassungsrechtliche Vorschriften.[1)]

Je nach Betriebsgröße haben die einzelnen Berufsgenossenschaften für ihren Zuständigkeitsbereich jeweils festgelegt, wie viele Einsatzstunden die Fachkraft für Arbeitssicherheit und der Betriebsarzt leisten müssen.[2)] Dementsprechend kann ein überbetrieblicher Dienst verpflichtet werden.

Praxistipp:

Auch größere Unternehmen haben die Möglichkeit, die Dienstleistungen von Fachkräften für Arbeitssicherheit oder Betriebsärzten nach § 19 ASiG auszulagern, wenn sich dieses z.B. aus Kosten- oder Effizienzgründen anbietet. Hierbei handelt es sich jedoch um eine mitbestimmungspflichtige Maßnahme nach § 87 Abs. 1 Nr. 7 BetrVG, da der Arbeitgeber eine grundsätzliche Regelung trifft. Zieht der Arbeitgeber dagegen im konkreten Einzelfall einen Externen hinzu, um eine Gefährdungsbeurteilung durchzuführen oder eine Unterweisung zu erteilen, so ist die Einzelmaßnahme keine mitbestimmungspflichtige Regelung.

Anschlusszwang

Nach § 24 Abs. 2 S. 1 SGB VII besteht ein Anschlusszwang des Unternehmers an den überbetrieblichen Dienst, wenn der Unternehmer die entsprechenden Fachkräfte nicht oder nicht in ausreichender Zahl bestellt.[3)]

---

1) BSG, Urteil vom 2.11.1999 – B 2 U 25/98, NZS 2000, 254

2) in der DGUV Vorschrift 2 „Betriebsärzte und Fachkräfte für Arbeitssicherheit“

3) BAG, Beschluss vom 18.8.2009 – 1 ABR 43/08, BeckRS 2009, 73840

3.3 Mittel der Prävention – Wie werden Arbeitsunfälle und Berufskrankheiten verhindert?

Gesetzliche Vorschriften, Verordnungen und Unfallverhütungsvorschriften bieten ein breites Spektrum von Maßnahmen, die dazu beitragen sollen, Arbeitsunfälle und Berufskrankheiten zu verhindern. Der technische Fortschritt, neue Herausforderungen an Arbeitsplätze und der stetig wachsende Druck auf die Arbeitnehmer, der sich aus einer schwierigen gesamtwirtschaftlichen Situation ergibt, tragen jedoch dazu bei, immer neue Risiken zu schaffen, denen sich der Arbeitsschutz gegenübersieht.

Beispiel:

Eine Herausforderung, die sich durch die zunehmende Ausstattung der Arbeitsplätze mit Computern sehr verstärkt hat, ist z.B. die „Informationsflut am Arbeitsplatz". Nach aktuellen Untersuchungen fühlt sich mindestens jeder zehnte Arbeitnehmer durch Informationsüberflutung psychisch gestresst. Auslöser ist dabei nicht etwa die „Werbeflut im elektronischen Postkasten", sondern der ganz normale Geschäftsmailverkehr. Über elektronische Medien lässt sich schnell Kontakt mit den Mitarbeitern direkt aufnehmen. Dieser einfachere Zugang verhindert Filter, wie z.B. die Postauszeichnung oder die Verteilung und verkürzt Bearbeitungszeiten der Post von mehreren Tagen auf einzelne Tage oder gar Stunden.

Experten haben bei einer Untersuchung[1] von zehn E-Mail-Programmen bis zu 19 Funktionen entdeckt, die sich gegen derartige Informationsüberflutungen einsetzen lassen, die viele in der Studie Befragten jedoch weder kannten noch je ausprobiert hatten. Hier könnte eine entsprechende Medienschulung hilfreich sein.

Es ist nicht ausreichend, sich auf gesetzliche Vorgaben zu verlassen. Vielmehr bedarf es großer Phantasie und ständiger Beobachtung des Wandels der Arbeitswelt, um sicherzustellen, dass Arbeitsschutz auch modernen Herausforderungen gewachsen ist.

Nachfolgend sollen einige wichtige Aspekte von Prävention und Arbeitsschutz dargestellt werden:

---

1) MOSER u.a., Steigende Informationsflut am Arbeitsplatz (Studie der BAuA), http://www.baua.de/nn_20474/de/ Publikationen/Forschungsberichte/2002/ Fb967,xv=lf.pdf

Aufbau von Know-how bei Verantwortlichen und Arbeitnehmern

Zentrale Voraussetzung für die Verhütung von Arbeitsunfällen und Berufskrankheiten ist, dass bei Vorgesetzten, Arbeitnehmern und betrieblichen Beauftragten ein entsprechendes Fachwissen vorhanden ist. Dieses kann durch

- Schulungen,
- Informationsmaterial, wie Fachbücher und Datenbanken,
- Erfahrungsaustausch und
- vielfältige Informationsquellen im Internet

aufgebaut werden.

BG-Lehrgänge

Die Berufsgenossenschaften müssen nach § 23 SGB VII Aus- und Fortbildungslehrgänge anbieten. Sie sollen insbesondere auch die Unternehmer dazu anhalten, den Mitarbeitern eine rege Teilnahme zu ermöglichen. Diese Ausbildungslehrgänge richten sich an die Unternehmer selbst, deren Stellvertreter, Abteilungsleiter, Betriebs- und Personalräte, Sicherheitsbeauftragte usw. Der Kreis derjenigen, die an diesen Schulungen teilnehmen sollten, ist eher weit zu ziehen, um eine größtmögliche Sicherheit im Unternehmen zu gewährleisten.

Kostenübernahme

Für die mit der Ausbildung in unmittelbarem Zusammenhang stehenden **Kosten** (Schulung, Unterkunft, Verpflegung, Reisekosten) kommt die Berufsgenossenschaft auf, für die uneingeschränkte **Lohnfortzahlung** in dieser Zeit der Arbeitgeber.

Gegenstand

Gegenstand dieser Schulungen sind alle Sicherungsmaßnahmen, die in einem Unternehmen anfallen können, insbesondere der Inhalt von Unfallverhütungsvorschriften u.Ä.

Daneben gibt es eine Vielzahl von Seminaranbietern, die Fortbildungen anbieten.

Schulung bedeutet aber auch, dass Sicherheitsbeauftragte und Fachkräfte für Arbeitssicherheit intern die Mitarbeiter schulen – sei es in einzelnen Gesprächen oder in Gruppen.

Praxistipp:

Viele Verlage veröffentlichen in ihrem Programm zwischenzeitlich auch Schulungsunterlagen, zu denen auch Folien im PDF®- oder MS-Powerpoint®-Format gehören, die zu eigenen Schulungszwecken eingesetzt werden können.

Aufbau von Know-how über Arbeitsplätze, deren Umgebung und ihre spezifischen Gefahren

Neben grundsätzlichen Regeln zum Arbeitsschutz, die im gesamten Unternehmen gelten, muss zur Vermeidung von Arbeitsunfällen und Berufskrankheiten ein spezielles Know-how über die einzelnen Arbeitsplätze, ihre Umgebung und ihre spezifischen Gefahren aufgebaut werden. Dieses Wissen ermöglicht es den Arbeitnehmern an ihrem Arbeitsplatz die Regeln einzuhalten, die der spezifischen Gefährdungssituation gerecht werden.

a) Gefährdungsbeurteilung

Gefährdungsbeurteilung

Ein wichtiges Mittel, dieses Wissen zu erarbeiten, ist die in § 5 Abs. 1 Arbeitsschutzgesetz (ArbSchG) und § 3 ArbStättV vorgeschriebene Gefährdungsbeurteilung, die u.a. anhand vorgefertigter Fragebögen von der Fachkraft für Arbeitssicherheit, den Sicherheitsbeauftragten, externen Beratern oder von allen gemeinsam durchgeführt wird. Diese Fragebögen gibt es in vielfältigen Varianten bei den zuständigen Berufsgenossenschaften oder in Verlagspublikationen.

Praxistipp:

Vorgefertigte Formulare verleiten leicht dazu, sie ohne genaue Überlegung einfach „abzuarbeiten", ohne die tatsächlichen Gegebenheiten des einzelnen Arbeitsplatzes zu berücksichtigen. Hier sind insbesondere die Betriebspraktiker gefragt, auf die jeweiligen Arbeitsplätze bezogene Anpassungen der Fragebögen vorzunehmen.

Es empfiehlt sich auch, die betroffenen Arbeitnehmer selbst in die Anpassung der Fragebögen einzubeziehen.

Beurteilungsarten

Gefährdungsbeurteilungen sind durchzuführen als

- **Erstbeurteilung** an bestehenden Arbeitsplätzen,
- **Änderungsbeurteilung** (z.B. bei Änderung von Arbeitsstoffen oder Arbeitsverfahren, Neubeschaffung von Maschinen oder Geräten, Änderung des Standes der Technik) und
- **Nachuntersuchung** (bei Auftreten von Arbeitsunfällen, Beinahe-Unfällen oder Berufskrankheiten).

Praxistipp:

Eine Gefährdungsbeurteilung kann nach folgendem Schema ablaufen:

1. Systematische Untergliederung des Betriebes durch Festlegung von Betrachtungsbereichen (Arbeitsplatz – Tätigkeit – Person): Woran sollen die Gefährdungen „festgemacht" werden?
2. Ermittlung und Beurteilung der Gefährdungen in den Betrachtungsbereichen durch vorausschauende oder zurückschauende Untersuchungen: Verwendung von Fragebögen, Gespräche am Arbeitsplatz, Beobachtung von Abläufen usw.
3. Festlegung erforderlicher Arbeitsschutzmaßnahmen. Welche Maßnahmen sind geeignet, Gefährdungen zu vermeiden?
4. Durchführung und Überprüfung der Wirksamkeit dieser Maßnahmen: Festlegung der Zuständigkeiten, Umsetzung der Maßnahmen in die Praxis; Überprüfungstermine festlegen!

Anwendung der Gefährdungsbeurteilung

Gefährdungsbeurteilungen sind nicht auf bestimmte offensichtlich „gefährliche Arbeitsbereiche" (Maschinenarbeitsplätze etc.) beschränkt, sondern in jedem Arbeitsbereich anzuwenden, der eine Gefährdung der Gesundheit möglich macht.

Beispiel:

Arbeitsunfälle, die auf Ausrutschen, Stolpern und Stürzen zurückzuführen sind, stellen eine hohe Zahl der insgesamt festgestellten Arbeitsunfälle dar. Diese Unfälle sind ausgesprochen schmerzhaft, bedürfen häufig einer sehr langwierigen medizinischen Behandlung und kosten Arbeitgeber und Berufsgenossenschaften viel Geld. 20 % aller Rutsch- und Stolperunfälle ereignen sich nach einer Untersuchung der Berufsgenossenschaft Druck und Papierverarbeitung auf Treppen beim Abwärtsgehen und überwiegend auf der ersten und letzten Stufe.

Werden in einem Unternehmen derartige Unfälle festgestellt, so kann im Rahmen einer Gefährdungsbeurteilung nun genau untersucht werden,.

- was Ursache dieser Unfälle war (z.B. Verwendung rutschiger Bodenmaterialien),
- wie diesen Ursachen abzuhelfen ist (z.B. Verwendung rutschsicherer Bodenbeläge) und
- ob nach einer gewissen Zeit die getroffenen Maßnahmen den gewünschten Erfolg, also die Verhinderung weiterer Unfälle, erbracht haben.

Mutterschutzrechtliche Gefährdungsbeurteilungen

§ 10 Mutterschutzgesetz (MuSchG) sieht vor, dass jeder Arbeitsplatz im Unternehmen unter dem Gesichtspunkt spezifischer Gefährdungen für werdende und/oder stillende Mütter zu beurteilen ist. Diese Verpflichtung betrifft **alle Arbeitsplätze im Unternehmen**, auch wenn z.B. auf diesen keine Frauen beschäftigt werden! Der Ausschuss für Mutterschutz (AfMu) hat nun Regeln für die Durchführung dieser Gefährdungsbeurteilung veröffentlicht[1]. Diese Regeln haben den Status der Vermutungswirkung, d.h. Arbeitgebende können davon ausgehen, dass bei Einhaltung der Regeln die im Gesetz gestellten Anforderungen erfüllt sind.

Dokumentationspflicht

Alle Gefährdungsbeurteilungen müssen nach § 6 Abs. 1 ArbSchG dokumentiert werden. Diese Dokumentation kann aus verschiedenen Unterlagen bestehen, aus denen

- das Ergebnis der Gefährdungsbeurteilung,
- die entsprechend festgelegten Maßnahmen des Arbeitsschutzes und
- das Ergebnis der Überprüfung dieser Maßnahmen

ersichtlich sind.

Folge einer Gefährdungsbeurteilung kann die Veränderung von Arbeitsplätzen oder der Arbeitsorganisation sein. Sie kann aber auch zur Folge haben, dass sich die Eignung eines Mitarbeiters, eine bestimmte Tätigkeit auszuführen, in Frage stellt. In diesem Fall geht der Arbeitsschutz den individuellen Interessen des Arbeitnehmers vor. Wird z.B. ein behinderter Mitarbeiter im Rahmen der Umsetzung der sich aus einer Gefährdungsbeurteilung ergebenden Konsequenzen an einem

---

1) https://www.ausschuss-fuer-mutterschutz.de/arbeitsergebnisse/regeln

anderen Arbeitsplatz beschäftigt, weil seine Behinderung ihn an der korrekten Ausübung der bisherigen Tätigkeit hindert, kann dieser keine Ansprüche wegen einer möglichen Diskriminierung aufgrund seiner Behinderung (§ 15 AGG) geltend machen.[1]

e) Belegschaftsbefragungen

Belegschafts-befragungen

Werden in Betriebsabteilungen Häufungen von Unfällen oder Erkrankungen bekannt, so ist die Durchführung einer Belegschaftsbefragung ein geeignetes Mittel, den Ursachen auf den Grund zu gehen (siehe auch Kap. 6).

Mittel der Prävention

Die Personen, die für Arbeitsschutz und Prävention zuständig sind, können sich folgender Mittel bedienen:

- **Information:** Zentrale Aufgabe ist es, die Arbeitnehmer über Gefährdungen am Arbeitsplatz regelmäßig und praxisnah zu informieren. Hierzu kann man sich persönlicher Gespräche, Informationsbroschüren, Schulungen usw. bedienen.

Praxistipp:

Die Information muss so praxisnah wie möglich sein. Erst die Bezugnahme auf die konkrete Arbeitssituation bewirkt beim betroffenen Mitarbeiter die Erkenntnis, dass dieser selbst von einer Gefährdung betroffen sein könnte.

- **Beratung:** Über die allgemeine Information hinaus ist es erforderlich, an den verschiedenen Arbeitsplätzen konkret zu beraten, d.h. auf mögliche Veränderungen des Arbeitsplatzes hinzuweisen, Tipps zur Organisation zu geben und auf konkrete Fragen der Mitarbeiter einzugehen.
- **Veränderung von Arbeitsplätzen und Abläufen:** Werden gesundheitsschädigende Arbeitsplätze oder Arbeitsabläufe erkannt, so ist es wichtig, verändernd einzugreifen, um einer dauerhaften Schädigung vorzugreifen. Die Veränderung sollte mit dem betroffenen Arbeitnehmer ge-

[1] LAG Hamm, Urteil vom 21.11.2008 – 7 Sa 981/08, BeckRS 2009, 54306

meinsam umgesetzt werden, um wirklich erfolgreich zu sein. In solche Prozesse sind jedoch erfahrungsgemäß wesentlich mehr Beteiligte im Betrieb einzubeziehen, da die zunehmende Vernetzung von Tätigkeiten im Unternehmen dazu führt, dass selbst kleinste Veränderungen im Ablauf deutliche Auswirkungen auf andere Arbeitsbereiche haben.

Praxistipp:

Veränderungen können stets auch rechtliche Aspekte haben. Veränderungen in betrieblichen Abläufen unterliegen nicht nur weitgehend der betrieblichen Mitbestimmung, sondern können auch Eingriffe in arbeitsvertragliche Vereinbarungen nach sich ziehen. Das sollte unbedingt im Vorhinein bedacht werden!

Kontrolle der Umsetzung

Kontrolle: Information, Beratung und Veränderung werden nur dann erfolgversprechend sein, wenn ihre Umsetzung auch kontrolliert wird, wenn also geprüft wird, ob Veränderungsprozesse überhaupt umgesetzt wurden und gegebenenfalls zu den gewünschten Ergebnissen geführt haben.

Praxistipp:

Klare Termine, zu denen Veränderungsprozesse umgesetzt und beendet sein müssen, sind eine wichtige Grundvoraussetzung. Diese sollten von Anfang an realistisch (vor allem unter Einbeziehung der betrieblichen Abläufe und der entsprechenden zeitlichen Belastung der betroffenen Mitarbeiter) geplant werden und regelmäßig einer Kontrolle unterliegen.

Partnerschaftlichkeit und Kooperation sind in modernen Betrieben heute eine Selbstverständlichkeit. Unter diesen Aspekten sollten auch die genannten Präventionsmittel eingesetzt und gesehen werden. Dabei darf jedoch nicht außer Acht gelassen werden, dass es Fälle gibt, die einer entsprechenden nachhaltigen Durchsetzung arbeitsschutzrechtlicher Interessen bedürfen und in denen Partnerschaftlichkeit unter Umständen zurückstehen muss.

Beispiel:

In einem sehr modern geführten Unternehmen werden alle wichtigen Entscheidungen in sogenannten „Teamrunden" gemeinsam erarbeitet und beschlossen. Der vom Unternehmer bestellte Sicherheitsbeauftragte stellt nun fest, dass die vorhandenen Bildschirmarbeitsplätze nicht den Anforderungen der ArbStättV entsprechen und regt in der Teamsitzung entsprechende Veränderungen an. Diese werden im Laufe weiterer Teamsitzungen immer weiter diskutiert und „zerredet".

Der Sicherheitsbeauftragte muss nun gemeinsam mit dem Unternehmer – unter Umständen auch gegen die persönlichen Interessen der Kollegen gerichtet – Maßnahmen treffen, um für die Gesundheit an den Bildschirmarbeitsplätzen zu sorgen.

Erste Hilfe

Erste Hilfe

An der Grenze zwischen den schadensverhütenden Präventionsleistungen und den Entschädigungsleistungen stand im alten Recht nach § 721 RVO die Verpflichtung des Unternehmers, für eine ausreichende Erste Hilfe zu sorgen. Diese Pflicht ist in § 10 ArbSchG geregelt. Konkretisiert wird diese Pflicht durch die ASRL 39/1. In dieser Arbeitsstätten-Richtlinie wird detailliert geregelt, was zu einer vollständigen Erste-Hilfe-Ausstattung gehört. Mittel zur Ersten Hilfe (Erste-Hilfe-Material) sind Verbandstoffe, alle sonstigen Hilfsmittel und medizinischen Geräte sowie Arzneimittel, soweit sie der Ersten Hilfe dienen. Einrichtungen zur Ersten Hilfe sind technische Hilfsmittel zur Rettung aus Gefahr für Leben und Gesundheit, wie Notduschen, Löschdecken, Rettungsringe, Rettungsleinen, Sprungtücher, Schneidgeräte, Atemgeräte, Meldeeinrichtungen und Rettungstransportmittel. Erste-Hilfe-Material kann in Verbandkästen oder anderen geeigneten Behältnissen bereitgehalten werden und ist so aufzubewahren, dass es vor schädigenden Einflüssen geschützt, aber jederzeit leicht zugänglich ist. Verbrauchsmaterial ist rechtzeitig zu ergänzen bzw. unter Beachtung von Ablaufdaten zu erneuern. In allen Betrieben und auf Baustellen muss mindestens ein Verbandkasten bereitgehalten werden. Je nach Größe des Betriebes soll weiteres Erste-Hilfe-Material zur Verfügung stehen. Die Verbandkästen sollen auf die Arbeitsstätte so verteilt sein, dass sie von ständigen Arbeitsplätzen höchstens 100 m Wegstrecke oder höchstens eine Geschosshöhe entfernt sind. Sie sollen überall dort aufbewahrt werden, wo die Arbeitsbedingungen dies erforderlich machen. Die Aufbewahrungsstellen von Erste-Hilfe-Material in einer Arbeitsstätte müssen durch das Rettungszeichen für Erste-Hilfe-Mittel E 003 „Erste Hilfe" nach der Technischen Regel für Arbeitsstätten (ASR A1.3) „Sicherheits- und Gesundheitsschutzkennzeichnung" gekennzeichnet sein.

Nach § 26 DGUV Vorschrift 1 sind in Betrieben mit bis zu 20 Mitarbeitern ein Ersthelfer, in größeren entsprechend mehr Ersthelfer zu bestellen, die gem. Anlage 2 zur DGUV Vorschrift 1 ausgebildet sein müssen (z.B. Deutsches Rotes Kreuz, Malteser Hilfsdienst, Johanniter Unfallhilfe usw.). Für diese Ausbildungskosten kommt nach § 23 Abs. 2 SGB VII die Berufsgenossenschaft auf, allerdings nur in Höhe der Lehrgangsgebühren.

3.4 Prävention und Wegeunfälle

Prävention bei Wegeunfällen

Prävention bezieht sich in der betrieblichen Praxis oftmals schwerpunktmäßig auf die betrieblichen Abläufe und Umstände. Allerdings gehört auch die Verhütung von Wegeunfällen zu den Präventionsaufgaben. Kontrolle ist hier aber kein praktikables Mittel.

Hier sind vor allem Beratung und Schulung die optimalen Präventionsmittel. Wie bei einer Gefährdungsbeurteilung können die im Betrieb für die Arbeitssicherheit Zuständigen (möglichst gemeinsam mit dem Betriebsrat) Gefährdungssituationen aufdecken und Gegenmaßnahmen festlegen.

Checkliste:

1. Feststellung, welche Verkehrsmittel verwendet und welche Wege von den Mitarbeitern zurückgelegt werden (z.B. durch eine Belegschaftsbefragung)
2. Ausarbeitung der entsprechenden Gefährdungspotenziale
3. Auswahl und Vorbereitung darauf zielender Schulungsmaßnahmen
4. Umsetzung dieser Schulungsmaßnahmen mit den Mitarbeitern
5. Nachbereitung: Hat sich die Sicherheit auf dem Weg zu oder von der Arbeit verbessert?

Wie Arbeitsunfälle sollten auch Wegeunfälle einer entsprechenden Dokumentation im Betrieb unterliegen. Die Häufung solcher Unfälle auf bestimmten Wegen ist ein deutliches Indiz für Schulungs- und Unterweisungsbedarf.

Praxistipp:

Ein wesentlich höherer Schulungsbedarf ergibt sich in Unternehmen, in denen ein Außendienst vorhanden ist, der berufsbedingt zusätzliche Wege zurücklegen muss, oder in Speditionen, in denen naturgemäß ein großer Teil der Arbeitnehmer seinen Lebensunterhalt mit dem Befahren von Straßen verdient. Unfälle, die derartige Arbeitnehmer auf ihren berufsbedingten Wegen zurücklegen, sind keine Wegeunfälle im Sinne des Gesetzes, sondern Arbeitsunfälle. Die zuständigen Berufsgenossenschaften unterstützen diese Ausbildungsprozesse mit umfangreichen Materialien.

3.5 Der Umgang mit Gefahrstoffen

Begriff „Gefahrstoff"

Gefahrstoffe sind alle diejenigen Stoffe, die nach der auf dem Chemikaliengesetz (ChemG) beruhenden Gefahrstoffverordnung (GefStoffV) als solche eingestuft worden sind. Gefahrstoffe findet man nicht nur dort, wo man im Allgemeinen damit rechnet (Labore, chemische Industrie usw.), sondern auch an vordergründig „sicheren" Arbeitsplätzen, wie z.B. im Büro, in Werkstätten und anderen Handwerksbetrieben. Gefahrstoffe sind auch solche Stoffe, Zubereitungen und Erzeugnisse, die bei der Herstellung gefährlicher Stoffe oder Zubereitungen arbeits- oder verfahrensbedingt entstehen oder freigesetzt werden. Gefahrstoffschutz muss auch für solche Arbeitnehmer gewährleistet sein, die nur im Umfeld dieser Stoffe arbeiten, also gar nicht mit diesen in Berührung kommen.

Praxistipp: Gefahrstoffe im Büro

Büromöbel, Teppichböden, Tapeten, Reinigungsmittel oder Tonerfarben enthalten gesundheitsgefährdende Bestandteile. Schlecht gelüftete Innenräume fördern Schimmelpilze und Bakterien, so dass die Zahl der im Büro vorhandenen Gefahrstoffe und ihre gesundheitsschädigenden Auswirkungen nicht zu unterschätzen sind. Hierzu gehören u.a. CO_2, Formaldehyd,[1] Lindan, PCB, PCP, Styrol,[2] Toluol und flüchtige organische Komponenten.

Um feststellen zu können, ob und in welcher Konzentration solche Stoffe vorhanden sind, sollte regelmäßig in allen Bürobereichen eine Messung stattfinden, auf alle Fälle aber dort, wo höhere Konzentrationen möglich sind. Eine derartige Untersuchung ist dringend angeraten, wenn Mitarbeiter über anders nicht erklärbare körperliche Beeinträchtigungen, wie z.B. Kopfschmerzen, klagen.

Den richtigen Umgang mit Gefahrstoffen regelt zentral die GefStoffV; daneben finden sich Regelungen in vielen anderen Vorschriften, wie z.B. dem ChemG. Werden Gefahrstoffe verwendet, müssen alle Mitarbeiter, die damit in Berührung kommen, entsprechend geschult werden.

Praxistipp:

Die „Verwendung von Gefahrstoffen" ist nicht nur die aktive Verwendung, z.B. in Produktionsprozessen, sondern schon das bloße Vorhandensein dieser Stoffe in der Arbeitsumgebung!

Betriebsanweisungen,[3] die – klar und deutlich formuliert – Hinweise zum Umgang mit den Stoffen geben, müssen gut sichtbar angebracht und regelmäßig auf Lesbarkeit und Aktualität hin überprüft werden. Für die Erstellung von Betriebsanweisungen gibt es mittlerweile auch sehr nützliche PC-Programme.

Praxistipp:

Die Kennzeichnung gefährlicher Stoffe durch entsprechende Symbole macht die Risiken, die von den Stoffen ausgehen, offenkundig. Auch die Kennzeichnung durch Symbole funktioniert gut mit Hilfe von PC-Programmen. Wirkliche Sicherheit erreicht man im Betrieb jedoch nur dann, wenn auch alle Betroffenen wissen, was diese Symbole bedeuten – Schulung und Unterweisung sind auch hier das „A und O".

---

1) BGI 614 – „Merkblatt: Formaldehyd und Paraformaldehyd"

2) BGI 613 – „Merkblatt: Styrol und styrolhaltige Zubereitungen"

3) siehe u.a. BGI 566 – „Betriebsanweisungen für den Umgang mit Gefahrstoffen", BGI 660 – „Arbeitsschutzmaßnahmen für den Umgang mit Gefahrstoffen", TRGS 555

3.6 Prävention im Kleinbetrieb

Arbeitsschutz auch im Kleinbetrieb

Gerade in kleinen Betrieben entsteht oftmals ein „Vakuum" im Bereich der Prävention, da dieses Thema selten relevant zu sein scheint. Kleinunternehmer mit wenigen Angestellten oder gar „Einzelkämpfer" unterliegen jedoch selbstverständlich nicht nur der Versicherungspflicht in der gesetzlichen Unfallversicherung, sondern auch den Arbeitsschutzvorschriften im weitesten Sinne.

Praxistipp:

Arbeitsbedingte Erkrankungen und Ausfallzeiten durch die Folgen von Arbeitsunfällen können Kleinunternehmer wesentlich härter in ihrer wirtschaftlichen Existenz treffen, als dies bei großen Unternehmen der Fall ist. Der Ausfall des Unternehmers selbst oder nur eines Mitarbeiters kann für das Unternehmen bereits existenzgefährdend sein!

Verantwortlichkeit

Das Arbeitsschutzrecht sieht für die Kleinunternehmen zwar Ausnahmeregelungen vor, wie z.B. die Möglichkeit der Inanspruchnahme überbetrieblicher Dienste, bindet jedoch ansonsten die Unternehmen ebenso. Zentral verantwortlich für den Arbeitsschutz ist hier der Kleinunternehmer selbst, der diese Aufgaben kaum oder gar nicht delegieren kann.

Unterstützung durch die Berufsgenossenschaften

Die Berufsgenossenschaften unterstützen Kleinunternehmer mit einer Vielzahl von Arbeitsmitteln und Informationen, die es ermöglichen, den rechtlichen Verpflichtungen des Arbeitsschutzes ohne allzu großen zeitlichen Aufwand nachzukommen. Auch die Inanspruchnahme des überbetrieblichen medizinischen Dienstes wie auch der überbetrieblichen Fachkräfte für Arbeitssicherheit sollte deswegen aktiv genutzt werden, um Risiken zu vermeiden.

Checkliste für Kleinunternehmer

Auf alle Fälle kann der Kleinunternehmer selbst durch folgende Checkliste,[1] die er regelmäßig überprüfen sollte, für entsprechende sichere Arbeitsumstände sorgen:

---

1) angelehnt an ein Beispiel der Verwaltungsberufsgenossenschaft

Checkliste:

- Wurden alle Arbeitsplätze auf Stolperfallen überprüft?[1)]
- Wurden alle Arbeitsplätze ergonomisch gestaltet?
- Sind alle Arbeitnehmer aktuell über die zuständige Berufsgenossenschaft, die Adresse des Betriebsarztes und die Adresse der Fachkraft für Arbeitssicherheit informiert (z.B. durch einen Aushang)?
- Sind Verbandskästen[2)] auf dem neuesten Stand und jedem im Betrieb zugänglich (weiß jeder Mitarbeiter, wo diese sich befinden?)?
- Gibt es (mindestens) einen Mitarbeiter, der als Ersthelfer ausgebildet ist?
- Sind ausreichend Feuerlöscher[3)] vorhanden?
- Entsprechen die Flucht- und Rettungswege den Anforderungen? Sind diese bekannt?
- Werden im Unternehmen Gefahrstoffe verwendet und wenn ja, wissen die Mitarbeiter, wie man sicher mit diesen umgeht?
- Sind Besuchstermine der Fachkraft für Arbeitssicherheit und des Betriebsarztes eingeplant? Wissen Ihre Mitarbeiter davon?

3.7 Telearbeit, Homeoffice, mobile Arbeit

Prävention und Telearbeit

Die zunehmende Zahl von Tele- sowie auch Homeoffice-Arbeitsplätzen stellt auch den Arbeitsschutz vor neue Herausforderungen. Folgende Aspekte sind zu beachten:

- Konnte man in den üblichen betrieblichen Strukturen auf annähernd jeden Arbeitsplatz zugreifen, so schafft die hier meistens vorhandene räumliche Distanz Probleme. Zudem sind Tele- oder Homeofficearbeitsplätze in der Regel nicht nach ergonomischen Gegebenheiten eingerichtet. Sie folgen dem, was die häusliche Umgebung gestattet.
- Bei Tele- oder Homeofficearbeitsplätzen kommt das Problem der „sozialen Vereinsamung" hinzu: Die betroffenen Arbeitnehmer haben nicht den regelmäßigen persönlichen Kontakt mit ihrer Arbeitsumwelt. Probleme, die im Betrieb

1) BGI 643 – „Auf Nummer Sicher gehen. Stolpern und Ausrutschen vermeiden!"
2) § 25 DGUV Vorschrift 1 „Grundsätze der Prävention"
3) siehe hierzu die Technische Regel für Arbeitsstätten ASR A2.2 „Maßnahmen gegen Brände"

auf dem kurzen, persönlichen Weg geklärt werden, erfordern hier oftmals ein formalisierteres Vorgehen und werden deswegen nicht weiter verfolgt („geschluckt").

- Die „Freiheit" des Tele- oder Homeofficearbeitsplatzes, z.B. bei der Gestaltung der Arbeitszeiten, kann sich in das Gegenteil verkehren: Zeit wird nicht oder nachlässig erfasst, Arbeitszeit, die über das Übliche hinausgeht, wird selbstverständlich.
- Tele- oder Homeofficearbeitsplätze sind zudem oft Arbeitsplätze, die von erziehenden Elternteilen eingenommen werden, um Kind(er) und Beruf vereinbaren zu können. Auch dabei entsteht ein erhöhtes Stresspotenzial, das so am betrieblichen Arbeitsplatz nicht vorhanden ist.

Checkliste Telearbeitsplätze

Nachfolgende Checkliste kann einen ersten Ansatz geben, auch an diesen Arbeitsplätzen einen möglichst optimalen Arbeitsschutz zu gewährleisten:

Checkliste: Tele- oder Homeofficearbeitsplätze

- Sind alle Arbeitsplätze dem für den Arbeitsschutz Verantwortlichen bekannt?
- Wer sind die Vorgesetzten, die diese Arbeitsplätze steuern/verantworten?
- Sind diese Vorgesetzten über die arbeitsschutzrechtliche „Sonderstellung" dieser Arbeitsplätze informiert?
- Werden diese Arbeitsplätze regelmäßig besucht (Vorgesetzter, Betriebsrat, Arbeitsschutz usw.)?
- Sind die betroffenen Arbeitnehmer über gesundheitliche Risiken ihrer Arbeit und Arbeitsumgebung informiert?
- Sind die Arbeitsplätze ergonomisch und unter arbeitsmedizinischen Gesichtspunkten optimal gestaltet?
- Ist sichergestellt, dass im Falle räumlicher oder organisatorischer Veränderungen am Tele- oder Homeofficearbeitsplatz die im Betrieb Zuständigen davon Kenntnis erlangen?
- Ist für eine ausreichende soziale Einbindung der Arbeitnehmer gesorgt (z.B. regelmäßiger Kontakt, Gratulation zum Geburtstag, Teilnahme an Betriebsveranstaltungen usw.)?
- Hat der betroffene Arbeitnehmer alle Kontaktdaten der für ihn wichtigen Ansprechpartner im Unternehmen?

Hinweis:

§ 2 Abs. 7 ArbStättV unterwirft Telearbeitsplätze ausdrücklich der umfassenden Regulierung von Arbeitsplätzen durch die ArbStättV. Wie das in der Praxis gehandhabt werden soll, ist unklar. Letztlich wird der Arbeitgeber wenig Möglichkeiten haben, auf die häusliche Gestaltung des Arbeitsplatzes Einfluss zu nehmen, geschweige denn, diese kontrollieren können, da der häusliche Bereich durch Art. 13 GG (Unverletzlichkeit der Wohnung) geschützt ist. Die Begründung zum Gesetzentwurf der Bundesregierung verweist – wie auch die Wissenschaft – auf entsprechende „vertragliche Regelungen zwischen Arbeitgeber und Arbeitnehmer". Diese sind letztendlich aber wirkungslos, da niemand – auch nicht durch einen Vertrag – auf seinen Grundrechtsschutz verzichten kann.

Hier ist ein Höchstmaß an Kooperation und die Hoffnung auf eine entsprechende Einsichtsfähigkeit gefordert.

3.8 Prävention und Suchtmittel

Suchtmittel als Gefährdungspotenzial

Alkohol am Arbeitsplatz, Drogenmissbrauch und Medikamente tragen dazu bei, ein erhöhtes Gefährdungspotenzial zu schaffen (siehe dazu z.B. die Ausführungen zu Arbeitsunfällen unter Alkoholeinfluss). Arbeitsschutzverantwortliche haben in diesem Bereich ebenfalls eine große Verantwortung. Bereits im Vorfeld muss durch Aufklärung und Schulung das Risiko aufgezeigt werden, das durch die Einnahme dieser Mittel am Arbeitsplatz entstehen kann.

Nicht nur Missbrauch

Dabei ist zu beachten, dass nicht nur der Suchtmittelmissbrauch bedeutsam ist, sondern dass auch die regelmäßige „Halbe Bier" zum Mittagessen oder die eigentlich „harmlosen" Kopfschmerztabletten erheblichen Einfluss auf Reaktionsfähigkeit, Konzentration und Aufmerksamkeit haben können. Aufklärung über diese Risiken muss von Seiten des Arbeitsschutzes kommen, sinnvollerweise gemeinsam mit dem Betriebsrat.

Was tun bei Missbrauch?

Liegt ein Fall von Missbrauch vor, der oftmals den Kollegen nicht verborgen bleibt, ist es wichtig, nicht „wegzuschauen", sondern aktiv zu helfen.

Wichtig ist hier: Dem Betroffenen ist seine Abhängigkeit meistens nicht bewusst, die Bereitschaft, Hilfe in Anspruch zu nehmen, ist oft gering. Es bringt nichts, mit dem Verlust des Arbeitsplatzes zu drohen, es ist dagegen oft sinnvoll, externe Hilfe in Anspruch zu nehmen (Drogenberatungsstellen, Anonyme Alkoholiker usw.).

4 Versicherungsfälle

Grundsätzliche Voraussetzungen für den Leistungsbezug

Für den Bezug von Leistungen der Sozialversicherung müssen drei wesentliche Voraussetzungen erfüllt sein. Es muss

- ein Versicherungsverhältnis vorliegen (d.h., derjenige, der Leistungen beansprucht, muss Versicherter der gesetzlichen Sozialversicherung sein, siehe Kap. 2),
- die beantragte Leistung muss eine Leistung der sozialen Sicherung sein und
- es muss ein Versicherungsfall vorliegen.

Die gesetzliche Sozialversicherung benennt in ihren Zweigen jeweils nur wenige Versicherungsfälle (z.B. Krankheit, Alter, Berufs- und Erwerbsunfähigkeit, Pflegebedürftigkeit), die wegen ihrer oftmals sehr generalklauselartigen Umschreibung die Leistungsbeanspruchung nicht gerade erleichtern. Andererseits bietet genau diese weite Umschreibung auch die Möglichkeit, möglichst viele potenziell denkbare Versicherungsfälle zu berücksichtigen, und gestattet es insbesondere der Gerichtsbarkeit, durch eine entsprechende Auslegung, Verwaltungsentscheidungen rechtskonform zu überprüfen.

Versicherungsfälle der gesetzlichen Unfallversicherung

In der gesetzlichen Unfallversicherung unterscheidet man drei Versicherungsfälle:

- Arbeitsunfall,
- Wegeunfall und
- Berufskrankheit.

4.1 Grundprinzip

Der Versicherungsfall

Bei allen nachfolgenden Erwägungen stößt man auf ein zentrales Grundprinzip, das deswegen vorab zu erläutern ist. Prüft der Versicherungsträger, in der Regel also die Berufsgenossenschaft, ob ein Leistungsfall der gesetzlichen Unfallversicherung, d.h. ein Versicherungsfall, vorliegt, so werden immer nachfolgende Schritte vollzogen:

Es wird überprüft, ob

- **anlässlich** einer versicherten Tätigkeit

- ein Arbeitsunfall oder ein Wegeunfall geschehen oder eine Berufskrankheit eingetreten ist,
- **die** zu einem Schaden **geführt haben**.

Kausalitätsverhältnis

Es fallen die Beziehungsworte „anlässlich" und „die zu ... geführt haben" auf. Sie umschreiben das sogenannte „Kausalitätsverhältnis". Es muss immer eine ursächliche Beziehung zwischen allen genannten Aspekten bestehen, wenn das Vorliegen eines Versicherungsfalls bejaht werden soll. Die einzelnen Voraussetzungen müssen jeweils vorliegen und voneinander abhängen. Ist diese Kausalität nicht gegeben, beruht der Unfall also nicht auf der versicherten Tätigkeit oder ist der Schaden nicht auf den Unfall zurückzuführen, so ist ein Anspruch gegen die Berufsgenossenschaft als Trägerin der Leistungen der gesetzlichen Unfallversicherung von vornherein ausgeschlossen.

Beispiel:

- A wird beim Hantieren mit Werkzeug während der Arbeit an der Hand verletzt.
- A hantiert den ganzen Tag mit Werkzeug, nachmittags bekommt er Kopfschmerzen, weil er migräneanfällig ist.

Im ersten Beispiel liegt eine offenkundige Kausalität vor: Weil A mit Werkzeug hantiert (anlässlich einer versicherten Tätigkeit), verletzt er sich an der Hand (Arbeitsunfall = Verletzung der Hand), was zu einem Schaden führt (= Behandlungsbedürftigkeit der verletzten Hand). Im zweiten Beispiel beruht die mögliche Schädigung, die Kopfschmerzen, nicht auf dem Umstand, dass A mit Werkzeug hantiert, sondern darauf, dass er migräneanfällig ist. Es gibt also keine direkte Beziehung, „keine Kausalität" zwischen der Tätigkeit und dem „Schaden".

Praxistipp:

Wird ein Arbeitsunfall gemeldet oder wird versucht, eine Erkrankung als berufsbedingte Erkrankung anerkennen zu lassen, ist es daher sehr wichtig, dass die Beziehung zwischen der ausgeübten Tätigkeit und dem sich daraus ergebenden Schaden deutlich beschrieben und herausgearbeitet wird.

Da üblicherweise die Unfallfolge, also die Verletzung oder Erkrankung erstmalig bei einem Arzt dokumentiert wird, ist es sehr wichtig, bereits hier darauf hinzuweisen, dass diese auf eine berufliche Einwirkung zurückzuführen ist. Man sollte unbedingt darauf achten, dass der Arzt diesen Umstand in seiner Krankenakte dokumentiert.

4.2 Der Arbeitsunfall

„Arbeitsunfall"

Nach der gesetzlichen Definition des § 8 SGB VII ist ein Arbeitsunfall ein Unfall des Versicherten infolge einer versicherten Tätigkeit, der zu einem Gesundheitsschaden oder zum Tod führt.

Unfall, versicherte Tätigkeit, Gesundheitsschaden

Geschieht also ein Unfall, von dem die Beteiligten (die Unfallteilnehmer selbst, Vorgesetzte oder der behandelnde Arzt) annehmen, es könne sich hierbei um einen Arbeitsunfall handeln, so ist grundsätzlich zu überprüfen,

- ob überhaupt ein Unfall (zum Begriff siehe unten) im Sinne des Gesetzes vorliegt,
- ob es sich um eine „versicherte Tätigkeit" handelt, ob also eine Tätigkeit vorliegt, die unter dem Schutz der Unfallversicherung steht und
- ob ein „Gesundheitsschaden" eingetreten ist, ob es sich also um eine Schädigung des Versicherten handelt, die entschädigungsfähig ist.

Dabei muss immer im Auge behalten werden, dass alle diese Aspekte voneinander abhängen, also kausal zusammenhängen müssen:

Versicherte Tätigkeit → **Unfall** → Körperschaden

§ 8 SGB VII gibt eine klare Umschreibung dessen, was unter einem Arbeitsunfall zu verstehen ist:

§ 8 SGB VII Arbeitsunfall

(1) Arbeitsunfälle sind Unfälle von Versicherten infolge einer den Versicherungsschutz nach §§ 2, 3 oder 6 begründenden Tätigkeit (versicherte Tätigkeit). Unfälle sind zeitlich begrenzte, von außen auf den Körper einwirkende Ereignisse, die zu einem Gesundheitsschaden oder zum Tod führen. Wird die versicherte Tätigkeit im

Haushalt des Versicherten oder an einem anderen Ort ausgeübt, besteht Versicherungsschutz in gleichen Umfang wie bei Ausübung der Tätigkeit auf der Unternehmensstätte.

(2) Versicherte Tätigkeiten sind auch

1. das Zurücklegen des mit der versicherten Tätigkeit zusammenhängenden unmittelbaren Wegs nach und von dem Ort der Tätigkeit,
2. das Zurücklegen des von einem unmittelbaren Weg nach und von dem Ort der Tätigkeit abweichenden Wegs, um
   a) Kinder von Versicherten (§ 56 des Ersten Buches), die mit ihnen in einem gemeinsamen Haushalt leben, wegen ihrer, ihrer Ehegatten oder ihrer Lebenspartner beruflichen Tätigkeit fremder Obhut anzuvertrauen oder
   b) mit anderen Berufstätigen oder Versicherten gemeinsam ein Fahrzeug zu benutzen,

2a. das Zurücklegen des unmittelbaren Weges nach und von dem Ort, an dem Kinder von Versicherten nach Nummer 2 Buchstabe a fremder Obhut anvertraut werden, wenn die versicherte Tätigkeit an dem Ort des gemeinsamen Haushalts ausgeübt wird,

3. das Zurücklegen des von einem unmittelbaren Weg nach und von dem Ort der Tätigkeit abweichenden Wegs der Kinder von Personen (§ 56 des Ersten Buches), die mit ihnen in einem gemeinsamen Haushalt leben, wenn die Abweichung darauf beruht, dass die Kinder wegen der beruflichen Tätigkeit dieser Personen oder deren Ehegatten oder ihrer Lebenspartner fremder Obhut anvertraut werden,
4. das Zurücklegen des mit der versicherten Tätigkeit zusammenhängenden Weges von und nach der ständigen Familienwohnung, wenn die Versicherten wegen der Entfernung ihrer Familienwohnung von dem Ort der Tätigkeit an diesem oder in dessen Nähe eine Unterkunft haben,
5. das mit einer versicherten Tätigkeit zusammenhängende Verwahren, Befördern, Instandhalten und Erneuern eines Arbeitsgeräts oder einer Schutzausrüstung sowie deren Erstbeschaffung, wenn diese auf Veranlassung der Unternehmer erfolgt.

(3) Als Gesundheitsschaden gilt auch die Beschädigung oder der Verlust eines Hilfsmittels.

Die folgenden Beispiele aus der Praxis und der Rechtsprechung haben alle eines gemeinsam: Sie sind zwar oft als „Präzedenzfälle" in der Rechtsprechung anerkannt und werden deswegen immer wieder zitiert und als Beleg verwendet, nichtsdestotrotz sieht das deutsche Recht vor, dass der Richter in jeder seiner Entscheidungen unabhängig und deswegen daran nicht gebunden ist. Deswegen empfiehlt es sich, den Anspruch in allen Einzelheiten so zu belegen, dass die gesetzlichen Voraussetzungen als erfüllt gelten können. Nur so werden im Streitfall Gegenseite und Gericht davon zu überzeugen sein, dass ein Arbeitsunfall vorliegt.

Hinweis:
Dass ein Gericht einen Sachverhalt als Arbeitsunfall anerkannt oder eine bestimmte Leistung zugesprochen hat, bedeutet nicht, dass das nun immer so bleiben muss. Es können sich auch Veränderungen in der Rechtsprechung ergeben!

■ Der Unfall

a) Definition

Was ist ein Unfall?

Der Unfall wird in § 8 SGB VII gesetzlich definiert als „ein von außen einwirkendes, körperlich schädigendes, zeitlich begrenztes Ereignis, das vom regelmäßigen Lebensverlauf abweicht".

b) „Von außen einwirkendes Ereignis"

Von außen einwirkendes Ereignis

Der Begriff „von außen einwirkendes Ereignis" ist weit zu fassen. Darunter sind alle Vorgänge zu verstehen, die auf den Körper einwirken, also z.B. der Schlag, der einem Sturz folgt, eine Quetschung, Verbrühen, Verbrennen, eine Vergiftung, das Eindringen eines Gegenstands – aber auch von Viren – in den Körper, darüber hinaus auch Bewegungen, wie Heben, Laufen usw. Neben diesen eher mechanischen Vorgängen liegt ein Unfall z.B. auch dann vor, wenn elektromagnetische Wellen einen Herzschrittmacher stören. Von außen einwirkende Ereignisse können aber auch besondere psychische Belastungen sein (z.B. die Unterziehung unter polizeiliche Maßnahmen[1] oder die Beobachtung eines „Beinahe-Zugunfalls als Schockerlebnis[2]).

---

1) LSG Hessen vom 17.10.2017 – L 3 U 70/14, BeckRS 2017, 139173

2) LSG Sachsen-Anhalt vom 19.4.2018 – L 6 U 150/14, FD-SozVR 2018, 412555

Nicht von außen einwirkende Ereignisse sind Vorgänge, die aus dem Menschen selbst kommen, so z.B. ein Schlaganfall, ein Herzinfarkt oder eine andere plötzlich eintretende Erkrankung. Ist die Erkrankung auf ein von außen einwirkendes Ereignis, z.B. auf einen Virus (Schimmelpilze, Bakterien), zurückzuführen, so könnte ein Unfall vorliegen, weil dann körperinnere Vorgänge die Folge eines von außen einwirkenden Ereignisses sind. Auch Schockereignisse sind dazu geeignet, z.B. Herzinfarkte auszulösen.

Nicht geschützt sind Unfälle, die auf aus dem Menschen selbst kommenden Ereignissen beruhen. Bremst z.B. ein Lokführer einen Zug ab, ist das eine vom Willen des Arbeitnehmers getragene und gesteuerte Eigenbewegung. Ein Unfall ist aber dadurch gekennzeichnet, dass ein normaler Geschehensablauf plötzlich durch einen ungewollten Vorfall unterbrochen wird. Durch die Zugbremsung wirken zwar physikalisch betrachtet Trägheits- oder Scheinkräfte auf einen Körper ein. Dadurch wird aber nicht von außen auf den Kläger eingewirkt. Mit dem Abbremsen wird nicht von einem Teil der Außenwelt auf den Körper des Arbeitnehmers eingewirkt, sondern von diesem ist seinerseits auf den Zug eingewirkt worden. Solange der Arbeitnehmer in seiner von ihm gewollt herbeigeführten Einwirkung und damit in seiner Eigenbewegung nicht beeinträchtigt ist, wirkt kein äußeres Ereignis auf seinen Körper ein[1)].

c) Zeitliche Begrenzung

Plötzliches Ereignis

Wichtig ist die zeitliche Begrenzung, man spricht auch von einem „plötzlichen Ereignis". „Plötzlich" ist hier nicht, wie im allgemeinen Sprachgebrauch, ein sehr enger Zeitraum, sondern kann einen Zeitraum von maximal einer Arbeitsschicht umfassen. Einwirkungen, die diesen Zeitraum überschreiten, sind nicht „plötzlich" und deswegen gegebenenfalls unter dem Gesichtspunkt des Vorliegens einer Berufskrankheit zu untersuchen.

---

1) BSG vom 29.11.2011 – B 2 U 10/11 R, BeckRS 2012, 66303

Beispiel:

Wird ein Arbeiter während des Hantierens mit giftigen Stoffen vergiftet, weil diese plötzlich freigesetzt werden, so liegt ein Unfall vor. Arbeitet er dagegen in einer Umgebung, in der Giftstoffe dauernd vorhanden sind, und wird dadurch seine Gesundheit über einen längeren Zeitraum hinweg beeinträchtigt, so könnte eine Berufskrankheit vorliegen.

Grundsätzlich können auch psychische Einwirkungen einen Unfall im Sinne des § 8 Abs. 1 SGB VII auslösen. Allerdings müssen auch diese psychischen Einwirkungen innerhalb eines relativ kurzen, begrenzten Zeitraums stattfinden. Sind diese nicht auf eine Arbeitsschicht beschränkt, wird die Annahme eines Arbeitsunfalls abgelehnt[1]. Psychische Einwirkungen können **Stresssituationen,** aber auch **Mobbinghandlungen** sein. Während extreme, schockierende Erlebnisse Stressfolgen auslösen können, die auch bereits bei einmaliger Belastung zu psychischen Folgen führen können (z.B. Angstzustände), sind Mobbinghandlungen länger andauernde Einwirkungen, die somit nicht als Arbeitsunfall anerkannt werden. Psychische Erkrankungen werden bislang in der Regel allerdings auch nicht als Berufskrankheiten anerkannt (s. Kap. 4.4).

■ Versicherte Tätigkeit

Der Unfall muss in Folge einer „versicherten Tätigkeit" geschehen sein. Dieses ist die zentrale, aber auch schwierigste Voraussetzung bei der Überprüfung der Umstände, die einer Anerkennung eines Unfalls als Arbeitsunfall vorausgeht.

a) Der Begriff der „versicherten Tätigkeit"

Vorbemerkung: Im Folgenden wird von Unfällen bei der Arbeit ausgegangen, also von Versicherten, die in einem Beschäftigungsverhältnis im Sinne des § 2 Abs. 1 Nr. 1 SGB VII stehen. Die hier dargestellten Grundsätze des Unfallversicherungsrechts gelten selbstverständlich aber auch für alle anderen Versicherten, obwohl es – bedingt durch den Kreis dieser Per-

[1] SG Karlsruhe vom 17.7.2014 – S 1 U 369/14, NZS 2014, 749; VG Braunschweig vom 10.8.2023 – 7 A 140/22, FD-ArbR 2023, 458831

sonen (z.B. Schüler, Nothelfer usw.) – einige Besonderheiten hinsichtlich der versicherten Tätigkeit gibt.

„Versicherte Tätigkeit"

Die „versicherte Tätigkeit" ergibt sich grundsätzlich daraus, ob jemand zum Kreis der versicherten Personen zu zählen ist. Wie oben (siehe Kap. 2) deutlich wurde, ist jemand diesem Kreise erst dann zugehörig, wenn er eine der dort aufgeführten Tätigkeiten ausübt.

Orte der „versicherten Tätigkeit"

Die versicherte Tätigkeit findet üblicherweise am Arbeitsplatz statt, kann aber in Ausnahmefällen auch an anderen Orten denkbar sein.

Beispiel:

Der Hausmeister einer Firma ist vertraglich verpflichtet, auch im Wohnhaus seines Arbeitgebers Hausmeistertätigkeiten zu erledigen. Bei einer dieser Tätigkeiten verletzt er sich im Privatgarten seines Arbeitgebers. Auch in diesem Fall liegt eine versicherte Tätigkeit vor[1)].

Zweckrichtung der Tätigkeit

Ausschlaggebend ist die Zweckrichtung der Tätigkeit. Damit sind alle Tätigkeiten versichert, die der eigentlichen Arbeit dienen, also alle diejenigen, zu denen die Beschäftigten aufgrund ihrer Beschäftigungsverhältnisse und damit im Zusammenhang stehender Weisungen von Vorgesetzten verpflichtet sind.

Die Rechtsprechung ist hier sehr streng: Ein Unternehmer, der sein Betriebsgelände wegen herumliegender Äpfel als ungepflegt wahrnimmt und deswegen auf einen Baum steigt, um die Äpfel herunterzuschütteln und der sich dabei einen Bänderriss zuzieht, erleidet keinen Arbeitsunfall[2)].

Selbstverständlich gibt es Beschäftigungsverhältnisse, in denen sich das nicht eindeutig abgrenzen oder auf einen sogenannten „Kernbereich" beschränken lässt. Handelt der Beschäftigte nach eigenen Entscheidungen, weil er das darf oder gar muss, ist eine versicherte Tätigkeit schon dann anzunehmen, wenn der Beschäftigte für diese Tätigkeit davon ausgehen kann, dass sie dem Betrieb nützlich ist. Hierfür wird

1) LSG Berlin-Brandenburg vom 9.3.2017 – L 1 KR 45/15, FD-SozVR 2017, 392908

2) SG Heilbronn vom 4.11.2014 – S 6 U 1056/14, n.v.

üblicherweise ein großzügiger Maßstab angesetzt. Lediglich vollkommen abwegige Vorstellungen von dem, was dem Unternehmer nützen könnte, sind auszuschließen.

Beispiel:

A ist als Vertriebsmitarbeiter im Außendienst tätig. Während aller damit verbundenen Tätigkeiten (Fahrten, Beratungsgespräche, Befüllen von Regalen usw.) steht er unter dem Versicherungsschutz der Unfallversicherung. Dabei ist es vollkommen ohne Bedeutung, ob A sich die Routen selbst zusammenstellt, da er davon ausgehen kann, dass er diese ja im Interesse seines Arbeitgebers fährt. Betätigt sich A jedoch als Pannenhelfer, weil er meint, er könne damit etwas für das Bild seines Unternehmens in der Öffentlichkeit tun, ist dieses keine versicherte Tätigkeit. Als Pannenhelfer könnte jedoch Versicherungsschutz als Nothelfer vorliegen.

b) Abgrenzung zur „eigenwirtschaftlichen Tätigkeit"

Negatives Abgrenzungskriterium für die „versicherte Tätigkeit" ist die „eigenwirtschaftliche Tätigkeit", d.h. alle Tätigkeiten, die die Rechtsprechung als „eigenwirtschaftlich" ansieht, können keinen Versicherungsfall auslösen.

Versicherte Tätigkeit ↔ Eigenwirtschaftliche Tätigkeit

„Eigenwirtschaftliche Tätigkeit"

Eigenwirtschaftliche Tätigkeiten sind solche, die alleine der Verfolgung privater Zwecke durch den Versicherten dienen. Sie sind nicht unfallversichert: Eigenwirtschaftliche Tätigkeiten fallen üblicherweise im privaten Leben an, so z.B. das Essen, Trinken, Waschen, der Gang zur Toilette und die dortige Verrichtung, Schlafen usw. Aber: Diese Tätigkeiten können durchaus auch versicherte Tätigkeiten sein, wenn sie in einem außerordentlich engen Zusammenhang mit der Tätigkeit für das Unternehmen stehen.

Beispiel:

A arbeitet in einem Stahlwerk. In seiner Werkhalle herrschen betriebsbedingt Temperaturen von ca. 45–50 Grad Celsius. Aufgrund der großen Hitze müssen die Arbeiter ständig viel trinken, um keine Gesundheitsschäden zu erleiden. A verletzt sich dabei, als er eine in die Wasserflasche geratene Biene „trinkt" und ihn diese in den Hals sticht.

Hier dient das eigentlich eigenwirtschaftliche Trinken dem Erhalt der Arbeitsfähigkeit in so besonderem Maße, dass auch dieses unter den Schutz der Unfallversicherung fällt.[1] Ist, wie im vorgenannten Beispiel, das Trinken am Arbeitsplatz notwendig, um die Arbeitsfähigkeit zu erhalten, so ist auch der Weg zur Besorgung dieser Getränke eine versicherte Tätigkeit.[2]

Die Grenzen sind hier fließend: So wurde Unfallversicherungsschutz auch anerkannt, weil ein Arbeitnehmer bedingt durch seine Tätigkeit besonders hastig essen musste und dabei ein Holzstäbchen verschluckte,[3] obwohl üblicherweise das Essen als solches als eigenwirtschaftlich und damit sonst immer als unversichert angesehen wird. Auch das die Tätigkeit nur kurzfristig unterbrechende Trinken während des Aufwärmvorgangs an einem Fotokopierer ist nicht unfallversichert[4]. Die Einzelfallrechtsprechung des BSG in diesem Bereich sorgt dafür, dass auch Fälle, die nach den oben geschilderten Umständen das Vorliegen versicherter Tätigkeiten erwarten lassen, vollkommen gegensätzlich entschieden werden.

Beispiel:

Bauarbeiter A befindet sich auf einer auswärts gelegenen Baustelle, die das Übernachten in einem Hotel notwendig macht. Auf der Baustelle wird er sehr stark mit Staub und Glaswolle verschmutzt. Er fährt nach der Arbeit umgehend ins Hotel und duscht dort (Waschmöglichkeiten waren auf der Baustelle nicht vorhanden), wobei er ausrutscht und sich den Arm bricht. Das BSG hat hier das Vorliegen einer versicherten Tätigkeit abgelehnt,[5] obwohl die Reinigung der betriebsbedingten Verschmutzung, hätte sie am Arbeitsplatz stattfinden können, versichert gewesen wäre.

Ausweitung des Versicherungsschutzes durch die Rechtsprechung

Die Rechtsprechung geht noch weiter, indem sie an sich eigenwirtschaftliche Tätigkeiten unter den Versicherungsschutz zieht, wenn diese im Verhältnis zur versicherten Tätigkeit sehr kurzfristig sind und deswegen nicht ins Gewicht fallen (siehe aber oben die Rechtsprechung zum Trinken am Kopierer!).

---

1) so das BSG für den Fall eines Arbeiters in der Zentralwerkstatt eines Bergbauunternehmens, BSG vom 14.5.1985–5a RKnU 3/84, SozR 2200 § 548 Nr. 73

2) BSG vom 27.6.2000 – B 2 U 22/99 R, NZS 2001, 153

3) BSG vom 7.3.1969 – 2 RU 264/66, BB 1969, 629

4) SG Dresden vom 1.10.2013 – S 5 U 113/13, n.v.

5) BSG vom 4.6.2002 – B 2 U 21/01 R, BeckRS 2002, 40994

Beispiel:

A ist Bote in einem großen Chemiewerk. Während er Unterlagen von einer Abteilung in die andere bringt und dabei Fußwege von bis zu 10 Minuten zurücklegt, trifft er seinen Freund B, mit dem er ein kurzes privates Gespräch führt. Dabei wird A von einem Staplerfahrer angefahren und schwer verletzt. Die Berufsgenossenschaft lehnt eine Leistung ab, da der „Schwatz" eine eigenwirtschaftliche Tätigkeit gewesen sei. Unfallversicherungsschutz kann aber auch bestehen, wenn ein Arbeitnehmer beim „Luftschnappen" in einem ausgewiesenen Pausenbereich von einem Gabelstapler angefahren wird[1], weil sich nach Ansicht des LSG hier eine besondere spezifische Betriebsgefahr nicht nur im unmittelbaren „räumlich-zeitlichen" Umfeld des konkreten Arbeitsplatzes verwirklicht hat.

Unterbrechung der versicherten Tätigkeit

Hierzu hat die Rechtsprechung festgestellt: Wenn die Unterbrechung im Verhältnis zur Tätigkeit kurzfristig ist, liegt keine eigenwirtschaftliche Tätigkeit vor, der „Schwatz" war also versichert. Die Richter sind in diesem Bereich allerdings nicht wirklich konsequent. Während die Aufnahme von Nahrung nach deren Auffassung in erster Linie nur dem persönlichen Wohl des Menschen dient, ist der Weg in die Werkskantine wegen des rechtlichen Zusammenhangs mit dem Betrieb versichert.[2]

Private Handynutzung am Arbeitsplatz

Private Handys an Arbeitsplätzen sind heutzutage nicht mehr wegzudenken. Sind sie vorhanden, werden sie auch eingesetzt. Nach der Rechtsprechung unterliegt privates Telefonieren mit dem Handy nicht dem Unfallversicherungsschutz, wenn die Tätigkeit dadurch nicht nur geringfügig unterbrochen wird (kein Unfallversicherungsschutz, wenn der Arbeitnehmer zum ungestörten Telefonieren den Arbeitsplatz verlässt und sich dabei verletzt[3]).

Innerer Zusammenhang

Zusammenfassend ist festzustellen, dass es immer auf eine zentrale Fragestellung ankommt: Ist bei der Tätigkeit, die zum Unfall geführt hat, **ein innerer Zusammenhang mit der versicherten Tätigkeit** festzustellen, ist also die eine ohne die andere gar nicht oder kaum denkbar?

---

1) LSG Baden-Württemberg vom 27.2.2023 – L 1 U 2032/22, BeckRS 2023, 3028
2) BSG vom 6.12.1989 – 2 RU 5/89, NZA 1990, 455
3) LSG Hessen vom 16.10.2013 – L 3 U 33/11, NZS 2014, 74

c) Gemischte Tätigkeit

Abgrenzungsprobleme

Bei der Abgrenzung der eigenwirtschaftlichen von der versicherten Tätigkeit sind besonders die Fälle der gemischten Tätigkeit problematisch. Der „Kirschenpflücker-Fall"[1] ist ein wichtiges Beispiel:

Beispiel:

A ist in einer Obstplantage als Kirschenpflücker beschäftigt. Ihm wird vom Eigentümer als Lohnbestandteil zugestanden, während der Arbeitszeit 20 Kisten Kirschen für seinen eigenen Bedarf zu pflücken. Während der Ernte stürzt A vom Baum und bricht sich ein Bein. Bestand nun Versicherungsschutz, obwohl nicht auszuschließen war, dass A gerade dabei war, seine eigenen Kirschen zu pflücken?

Dienstreisen, Incentive-Reisen

Die Relevanz dieser Fälle ist insbesondere bei Dienstreisen oder auch bei den sogenannten Incentive-Reisen hervorzuheben. Der Arbeitgeber vergibt diese Reisen an erfolgreiche Mitarbeiter als Anerkennung ihrer bisherigen Leistungen und Motivation für die Zukunft. Incentivereisen neigen dazu, nicht immer ausschließlich dienstlicher Natur zu sein:

Beispiel:

A fährt zu einer Dienstbesprechung mit einem Partnerunternehmen seines Arbeitgebers. Diese findet alljährlich in einem Hotel mit großer Tennisanlage statt und nimmt immer folgenden Verlauf: Am Freitag ab 13:00 Uhr trifft man sich bereits an den Tennisplätzen und spielt dann bis zum Mittag des Samstags, unterbrochen von Essenspausen und der Nachtruhe. Die geschäftlichen Besprechungen finden am Rande der Tennisplätze und beim Essen statt. A bricht sich beim Tennisspiel das linke Handgelenk, das nicht mehr voll funktionsfähig wird. Die Berufsgenossenschaft lehnt die Übernahme von Leistungen ab, zu Recht, wie das BSG in diesem Fall festgestellt hat.[2]

Ein Versicherungsschutz rund um die Uhr kann bei Dienstreisen nicht angenommen werden. Bei diesen ist nur die rein dienstliche Tätigkeit versichert. Bei der Teilnahme an Incentivereisen, die der Arbeitgeber veranstaltet, um seine Mitarbei-

[1] nach SCHULIN, Sozialrecht, Düsseldorf, 1993, S. 149

[2] BSG vom 27.5.1997 – 2 RU 29/96, AuA 1998, 99

ter besonders zu motivieren, lehnt das BSG jeglichen Versicherungsschutz ab.[1)]

Praxistipp:

Sollen Incentivereisen für die beteiligten Arbeitnehmer mit einem möglichst weitgehenden Schutz verbunden sein, so sollten diese arbeitgeberseitig mit betriebsbezogenen Seminarbestandteilen versehen werden. So sind An- und Abreise und zumindest diese Veranstaltungsbestandteile versichert. Ob bei sogenannten „Teambildungseminaren", anlässlich derer die Mitarbeiter auch extremen Belastungen unterzogen werden (Abseilübungen, Nachtmärsche, Überleben in der freien Natur usw.), überhaupt Versicherungsschutz besteht, ist zu bezweifeln, da das Risiko regelmäßig nicht dem üblicherweise versicherten Risiko entspricht.

Differenzierung bei Dienstreisen

Bei Dienstreisen muss man differenzieren. Grundsätzlich gilt, dass Dienstreisen versichert sind, wenn sie ihrem Inhalt und der Bedeutung nach wesentlich – nicht überwiegend! – versicherten Zwecken dienen sollen.[2)] Folgende Beurteilungskriterien sind dabei zu beachten: Wird die Reise, die auch privaten Zwecken dient, genauso vorgenommen, wenn sie nur dienstlichen Zwecken gedient hätte, ist von einer versicherten Tätigkeit auszugehen. Anders ist das, wenn eine private Reise durchgeführt wird, anlässlich derer ein dienstliches Geschäft sozusagen „miterledigt" wird, das man ansonsten vielleicht nur telefonisch vorgenommen hätte. Dann ist lediglich der dienstliche Teil dieser Reise versichert, nicht dagegen die sonstige Reise.

Beispiel:

A will mit seiner Frau ein „Kulturwochenende" in Dresden verbringen. Er fährt mit ihr dorthin und am Nachmittag des Samstags kurz zu einem dort ansässigen Geschäftsfreund, um „alte Kontakte" zu pflegen. Verunglückt A nun auf dem Weg nach oder von Dresden oder am Wochenende in Dresden, so fällt unter den Schutz der Unfallversicherung alleine der Besuch beim Geschäftsfreund.

Umgekehrt ist es jedoch genauso: Während einer gemischten Reise, die man grundsätzlich als versicherte Tätigkeit aner-

1) BSG vom 25.8.1994 – 2 RU 23/93, NZS 1995, 41
2) BSG vom 28.2.1964 – 2 RU 30/61, BSGE 20, 215

kennt, sind ausschließlich private Abschnitte und Bestandteile nicht versichert.

Beispiel:

A fährt zu einem Seminar, das in einem Tagungshotel stattfindet. Wegen der etwas ungünstigen Anfangszeit des Seminars übernachtet A bereits am Vorabend dort. Am Abend sucht er die hoteleigene Sauna auf, rutscht aus und verletzt sich tödlich am Hinterkopf.

In einem ähnlich gelagerten Fall wurde den Hinterbliebenen eine Versorgung durch die Unfallversicherung versagt, da der Saunabesuch – trotz Einbindung in eine dienstlich verursachte Reise – als eigenwirtschaftlich anzusehen ist.[1] Auch Spaziergänge, die im Zusammenhang mit Dienstreisen unternommen werden, unterliegen als rein eigenwirtschaftlicher Bestandteil dieser Reise nicht dem Versicherungsschutz.[2]

Dass es auf Dienstreisen besonderen Stress geben kann, besonders, wenn diese oft stattfinden, liegt auf der Hand. Daraus ergibt sich allerdings kein Anlass, eine Berufskrankheit anzunehmen (s. Kap. 4.4) oder gar einen Arbeitsunfall, wenn dieser Stress z.B. zu einem Herzinfarkt führt[3]. Auch ganz ungewöhnliche Umstände machen aus dem eigentlich eigenwirtschaftlichen Rahmenprogramm einer Dienstreise keine versicherte Handlung. Erleidet der Arbeitnehmer beim Abendessen im Rahmen einer Dienstreise Verletzungen, weil auf das Lokal ein Bombenanschlag verübt wird, macht selbst dieser höchst ungewöhnliche Umstand aus dem eigenwirtschaftlichen Essen keine versicherte Tätigkeit[4]. Das BSG hat jedoch abweichend davon entschieden, dass ein Versicherungsschutz gegeben sein kann, wenn der Arbeitnehmer sich im Rahmen der Dienstreise an einen ungewöhnlichen Ort begeben muss (Verhaftung im Ausland wegen angeblicher subversiver Tätigkeit mit tödlichen Verletzungen in der Haft[5]).

---

1) BSG vom 27.7.1989 – 2 RU 3/89, NZA 1990, 79
2) BSG vom 11.8.1998 – B 2 U 43/97 R, AiB 1999, 460
3) LSG Bayern vom 6.11.2017 – L 3 U 52/15, NZA 2018, 96
4) LSG Niedersachsen-Bremen vom 13.5.2020 – L 3 U 124/17, FD-SozVR 2020, 430616
5) BSG vom 27.11.1980 – 8a RU 18/79, BeckRS 1980, 22

Zusammenfassend lässt sich für den Versicherungsschutz auf Dienstreisen Folgendes feststellen: Jede dienstliche Obliegenheit und jede damit verbundene Tätigkeit ist versichert; nicht versichert dagegen ist jedes Handeln, das nur privaten Interessen dient (z.B. die Teilnahme an einem Workshop „Fechten" während einer mehrtägigen Vertriebsbesprechung[1], die Teilnahme an einem Fußballturnier anlässlich eines Facharztkongresses[2] oder die Teilnahme an einem Kicker-Turnier bei einer Vertriebsfortbildung[3]). Dabei kommt es auf einen objektiven Maßstab an. Selbst wenn der Arbeitnehmer meint, etwas im Interesse des Arbeitgebers zu tun, kommt es auf diese subjektive Einschätzung nicht an (z.B. unversicherter nächtlicher Barbesuch während einer Dienstreise[4]).

Tätigkeit im Interesse des Unternehmenszwecks?

Die Rechtsprechung nimmt immer dann eine versicherte Tätigkeit an, wenn bei gemischten Tätigkeiten das Handeln auch dem Unternehmenszweck dienen kann. Das war im oben geschilderten Kirschenpflückerfall zumindest nicht ausgeschlossen, da nicht festzustellen war, wann A seine eigenen und wann er die Kirschen des Eigentümers pflückte.

In einer weiteren Entscheidung hat das BSG einem Waldarbeiter, der sein „Deputatholz" aus dem Wald abtransportiert hat und dabei verunglückte, ebenfalls Unfallversicherungsschutz zugestanden.[5] Da das Deputat ein Lohnbestandteil sei, ist dieser Weg ebenso versichert wie der Weg in das Lohnbüro, um sich dort seinen Lohn auszahlen zu lassen.

Auch beim Wegeunfall (siehe dazu im Einzelnen Kap. 4.3) kann es Probleme mit dem „eigenwirtschaftlichen Handeln" geben. Verletzt sich ein Arbeiter, der vor der Heimfahrt noch seine unzuverlässig arbeitenden Bremsen überprüfen will, an der Hebebühnentechnik in seinem Betrieb, so liegt kein Wegeunfall, aber auch kein Arbeitsunfall vor.[6] Auch „gemischte Tätigkeiten" sind beim Wegeunfall keine Seltenheit.

---

1) LSG Bayern vom 24.5.2016 – L 3 U 175/13, NZS 2016, 710
2) LSG Bayern vom 6.3.2019 – L 2 U 148/17, FD-SozVR 2019, 417503
3) LSG Thüringen vom 18.2.2016 – L 1 U 1241/15, NZA 2016, 1008
4) BSG vom 30.3.2017 – B 2 U 15/15 R, NZS 2017, 625
5) BSG vom 4.5.1999 – B 2 U 2/98, NZS 2000, 98
6) BSG vom 12.5.2009 – B 2 U 12/08 R, BeckRS 2009, 67321

Beispiel:

Arbeitnehmer A leiht sich im Betrieb ein Werkzeug aus, um es daheim zu verwenden. Dieses wird überraschend wieder im Betrieb gebraucht, weswegen der Chef A tagsüber nach Hause schickt, um das Werkzeug zu holen. Auf dem Weg verunglückt A. Neben der als eigenwirtschaftlich zu qualifizierenden Verpflichtung von A, das Werkzeug dem Betrieb zurückzugeben, überwiegen hier die betrieblichen Belange, weil das Werkzeug dringend benötigt wurde.[1)]

Tätigkeiten aus Gefälligkeit

Keine eigenwirtschaftliche Tätigkeit liegt vor, wenn ein Arbeitnehmer eine Tätigkeit übernimmt, zu der er eigentlich nicht verpflichtet ist, die er aber als Gefälligkeit erbringt. Hilft z.B. ein LKW-Fahrer dabei, die Ware am Entladeort zu entladen, obwohl dazu der Kunde oder eine von ihm beauftragte Firma zuständig wäre, und erleidet dieser Fahrer dabei einen Unfall, handelt es sich trotzdem um einen Arbeitsunfall[2)].

Abgrenzungsprobleme bei Tele- bzw. Homeoffice-Arbeitsplätzen

Tele- bzw. Homeofficearbeitsplätze sind von wachsender Bedeutung für die Unfallversicherung. Mit der Neuregelung des § 2 Abs. 1 S. 3 SGB VII, die seit 2021 gilt, kann eine versicherte Tätigkeit im Haushalt der Versicherten oder an einem anderen Ort ausgeübt werden und dabei Versicherungsschutz im gleichen Umfang wie bei Ausübung der Tätigkeit auf der Unternehmensstätte bestehen. Grundsätzlich gelten damit alle Aspekte der Rechtsprechung zur „versicherten Tätigkeit" auch hier. Hier können sich jedoch erhebliche Beweisprobleme ergeben, da am häuslichen Arbeitsplatz neutrale Zeugen selten sind.

Hier vermischt sich eigenwirtschaftliches und privates Handeln sehr stark, der Schutz des Arbeitnehmers könnte dabei ins Hintertreffen geraten. Auch unter den Aspekten der Prävention sind diese für die „Arbeitsschützer" im Unternehmen eine besondere Herausforderung (s.o. 3.7). Die Einflussmöglichkeiten sind gering (Arbeitsplätze gestalten sich meistens eher nach den Vorgaben der privaten Wohnungsnutzung) und die Problematik der Abgrenzung, wann und ob bei einem Schadensfall eine versicherte Tätigkeit vorlag, ist groß.

1) LSG Hessen vom 12.2.2008 – L 3 U 115/05, NZS 2009, 51
2) LSG Hamburg vom 16.10.2017 – I 2 U 41/14, FD-SozVR 2018, 402009

Hier kann es vor allem auch zu Beweisproblemen kommen, da Zeugen selten vorhanden sind oder aus dem Familienkreis des Verletzten stammen, womit es sich um Zeugen handelt, denen man in diesen Fällen „oft weniger glaubt“.

Praxistipp:

Im sozialrechtlichen Verfahren herrscht der Untersuchungsgrundsatz des § 20 SGB X. Damit sind die Versicherungsträger und später die Sozialgerichte an vorgebrachte Beweise nicht gebunden.[1] Trotzdem sollte im Falle eines Unfalls an einem Homeoffice- oder Telearbeitsplatz rechtzeitig daran gedacht werden, dass es unter Umständen später problematisch sein könnte, den tatsächlichen Ablauf zu beweisen. Alles, was also sofort dazu dienlich sein könnte (Beobachtungen der Mitbewohner, Nachbarn, sonstige Indizien), sollte frühzeitig gesammelt werden.

d) Einzelfälle

Der Begriff der „versicherten Tätigkeit“ ist stark durch die Auslegung der Rechtsprechung geprägt. Um hier erkennen zu können, in welchem Rahmen sich diese Rechtsprechung bewegt, wird nachfolgend versucht, Fallgruppen zu bilden und dazu typische Bewertungen der Sozialgerichtsbarkeit herauszuarbeiten.

Begründung und Beendigung von Arbeitsverhältnissen

Unfallversicherungsschutz bei der Arbeitssuche

Die Arbeitssuche ist dann versichert, wenn ein Arbeitsloser aufgrund einer Meldeanordnung der Bundesagentur für Arbeit (also durch seine zuständige Arbeitsagentur) zum Vorstellungsgespräch geschickt wird (siehe oben).

Sucht der Arbeitssuchende auf eigene Initiative ein Unternehmen auf („Blindbewerbung“), so ist allenfalls noch ein Schutz des Arbeitssuchenden auf dem Gelände des Unternehmers denkbar, wenn eine Versicherung kraft Satzung des Unternehmers nach § 3 Abs. 1 Nr. 2 SGB VII vorliegt, die die Besucher des Unternehmers schützen kann, die sich mit dessen Willen auf seinem Gelände aufhalten. Da einerseits der Unternehmer möglicherweise einen Vorteil davon haben könnte, dass sich jemand bewirbt (er könnte eine wertvolle neue Arbeitskraft gewinnen), andererseits dieses nicht als aktive Willensäußerung anzusehen ist, wird man keinen Versicherungsschutz annehmen können.

---

1) KassKomm-Krasney, § 20 SGB X Rn. 10

Bei der Beendigung von Arbeitsverhältnissen ist der Gang zum Personalbüro versichert, wenn dort z.B. die Arbeitspapiere (Zeugnis usw.) abgeholt werden. Das gilt auch dann, wenn das Arbeitsverhältnis schon beendet ist und der Arbeitnehmer nochmals in den Betrieb kommen muss, um seine Papiere zu holen. Der Unfallversicherungsschutz wirkt hier nach.

Arbeitsverhältnisse mit Rufbereitschaft

Unfallversicherungsschutz bei Rufbereitschaft

Arbeitsverhältnisse mit Rufbereitschaft können problematisch sein, wenn sich nicht klar trennen lässt, worauf die gerade ausgeübte Tätigkeit ausgerichtet ist, wenn während der Rufbereitschaftszeit ein Unfall passiert.

Beispiel:

Eine Arbeitnehmerin führt während der Rufbereitschaftszeit ihren Hund aus. Während dessen wird sie auf dem Rufbereitschaftshandy angerufen und zum Arbeitsplatz einbestellt. Auf dem Rückweg zum Haus, der angetreten wird, um den Hund zurückzubringen, verletzt sich die Arbeitnehmerin.

Das BSG nimmt in Rufbereitschaftsfällen immer dann eine versicherte Tätigkeit an, wenn die eher privat ausgerichtete Tätigkeit (hier der Spaziergang mit dem Hund) die beruflich vorgegebene Tätigkeit (das Bereithalten zur Arbeitstätigkeit und die Aufrechterhaltung der Abrufbereitschaft durch das Mitführen des entsprechenden Handys) nicht gänzlich ausschließt und spricht hier nicht mehr von einer „gemischten Tätigkeit" sondern von einer „gemischten Motivationslage"[1)].

Alltägliche Tätigkeiten und Gefahren

Essen und Trinken

Essen und Trinken sind nur dann versichert, wenn eine besondere betriebliche Veranlassung besteht, so z.B. große Hitze am Arbeitsplatz (siehe oben). Dient das Essen dem Kraftschöpfen vor überraschend angeordneter Mehrarbeit, ist dieses ebenfalls versichert.

Während der Weg zur Essensaufnahme auf dem Betriebsgelände versichert ist und Wege vom Betriebsgelände zu Restaurants oder Supermärkten als Wegeunfall versichert sind, endet

---

1) BSG vom 2.6.2014 – B 2 U 4/13 R, NZS 2014, 788

der Versicherungsschutz dann, wenn der Supermarkt oder das Restaurant betreten wurden.[1)]

> **Beispiel:**
>
> Kann A seine Mittagspause in der werkseigenen Kantine verbringen, so sind die Wege von seiner Arbeitsstelle zur Kantine und zurück, wie auch die Wege in der Kantine versichert, nicht dagegen die Essensaufnahme selbst.

Will A sich eine „Brotzeit" im nahe gelegenen Supermarkt holen oder in einem Restaurant außerhalb des Betriebsgeländes zu Mittag essen, so ist der Weg dorthin und zurück versichert. Dieser Weg endet jedoch mit Betreten des Supermarkts oder des Restaurants. Rutscht A dort also aus und verletzt sich, so liegt kein Versicherungsschutz mehr vor. Diese Abgrenzung nimmt die Rechtsprechung vor, um der Berufsgenossenschaft nicht ein Risiko zurechnen zu müssen, auf das diese durch vorbeugende Maßnahmen aus rein tatsächlichen Gründen gar keinen Einfluss nehmen kann.

Umkleiden und Waschen

Umkleiden und Waschen sind durch die gesetzliche Unfallversicherung nur dann geschützt, wenn eine besondere betriebliche Veranlassung vorliegt, so z.B. die Pflicht zu besonderer Sauberkeit, etwa in Krankenhäusern und Laboratorien (insbesondere natürlich dann, wenn diese sogar ausdrücklich vorgeschrieben ist!), oder die Pflicht, Dienst- oder Schutzkleidung zu tragen. Aber auch hier gilt: keine Regel ohne Ausnahme. Die Körperreinigung ist versichert, wenn sie z.B. durch große Hitze am Arbeitsplatz notwendig ist, das Übliche dieses Vorgangs aber nicht überschreitet. Ist sie dagegen mit einem zwar abkühlenden, aber nicht ungefährlichen Kopfsprung in den Baggersee verbunden, so liegt kein Versicherungsschutz mehr vor.[2)] Die Rechtsprechung schränkt dergestalt weiter ein, dass – wenn das Waschen ein versicherter Vorgang sein soll – dieses am Arbeitsplatz zu geschehen habe.

---

1) BSG vom 2.7.1996 – 2 RU 19/95, NZS 1997, 84

2) BSG vom 30.3.1962 – 2 RU 32/61, SozR 2200 § 542 Nr. 53; das SG München hat Verletzungen beim Sprung in den Pool des Chefs zur angeordneten Abkühlung als Arbeitsunfall anerkannt (Urteil vom 2.5.2023 – S 9 U 276/21, BeckRS 2023, 6873).

Beispiel:

A ist Richtmeister eines Bauunternehmens auf einer weit von seinem Wohnort entfernten Baustelle. Dort ist er starken Einwirkungen von Staub und Glaswolle ausgesetzt. Da er auf der Baustelle nicht duschen kann, fährt er ins Hotel, um dort zu duschen. Dabei verunglückt er. Das BSG versagte hier den Versicherungsschutz.[1]

Auch der **Bekleidungswechsel** findet in der Rechtsprechung keine klare Linie: Wechselt ein Arbeitnehmer seine Alltagsbekleidung in einen sogenannten „Blaumann", weil er am Arbeitsplatz üblicherweise – allerdings ohne Anordnung – getragen wird, so soll das versichert sein,[2] wechselt er in andere Kleidung, um seine Alltagskleidung zu schonen, obwohl das nicht üblich ist, so ist das nicht versichert.[3]

Der Gang zur Toilette

Auch hinsichtlich des **Toilettengangs** ist nach der Rechtsprechung zu differenzieren: Während der Weg zur Toilette bzw. von dort zurück zum Arbeitsplatz unter dem Schutz der Unfallversicherung steht[4], ist die **Verrichtung der Notdurft** selbst kein versicherter Vorgang[5]. Diese versicherten Betriebswege zur Toilette gelten auch für Außendienstler[6]. Da der Weg zur Toilette nach der Rechtsprechung besonders geschützt ist, weil der Arbeitnehmer betriebsbedingt diesen Weg auf sich nehmen muss und sich damit zusätzlichen Risiken aussetzt, die er daheim nicht hätte, schließt folgerichtig die Rechtsprechung einen Unfallversicherungsschutz auf dem **Weg zur Toilette im Homeoffice** aus.[7]

Alltägliche Gefahr

Der Versicherungsträger kann sich nicht darauf berufen, dass der Verletzte Opfer einer alltäglichen Gefahr geworden ist, weil ihm der Unfall auch in seiner Freizeit hätte passieren können (z.B. Stolpern am Arbeitsplatz). Entscheidend ist allein, dass

---

1) BSG vom 4.6.2002 – B 2 U 21/01 R, BeckRS 2002, 40994
2) KATER/LEUBE, § 2 SGB VII Rn. 66 m.w.Nw.
3) KATER/LEUBE, § 2 SGB VII Rn. 66; a.A. KassKomm-Ricke, § 8 SGB VII Rn. 121
4) BSG vom 6.12.1989 – 2 RU 5/89; NZA 1990, 1990, 455
5) Z.B. LSG Baden-Württemberg vom 30.7.2015 – L 6 U 526/13, BeckRS 2015, 71082.
6) LSG Thüringen vom 25.10.2018 – L 1 U 1350/17, FD-SozVR 2019, 414473
7) z.B. SG München vom 4.7.2019 – S 40 U 227/18, BeckRS 2019, 16645.

- der Versicherte den Unfall gerade nicht erlitten hätte, wäre er nicht am Arbeitsplatz gewesen, und
- vor allem, dass ein innerer Zusammenhang mit der versicherten Tätigkeit besteht (Stolpern auf einem Dienstgang).

Beispiel:

A macht während der Arbeitszeit einen Spaziergang, da er gerade nicht viel zu tun hat, dabei knickt er um und verstaucht sich den Fuß. In diesem Fall liegt kein Versicherungsschutz vor, dagegen schon, wenn an seinem Arbeitsplatz besonders stickige Luftverhältnisse herrschen und A zur Erhaltung seiner Arbeitsfähigkeit an die frische Luft gehen muss.[1] Das BSG hat Versicherungsschutz für solche Spaziergänge auch dann abgelehnt, wenn diese notwendig seien, um die Arbeitsfähigkeit wiederherzustellen.[2] In diesem Fall hatte die Arbeitnehmerin starke Magenbeschwerden, die sie mit einem Spaziergang an der frischen Luft lindern wollte. Dabei war sie ausgerutscht und hatte sich erheblich verletzt. Versicherungsschutz besteht selbstverständlich auch, wenn der Arbeitnehmer während eines dienstlichen Ganges umknickt.

Spaziergänge können aber durchaus auch versichert sein. Macht der gerichtlich bestellte Betreuer mit seinem Pflegling einen Spaziergang, der – wie das BSG entschied[3] – als vertrauensbildende und -erhaltende Maßnahme anzusehen ist, so können Unfälle anlässlich dieser Spaziergänge versichert sein.

Maßnahmen zur Erhaltung und Wiederherstellung der Gesundheit sind grundsätzlich dem privaten Bereich zuzuordnen und unterliegen damit nicht dem Unfallversicherungsschutz (der Arztbesuch während der Arbeitszeit zur Überprüfung der Medikamenteneinstellung ist z.B. nicht versichert[4]). Das gilt selbst dann, wenn diese Maßnahmen auch dem Unternehmer dienen, der ja durchaus ein Interesse an einem optimalen Gesundheitszustand seiner Mitarbeiter hat. Erfolgt eine solche Maßnahme aber, weil der Arbeitnehmer einer erhöhten Ge-

---

1) LSG Baden-Württemberg vom 24.6.1968 – L 10a Ua 627/67, BREITHAUPT 1969, 296

2) BSG vom 26.6.2001 – B 2 U 30/00 R, NZS 2002, 323

3) BSG vom 23.3.1999 – B 2 U 15/98 R, BeckRS 1999, 30052692

4) BSG vom 5.7.2016 – B 2 U 16/14 R, FD-SozVR 2016, 384764

fährdung ausgesetzt ist, kann trotzdem das Vorliegen eines Arbeitsunfalls bejaht werden. Erkrankt z.B. eine Krankenschwester, nachdem sie sich gegen die Schweinegrippe hat impfen lassen („Impfschaden"), ist diese Erkrankung als Arbeitsunfall anzuerkennen, weil sie mittels dieser Impfung dem erhöhten Risiko ihres Arbeitsplatzes entgegentreten wollte[1]. Bietet der Arbeitgeber eine Grippeschutzimpfung im Unternehmen an, sind damit im Zusammenhang stehende Impfschäden keine Arbeitsunfälle[2].

Die Rechtsprechung der Sozialgerichte rund um das Impfen lässt sich auch auf den Komplex der Corona-Impfungen übertragen. So sind insbesondere Impfkomplikationen nicht als Arbeitsunfall anerkannt[3]. Betriebswege zur Durchführung eines Corona-Tests sind versichert[4].

Betriebs- und Personalratstätigkeit

Auch die Tätigkeit als Betriebs- und Personalrat dient den unternehmerischen Interessen und ist deswegen – einschließlich des Besuchs geeigneter Fortbildungsveranstaltungen[5] – unfallversichert. Für diese Fortbildungsveranstaltungen gilt jedoch das, was bereits zu Seminaren allgemein gesagt wurde: Versichert sind nur die Aktivitäten, die auch mit dem Seminar im direkten Zusammenhang stehen, nicht die damit verbundenen Freizeitaktivitäten.

Besuch bei der Gewerkschaft

Der Besuch bei der zuständigen Gewerkschaft, um sich einen Rat oder Unterstützung für die betrieblichen Aufgaben einzuholen, unterliegt ebenfalls diesem Schutz. Suchen Gremienmitglieder dagegen Veranstaltungen auf, die allgemeiner oder politischer Natur sind (Demonstrationen usw.), sind sie nicht versichert.

Betriebsversammlung

Die Teilnahme von Arbeitnehmern an Veranstaltungen, die das Betriebsverfassungsgesetz vorsieht, z.B. an der Betriebsversammlung oder der Betriebsratswahl ist ebenfalls versichert.

---

1) SG Mainz vom 21.3.2013 – S 10 U 48/11, NZS 2013, 590

2) SG Dortmund vom 5.8.2014 – S 36 U 818/12, FD-SozVR 2015, 371349

3) SG Konstanz vom 9.12.2022 – S 1 U 1276/22, BeckRS 2022, 36585

4) SG Frankfurt/Oder vom 25.3.2022 – S 10 U 108/21, BeckRS 2022, 21595

5) LSG Baden-Württemberg vom 12.5.2016 – L 6 U 836/16, BeckRS 2016, 68919

Betriebsräte sind auch versichert, wenn sie an einer Konferenz teilnehmen, die z.B. in internationalen Konzernen notwendig werden kann, sogar wenn der Unfall selbst auf eine übermäßige Alkoholisierung zurückzuführen war[1].

Streikmaßnahmen

Streik

Nicht versichert ist die Teilnahme an einem Streik, auch wenn dieser rechtmäßig ist. Davon betroffen sind jedoch nur die Arbeitnehmer, die auch an diesem Streik aktiv teilnehmen.

Beispiel:

Als A, wie jeden Tag, mit dem Auto in die Arbeit kommt, wird er am Werkstor von einem Streikposten aufgehalten, der ihm erklärt, dass heute wegen des Streiks nicht gearbeitet wird. A beteiligt sich nicht an dem Streik, wird jedoch von seinem Vorgesetzten nach Hause geschickt, da das Unternehmen lahmgelegt sei. A ist auf der Hin- und Rückfahrt unfallversichert.

Auch Arbeitnehmer, die ausgesperrt werden, sind auf den Wegen zum und vom Arbeitsplatz unfallversichert.

Betriebliche Sozialveranstaltungen

Betriebsausflug

Diese sind regelmäßig versichert. Nimmt ein Arbeitnehmer an einem **Betriebsausflug** teil,

- der dazu dient, die Verbundenheit zwischen Geschäftsleitung und Angehörigen des Unternehmens zu erhalten oder zu vertiefen, und
- der vom Arbeitgeber oder vom Betriebsrat (mit Billigung des Arbeitgebers) durchgeführt wird,

so sind alle damit üblicherweise verbundenen Tätigkeiten (Wandern, Mahlzeiten, Tanzveranstaltungen, Toilettengang[2] usw.) und die damit verbundenen Wege versichert.

Betriebsfest

Dieser Grundsatz gilt auch für **Betriebsfeste** mit folgenden Einschränkungen:

---

[1] SG Heilbronn vom 28.5.2014 – S 6 U 1404/13, n.v.

[2] SG Dortmund vom 1.2.2018 – S 18 U 211/15, FD-SozVR 2018, 402352

Beispiel:

A feiert seinen 50. Geburtstag im Büro mit den Kollegen und dem Geschäftsführer. Solche Feiern werden vom Unternehmer gebilligt. Der mitfeiernde B verschluckt sich an einer im Lachs versteckten Gräte und erstickt. Die Berufsgenossenschaft lehnt Leistungen an die Hinterbliebenen ab.

Private Feiern

Das BSG hat hier entschieden, dass sich Billigung und Förderung der Veranstaltung durch den Arbeitgeber auf den betrieblichen Zweck („Vertiefung der Verbundenheit") beziehen muss.[1] Dieser Zweck liegt nicht vor, wenn Ursache der Festivität ein privater Grund, wie ein Geburtstag, ist und der Arbeitgeber lediglich billigt, dass diese Feiern im Unternehmen, gegebenenfalls sogar während der Arbeitszeit stattfinden. Zentrale Anforderung ist die Billigung der Veranstaltung durch den Arbeitgeber. Billigen heißt nicht nur „Wissen", dass es eine solche Veranstaltung gibt, sondern dieser als betrieblicher Veranstaltung zuzustimmen. Dafür ist nicht erforderlich, dass Vertreter des Arbeitgebers an der Veranstaltung teilnehmen[2]. Handelt es sich um eine private Feier von Kollegen, gemeinsames Eislaufen einer Abteilung als „Teambuilding"-Maßnahme[3] oder einen gemeinsamen Gang auf ein Volksfest, besteht kein Versicherungsschutz[4], selbst dann, wenn der Arbeitnehmer glaubt, an einer solchen Veranstaltung teilnehmen zu müssen[5].

Eine Teilnahmeverpflichtung an Betriebsfesten und Betriebsausflügen muss nicht bestehen, sie müssen jedoch von einem wesentlichen Teil der Belegschaft besucht werden, wobei die Rechtsprechung bereits 26 % als wesentlich ansieht.[6]

---

1) BSG vom 10.12.1975 – 8 RU 268/74, BSGE 41, 58; bestätigt durch BSG vom 26.6.2014 – 8 Z 47/13 R, BeckRS 2014, 73300

2) BSG vom 25.7.2016 – B 2 U 19/14 R, FD-SozVR 2016, 382621

3) SG Detmold vom 9.2.2018 – S 1 U 263/15, FD-SozVR 2018, 402644

4) Hier Oktoberfest München SG Berlin vom 1.10.2018 – S 115 U 309/17, FD-SozVR 2018, 411121

5) BSG vom 30.3.2017 – B 2 U 15/15 R, FD-SozVR 2017, 395691

6) BSG vom 26.6.1958 – 2 RU 281/55, NJW 1958, 1511

Beispiel:

Verleger B mietet das Münchner Stadttheater, um dort für seine Mitarbeiter den berühmten Pianisten Börnstein auftreten zu lassen. Da nicht alle Mitarbeiter Platz haben werden, dürfen nur leitende Angestellte und 200 weitere Mitarbeiter teilnehmen, die nach der Reihenfolge der Anmeldung berücksichtigt werden.

Ein Unfall anlässlich dieser Veranstaltung wäre nicht versichert, da sie von vornherein nicht allen Mitarbeitern offen steht und damit dem von der Rechtsprechung anerkannten Zweck der Schaffung von Verbundenheit widerspricht.[1] Bei sehr großen Unternehmen, die aus rein tatsächlichen Gründen keine gemeinsamen Veranstaltungen mehr durchführen können, kann eine sachlich nachvollziehbare Begrenzung, z.B. auf einzelne Abteilungen, allerdings stattfinden.[2] Wendet sich eine betriebliche Sozialveranstaltung bereits von ihrem Programm her nicht an alle Mitarbeiter des Unternehmens, besteht auf dieser Veranstaltung auch kein Versicherungsschutz. Veranstaltet der Betrieb z.B. für besonders sportliche Mitarbeiter einen Skiausflug, wobei davon ausgegangen wird, dass sich „Sportmuffel" nicht beteiligen, ist von vornherein nicht von einer betrieblichen Sozialveranstaltung auszugehen.[3] Auch wenn nur einige Mitarbeiter eines Unternehmens an einem sogenannten Firmenlauf teilnehmen, besteht für diese, wie für die sie anfeuernden Kollegen kein Unfallversicherungsschutz.

Feiern des Betriebsrats

Versicherte Betriebsfeiern sind auch Feiern des Betriebsrats, an denen nur Betriebsrats- und Ersatzmitglieder teilnehmen, allerdings ist es auch hier erforderlich, dass der Arbeitgeber am Zustandekommen, am Ablauf und an der Finanzierung der Veranstaltung beteiligt ist.

Die Feier im folgenden Beispiel steht nicht unter dem Schutz der Unfallversicherung.[4]

---

1) in einem anderen Fall: BSG vom 16.5.1984 – 9 b RU 6/83, BSGE 56, 283; für ein Fußballturnier BSG vom 15.11.2016 – B 2 U 12/15 R, NZS 2017, 192

2) KassKomm-Ricke, § 8 SGB VII Rn. 78 m.w.Nw.

3) SG Koblenz, Urteil vom 18.2.2009 – S 2 U 252/07, BeckRS 2009, 67665

4) BSG vom 20.2.2001 – B 2 U 7/00 R, NZS 2001, 496

Beispiel:

Der Betriebsrat der Firma A beschließt, am späten Nachmittag gemeinsam mit den Ersatzmitgliedern einen Biergarten zu besuchen und dort die gerade abgeschlossene Betriebsvereinbarung zu feiern.

Alkoholische Exzesse

Betriebsfeste und -ausflüge sind nicht immer frei von Exzessen, die oftmals auf übermäßigen Alkoholgenuss zurückzuführen sind. Folgen dieser Exzesse sind, wie in anderen Fällen der Herbeiführung von Arbeitsunfällen durch Alkohol, nicht unfallversichert[1].

Betriebsausflug/ Incentive-Reise

Von den Betriebsausflügen abzugrenzen sind sogenannte Incentivereisen (zum Begriff, siehe oben.), die einzelnen Mitarbeitern oder ausgewählten Abteilungen gewährt werden, um besondere Motivationseffekte zu erreichen. Sie dienen nicht den gleichen Zwecken wie ein Betriebsausflug und sind als solche auch nicht versichert.[2]

Personalkauf

Eine weitere betriebliche Sozialeinrichtung vieler Unternehmen ist der sogenannte **„Personalkauf"**, der entweder anlässlich einer Sonderveranstaltung oder während des normalen Tagesablaufs im Unternehmen stattfindet (z.B. im Kaufhaus). Wege und Handlungen, die damit verbunden sind, sind nicht versichert, da diese im eigenen wirtschaftlichen Interesse des Arbeitnehmers liegen.

Vom Arbeitgeber gestellte Ferienwohnung

Auch bei Ferien in vom Arbeitgeber bereitgestellten Ferienwohnungen sind Unfälle in diesen Wohnungen nicht versichert.

Schutz beim Betriebssport

Betriebliche Sozialleistungen sind oftmals auch Angebote im Bereich **Betriebssport**. Unfälle bei diesen Veranstaltungen und auf allen damit verbundenen Wegen sind unter folgenden Voraussetzungen versichert:

- Der Zweck der Veranstaltung dient dem Ausgleich einseitiger körperlicher, geistiger oder seelischer Arbeitsbelas-

---

1) BSG vom 27.6.2000 – B 2 U 25/99 R, NZS 2001, 45; LSG Niedersachsen vom 25.10.2016 – L 16/3 U 186/13, BeckRS 2016, 20961

2) BSG vom 16.3.1995 – 2 RU 17/94, NJW 1995, 3340

tungen (dies trifft auf viele Sportarten zu, nicht jedoch auf Schach oder Skat).[1)]

- Die Sportart hat keinen vordergründigen Wettkampfcharakter: Sowohl ein betriebliches Bowling-[2)] oder Fußballturnier[3)] wie auch die Teilnahme einer Betriebsmannschaft an einem externen Turnier[4)] sind vom Unfallversicherungsschutz ausgenommen. Das ist wegen der größeren Attraktivität solcher Sportarten sicher problematisch, zumindest erkennt das BSG einen Versicherungsschutz bei gelegentlichen Vergleichswettkämpfen an.[5)] In derartigen Fällen verneint das BSG eine betriebssportliche Tätigkeit nicht, da hierbei der Ausgleichszweck im Vordergrund steht.
- Die Übungen müssen regelmäßig stattfinden, mindestens einmal monatlich.
- Die Teilnehmer müssen im wesentlichen Betriebsangehörige sein, was auch dann zutrifft, wenn mehrere Unternehmen sich eine Betriebssportanlage teilen und der Sport dabei gemeinsam ausgeübt wird, wenn damit nicht in erster Linie Wettkämpfe verbunden sind.[6)] Öffnen sich dagegen Betriebssportgemeinschaften vollkommen, um auch andere Mitglieder aufnehmen zu können, führt das zum Verlust des gesetzlichen Unfallversicherungsschutzes!
- Die Organisation muss betriebsbezogen sein, der Betrieb muss den maßgeblichen gestaltenden Einfluss haben (eine rein stillschweigende Duldung durch den Arbeitgeber ist nicht ausreichend).[7)]
- Zeit und Dauer der Übung stehen in einem engen Zusammenhang mit dem Ausgleichszweck, was z.B. nicht gegeben ist, wenn der Sport nur am Sonntag stattfindet.

Nicht versichert ist das gesellige Beisammensein, das sich der sportlichen Betätigung anschließt.

---

1) dazu SCHWEDE, NZS 1996, 562 m.w.Nw.

2) SG Aachen vom 6.10.2017 – S 6 U 135/16, BeckRS 2017, 133712

3) LSG Baden-Württemberg vom 14.5.2013 – L 9 U 2557/10, BeckRS 2013, 69336

4) SG Augsburg vom 21.1.2014 – S 8 U 296/13, BeckRS 2014, 65862

5) BSG vom 2.7.1996 2 RU 32/95, NZS 1997, 87

6) BSG vom 28.11.1961 – 2 RU 130/95, NJW 1962, 1174

7) BSG vom 19.3.1991 – 2 RU 23/90, NZA 1991, 823

Praxistipp:

Wollen Betriebssportgemeinschaften an Wettbewerben teilnehmen und/oder sich einem breiteren Kreis von Mitgliedern öffnen, so empfiehlt sich ein Beitritt zum zuständigen Landessportverband, der für die Vereinsmitglieder eine private Versicherung gegen Unfallschäden vorsieht, die zu einem recht geringen Preis abgesichert werden können.

Trunkenheit am Arbeitsplatz

Volltrunkenheit

Volltrunkenheit am Arbeitsplatz schließt jeglichen Versicherungsschutz aus, da allein schon dieser Zustand des Arbeitnehmers eine irgendwie geartete versicherte Tätigkeit unmöglich macht. Volltrunkenheit wird dann angenommen, wenn eine zweckgerichtete Tätigkeit gar nicht mehr möglich ist.[1] Standardisierte „Promillegrenzen", wie man sie aus dem Straßenverkehrsrecht kennt, gibt es im Unfallversicherungsrecht nicht; dieser Zustand ist deshalb jeweils im Einzelfall festzustellen.[2] Die Feststellung muss nicht nur anhand oftmals nicht greifbarer Blutalkoholwerte erfolgen, sondern kann sich auch aufgrund anderer Eindrücke (Beobachtungen durch Kollegen, sachverständige Beurteilung des Unfallherganges usw.) ergeben. Volltrunkene Arbeitnehmer sind allerdings gegen Unfälle abgesichert, die mit der Trunkenheit als solcher in keinem Zusammenhang stehen.[3] Der Ausschluss des Versicherungsschutzes betrifft nur die alkoholtypischen Einschränkungen der Leistungsfähigkeit. Damit sind alle Umstände des Unfalls auch in diesem Falle einer Bewertung zu unterziehen.

Trunkenheit

Problematisch sind die Fälle der Alkoholisierung, die nicht den Grad der Volltrunkenheit erreichen. Hier ist darauf abzustellen, ob allein die Trunkenheit Ursache des Unfalls war.[4] Ist das der Fall, ist kein Versicherungsschutz gegeben. Dabei ist im Einzelfall zu prüfen, ob der Versicherte nach den Erfahrungen des täglichen Lebens bei derselben Sachlage wahrscheinlich nicht

[1] BSG vom 30.4.1991 – 2 RU 11/90, NZA 1992, 93
[2] BSG vom 28.6.1979 – 8 a 2 RU 34/78, BSGE 48, 224
[3] BSG vom 30.4.1991, a.a.O., Fn. 89
[4] BSG vom 28.6.1979, a.a.O., Fn. 90

verunglückt oder gar nicht erst in diese Situation gekommen wäre. Auch hier wird es keine pauschale Festlegung durch eine festgestellte Blutalkoholkonzentration geben, sondern es müssen alle Umstände des Einzelfalles in die Prüfung einbezogen werden.

Während der Weg zur Besorgung von nichtalkoholischen Getränken innerhalb des Betriebs unter dem Schutz der Unfallversicherung steht, hat das BSG den Weg zur Besorgung alkoholischer Getränke aus einem Getränkeautomaten auf dem Werksgelände als unversichert angesehen.[1]

Andere Suchtmittel

Diese Grundsätze sind im Übrigen auch anzuwenden, wenn es um den Missbrauch anderer Suchtmittel am Arbeitsplatz geht, wie z.B. Medikamente, Rauschgift. Das Thema „Suchtmittel am Arbeitsplatz" ist damit auch ein wichtiges Präventionsthema.[2]

Medikamente am Arbeitsplatz

Insbesondere die Gefährdung durch Medikamente wird sehr leicht unterschätzt. Zwischen 15 und 20 % aller Schmerzmittel wirken sich nachteilig auf die Konzentrationsfähigkeit des Konsumenten aus. Verlängerte Reaktionszeiten, Gleichgewichtsstörungen, Einschränkungen des Gesichtsfelds, Verlangsamung der Informationsverarbeitung, nachlassende Geschicklichkeit und erhöhte Blendempfindlichkeit zählen unter anderem zu den Folgen – selbst einer verordnungsgemäßen – Einnahme von Medikamenten. Vor Einnahme aller Medikamente sollten deswegen die Hinweise auf den Beipackzetteln, vor allem aber die Anweisungen des behandelnden Arztes, beachtet werden. Im Zweifel schadet auch eine Rückfrage beim Betriebsarzt nicht.

Selbstgeschaffene Gefahr

Begriff

Grundsätzlich ist der Unfallversicherungsschutz nicht schon deswegen ausgeschlossen, weil sich der Versicherte selbst in eine gefährliche Lage, in eine sogenannte „selbst geschaffene Gefahrenlage", bringt. Eine selbst geschaffene Gefahrenlage wird durch ein in hohem Grade leichtfertiges Verhalten verursacht, bei dem der Versicherte mit einer Schädigung ge-

---

1) BSG vom 27.6.2000 – B 2 U 22/99 R, NZS 2000, 153

2) BGI 799 – „Suchtmittelkonsum im Betrieb"

radezu rechnen muss. In diesen Fällen besteht der Versicherungsschutz nur dann fort, wenn das Motiv für das gefährliche Verhalten nach wie vor in der versicherten Tätigkeit liegt.

Gefahrenlage im Unternehmensinteresse?

Überquert z.B. ein Arbeitnehmer Bahngleise an einer gefährlichen Stelle, um einen eiligen Botengang zu beschleunigen, so ist er nach wie vor versichert. Nicht versichert wäre der Arbeitnehmer dagegen, wenn er nur einen bequemeren Weg nehmen wollte. In einem vom LSG Baden-Württemberg entschiedenen Fall war ein Arbeitnehmer aus Gründen der Zeitersparnis auf einem Fließband mitgefahren und verunglückt, obwohl ihm bewusst war, wie gefährlich dieses war. Auch in diesem Fall wurde ihm Versicherungsschutz zugestanden.

Auch hier sind die Grenzen zum nicht mehr versicherten Verhalten fließend. Überwiegen die persönlichen Motive (wenn im o.g. Fall z.B. der Arbeitnehmer die Gleise überquert, weil der kürzere Weg bequemer ist), wird kein Versicherungsschutz gewährt.

Beispiel:

A sonnt sich auf dem Dach eines fahrenden Tankzugs. Er will einerseits das schöne Wetter ausnutzen, andererseits auf dem weitläufigen Betriebsgelände schneller vorankommen. Dabei verunglückt A.

Das BSG[1] hat in diesem Fall ein Überwiegen persönlicher Motive angenommen und den Versicherungsschutz versagt.

In der Praxis der Rechtsprechung des BSG werden die Fälle der selbst geschaffenen Gefahr nur unter sehr engen Voraussetzungen vom Versicherungsschutz ausgenommen. Gerade die neueren Urteile machen immer wieder deutlich, dass die Rechtsprechung bemüht ist, einen Erstattungsanspruch gegen den Versicherungsträger nicht an diesem Merkmal scheitern zu lassen.

Spielerei am Arbeitsplatz

In diesem Zusammenhang ist auch die sogenannte Spielerei am Arbeitsplatz zu sehen, die grundsätzlich unversichert ist. Wird die Arbeit „spielerisch“ erledigt und ereignet sich dabei

---

[1] BSG vom 2.11.1988 – 2 RU 7/88, BSGE 64, 159

ein Unfall, ist – wie bei der Trunkenheit am Arbeitsplatz – zu ermitteln, ob die Spielerei Ursache des Unfalls war oder nicht.

Beispiel:

A und B sind Gepäckfahrer am Flughafen. Sie müssen mit kleinen Elektrokarren Gepäckstücke zu Flugzeugen bringen. Während sie damit unterwegs sind, vereinbaren sie ein Wettrennen, bei dem B mit seinem Fahrzeug umstürzt und sich verletzt.

Hier liegt eine spielerische Erledigung der Arbeit vor, die auch dem Betriebszweck dient, da das Gepäck trotz des „Rennens" zum Flugzeug kommt. Bei der Untersuchung des Unfalles im Hinblick darauf, ob ein Arbeitsunfall vorliegt, wird zu prüfen sein, ob das Umstürzen des Karrens allein auf die hohe Geschwindigkeit, die durch das Wettrennen bedingt war, zurückzuführen war. Nur dann würde der Schutz der Unfallversicherung versagt werden.

Wie stark es auf die Einzelfallbetrachtung ankommt, zeigt auch eine Entscheidung des SG Hamburg[1)], nach der ein sogenannter Wheely (Fahren nur auf dem Hinterrad) bei einer eigentlich dienstlich bedingten Motorradfahrt diese zu einer unversicherten Tätigkeit macht. Das Gericht führt u.a. aus, dass das Fahren eines Motorrads auf dem Hinterrad eine unversicherte konkurrierende Ursache darstelle. „Imponiergehabe oder leichtsinniger Übermut drängen den ursächlichen Zusammenhang mit der versicherten Tätigkeit so weit in den Hintergrund, dass allein rechtlich-wesentlich die eigenwirtschaftliche Motivation und nicht die versicherte Wirkursache dem Unfallgeschehen sein wesentliches Gepräge gibt".

Arbeitnehmer, die Opfer einer Spielerei von Kollegen werden, wenn diese ihnen z.B. einen Streich spielen, sind selbstverständlich versichert.

1) Vom 4.9.2020 – S 50 U 40/19, FD-SozVR 2020, 432785

> **Beispiel:**
>
> Auf einer Baustelle beginnen mehrere Maurerlehrlinge eine „Mörtelschlacht". Der an der Schlacht unbeteiligte A wird dabei von einem Mörtelbrocken so unglücklich am linken Auge getroffen, dass er 90 % der Sehfähigkeit auf diesem Auge einbüßt. Die Berufsgenossenschaft verweigert unter Bezugnahme auf das Vorliegen einer unversicherten Spielerei am Arbeitsplatz die Übernahme von Leistungen. Das SG Osnabrück entschied dagegen zu Gunsten von A.[1]

Persönliche Haftung auch des Arbeitgebers?

Vorsätzliche Schädigung des Arbeitnehmers durch den Arbeitgeber

Der Arbeitnehmer kann den Arbeitgeber neben seinem Schutz durch die Unfallversicherung in die Haftung nehmen. Nach § 104 SGB VII besteht der Anspruch bei einer vorsätzlichen Schädigung des Arbeitnehmers durch den Arbeitgeber. Der Vorsatz, also das „Wissen und Wollen" dieser Schädigung muss sich allerdings darauf beziehen, den Arbeitnehmer zu verletzen und ihm einen Schaden beizubringen. Der Vorsatz hinsichtlich des Gesundheitsschadens kann ein „bedingter" Vorsatz sein, d.h. es reicht aus, dass der Arbeitgeber es billigt, dass es zu einem Gesundheitsschaden kommt[2].

Im Falle einer vorsätzlichen oder grob fahrlässigen Schädigung durch den Arbeitgeber kann sich dieser nach § 110 SGB VII seitens der Berufsgenossenschaft einem Schadensregress ausgesetzt sehen. Die Nichteinhaltung von Sicherheitsbestimmungen[3] oder gar die Nichtkenntnis von Sicherheitsvorschriften[4] können zu einem solchen Regress führen.

Sonderfall: Die Schädigung durch Kollegen

Rückgriff durch die Berufsgenossenschaft

Die Spielerei kann nur der Ausgangspunkt sein: Eine Neckerei wird zu einer Auseinandersetzung bis hin zur Tätlichkeit – das ist leider alltäglich. Selbstverständlich sind Arbeitnehmer am Arbeitsplatz auch bei Verletzungen geschützt, die auf einem Fehlverhalten von Kollegen beruhen. Die Berufsgenossenschaft kann, sollte dieses Fehlverhalten zu einer Schadenser-

---

1) Az.: 12 U 6/96, MDR 1998, R 9

2) LAG Nürnberg vom 9.6.2017 – 7 Sa 231/16, FD-SozVR 2017, 394889

3) OLG Oldenburg vom 23.10.2014 – 14 U 34/14, BeckRS 2015, 270; OLG Frankfurt a.M. vom 4.4.2014 – 2 U 93/13, FD-SozVR 2014, 360505

4) BGH vom 18.2.2014 – VI ZR 51/13, FD-SozVR 2014, 358302

satzpflicht des schädigenden Mitarbeiters führen, nach § 116 SGB X Rückgriff gegen diesen nehmen. Hier spielen allerdings noch die arbeitsrechtlichen, von Bundesarbeitsgericht und Bundesgerichtshof entwickelten Haftungsbeschränkungen eine Rolle. Nach diesen Grundsätzen haftet der Arbeitnehmer alleine nur in solchen Fällen, in denen er grob fahrlässig oder vorsätzlich gehandelt hat. **Grob fahrlässig** handelt ein Arbeitnehmer, wenn er jegliche Sorgfaltspflichten (arbeitsvertragliche wie auch andere, die offenkundig sind!) außer Acht lässt. **Vorsätzlich** handelt er dann, wenn er den Schaden wissentlich und willentlich herbeiführen will. Für **einfaches fahrlässiges Verhalten** besteht die Haftung nach Abwägung aller Einzelheiten. So kann die Haftung z.B. geschmälert werden, wenn die Arbeit mit besonderen Risiken verbunden ist oder der Arbeitnehmer nicht ausreichend eingewiesen worden ist.

Haftung des Arbeitnehmers

Daneben sieht § 105 Abs. 1 SGB VII eine Haftung des schädigenden Arbeitnehmers direkt gegenüber dem verletzten Kollegen bzw. dessen Hinterbliebenen für die Fälle vor, in denen dieser die Verletzung im Rahmen einer betrieblichen Tätigkeit vorsätzlich herbeigeführt hat (siehe oben zum Begriff „Vorsatz"). Wird z.B. ein Mitarbeiter einer Tierklinik von einer Katze verletzt, weil der Kollege bei der Behandlung unsorgfältig vorgeht, könnte neben dem Anspruch gegen die zuständige Berufsgenossenschaft ein Anspruch auf Schmerzensgeld gegen den Kollegen bestehen, was aber nach § 105 SGB VII auf die Fälle begrenzt ist, in denen der Schaden auf einer vorsätzlichen Herbeiführung beruht. Mangelnde Sorgfalt ist allerdings nur fahrlässig.[1] Allerdings hat das LAG Hessen in einem Fall, in dem ein Auszubildender in einer Werkstatt Wuchtgewichte herumgeworfen und dabei einen Kollegen am Auge verletzt hat, das Vorliegen einer betrieblichen Tätigkeit vollständig verneint und diesen schon wegen Fahrlässigkeit haftbar gemacht (Schadenshöhe 25.000 €)[2].

Die Schädigung muss im Rahmen einer „betrieblichen Tätigkeit" erfolgen. Dieser Begriff umfasst alle mit dem Betriebszweck zusammenhängenden Aktivitäten und ist sehr weit zu fassen. Darunter fallen in diesem Zusammenhang auch alkohol-

---

1) LAG Hessen, Urteil vom 14.7.2009 – 13 Sa 2141/08, BeckRS 2009, 69564

2) LAG Hessen vom 20.8.2013 – 13 Sa 269/13, BeckRS 2013, 72722

bedingte Vorgänge, die ansonsten (siehe S. 107 ff.) dazu führen würden, dass gar keine versicherte Tätigkeit mehr vorliegt.[1)]

§ 105 SGB VII ist keine eigene Anspruchsgrundlage, d.h., der Geschädigte kann sich in einem Schadensersatzprozess gegen den Schädiger nicht direkt darauf berufen, sondern muss sich auf einschlägige zivilrechtliche Schadensersatznormen, z.B. § 823 Abs. 1 BGB, stützen, um seinen Anspruch geltend zu machen. § 105 SGB VII stellt nur klar, dass diese beiden Ansprüche nebeneinander geltend gemacht werden können, der Schädiger sich somit nicht darauf berufen kann, dem Geschädigten sei durch die Inanspruchnahme der Berufsgenossenschaft schon genug geholfen.

Die Haftung des § 105 SGB VII ist dann nicht auf Vorsatz beschränkt, wenn ein Arbeitnehmer einen anderen anlässlich eines versicherten Wegs schädigt. Der versicherte Weg ist derjenige Weg, der auch im Rahmen des „Wegeunfalls" (siehe S. 123 ff.) versichert ist, d.h. in der Regel der Weg von und zur Arbeitsstätte. Dem Geschädigten soll nicht die Möglichkeit genommen werden, den Schädiger selbst in Anspruch zu nehmen.

Beispiel:

A wird auf dem Weg zur Arbeit bei einem Autounfall verletzt, den sein Kollege B fahrlässig herbeiführt. A kann nun

- sowohl die Berufsgenossenschaft im Rahmen eines Wegeunfalls in Anspruch nehmen,
- als auch den Kollegen B im Rahmen dessen zivilrechtlicher Haftung für die Schädigung im Straßenverkehr.

Damit kann A gegenüber der Berufsgenossenschaft auf alle Fälle seine Körperschäden (Regelungen des SGB VII) geltend machen, gegen B direkt dagegen Ansprüche auf Schmerzensgeld, weitergehende Schäden am Fahrzeug, Nutzungsausfall (Regelungen des Bürgerlichen Gesetzbuches) usw.

Nicht unter diese Haftungserweiterung auch auf Fährlässigkeit fallen dagegen betriebliche Wege, also Wege, die eine betriebliche Tätigkeit im o.g. Sinne sind.

---

1) BEREITER-HAHN/MEHRTENS, § 105 SGB VII Rn. 3

Beispiel:

A bringt im Rahmen eines Botengangs ein Paket von einer Abteilung in die andere. B legt ihm „Spaßes halber" ein Bein, A stürzt und bricht sich den Arm.

A kann nun von der Berufsgenossenschaft

- die Behandlungskosten und
- von B direkt Schmerzensgeld auf dem zivilrechtlichen Wege verlangen,

da B vorsätzlich („Spaßes halber" lässt darauf schließen, dass B damit rechnen musste, dass sich A bei einem Sturz auch verletzen kann) handelte und der Weg eine betriebliche Tätigkeit war. Hätte B fahrlässig gehandelt (B stößt A unabsichtlich um), hätte A nur Ansprüche gegen die Berufsgenossenschaft. Geschieht dieser „fahrlässige Unfall" zwischen A und B auf dem Heimweg von der Arbeit (Wegeunfall), greift wiederum die o.g. parallele Haftung von Berufsgenossenschaft und B.

Streit unter Kollegen

Für Schäden, die aus Streitigkeiten zwischen Arbeitnehmern eines Unternehmens resultieren, wird dann der Unfallversicherungsschutz gewährt, wenn der Streit betrieblich bedingt ist, also allein aus der Tätigkeit resultiert.[1)]

Beispiel:

Streiten sich zwei Arbeiter darum, wer das bessere Werkzeug verwenden darf, und schlagen sie sich um dieses, so besteht für daraus resultierende Verletzungen Versicherungsschutz, nicht dagegen, wenn sich die Zwistigkeit um private Belange, wie etwa den Verdacht des Ehebruchs, dreht. Diese Schäden sind auf dem Zivilrechtsweg zu verfolgen.

In einem Fall des Bayerischen Landessozialgerichts[2)] konnte ein Fuhrmann, der aufgrund einer Auseinandersetzung mit mehreren Konkurrenten wegen unlauteren Wettbewerbs von diesen verprügelt wurde, Versicherungsschutz bei der zuständigen Berufsgenossenschaft für sich in Anspruch neh-

1) BSG vom 30.10.1979 – 2 RU 60/79, SozR 2200 § 548 Nr. 48
2) Urteil vom 21.10.1998 – L 2 U 86/97, HVBG-Info 1999, 2728

men. Kommt es zu einem Streit, der in einer Schlägerei endet, kann derjenige, von dem diese ausgeht, wegen eigener Schäden keinen Unfallversicherungsschutz in Anspruch nehmen[1]. Arbeitnehmer sind auch auf dem Weg zur oder von der Arbeit bei tätlichen Angriffen durch Kollegen unfallversichert[2].

Vergewaltigung am Arbeitsplatz

Die Vergewaltigung am Arbeitsplatz ist ein schwerwiegender Eingriff in die Persönlichkeitsrechte der verletzten Person. Sie ist nach den oben genannten Grundsätzen als Arbeitsunfall zu qualifizieren und selbstverständlich eine Straftat. Diesen Schluss lässt eine Entscheidung des BSG zu, da zwar im entschiedenen Fall[3] Versicherungsschutz verneint wurde, aber nur deswegen, weil die Vergewaltigung nicht auf dem Betriebsgelände oder auf dem Weg von oder zur Arbeit stattgefunden hatte.

Mobbing

Schädigende Auseinandersetzungen am Arbeitsplatz müssen nicht nur solche sein, bei denen es zu körperlichen Tätlichkeiten kommt. Immer stärker thematisiert wird das sogenannte „Mobbing", das zu massiven seelischen, aber auch körperlichen „Verletzungen" des geschädigten Arbeitnehmers führen kann. Bei Mobbing handelt es sich um schikanöses, tyrannisierendes, ausgrenzendes Verhalten oder auch Psychoterror am Arbeitsplatz. Dieses umfasst nicht nur vereinzelt auftretende, alltägliche Konfliktsituationen zwischen Arbeitnehmern bzw. Arbeitnehmern und Vorgesetzten, sondern auch Situationen, die – gemessen an der Intensität, Schwere oder Systematik der Einwirkung – über den alltäglichen, beruflichen Ärger hinausgehen.[4] Da es bei Mobbing nicht um eine „plötzliche" Einwirkung geht, sondern diese regelmäßig über einen längeren Zeitraum erfolgt, sind Folgen dieser Einwirkungen unter dem Gesichtspunkt der Anerkennung als Berufskrankheit zu untersuchen.

Gesundheitsschäden als Folge des Unfalls

Folge des Unfalls muss ein Gesundheitsschaden („echter Körperschaden") oder ein gleichgestellter Schaden („unechter

[1] LSG Baden-Württemberg vom 22.11.2017 – L 1 U 1504/17, FD-ArbR 2017, 399944
[2] LSG Baden-Württemberg vom 22.11.2017 – L 1 U 1277/17, FD-ArbR 2017, 399944
[3] BSG vom 28.6.2001 – B 2 U 25/00 R, NZS 2002, 98
[4] KITTNER/ZWANZIGER/BECKER, Arbeitsrecht, § 73 Rn. 80

Körperschaden") sein, wobei der Unfall ausschlaggebende Ursache für den Schaden sein muss.

e) Gesundheitsschäden und gleichgestellte Schäden

Begriff

Gesundheitsschäden sind alle regelwidrigen körperlichen, geistigen und seelischen Zustände sowie der Tod. Gleichgestellte Schäden sind nach § 8 Abs. 3 SGB VII solche an Körperersatzstücken oder orthopädischen Hilfsmitteln. Auch ein Verlust dieser Hilfsmittel wird als unechter Körperschaden angesehen.

Beispiel:

A, der in einem Labor tätig ist, muss mit stark übelriechenden Flüssigkeiten arbeiten, was dazu führt, dass er sich übergeben muss. Dabei verliert A sein Gebiss in der Toilette.

Gesundheitsschäden müssen nicht unmittelbar nach dem Unfall festgestellt werden. Sie können auch dann noch als Folge eines Arbeitsunfalls anerkannt werden, wenn die Gesundheitsschädigung erst später auftritt (z.B. Feststellung einer behandlungsbedürftigen Knieverletzung erst Monate nach dem ursprünglichen Unfall in einem anderen Zusammenhang[1]). In diesem Fall kann es aber zu erheblichen Beweisproblemen kommen.

Tipp:

Bei einem Unfall am Arbeitsplatz ist stets anzuraten, diesen dokumentieren zu lassen und auch eine – wenngleich möglicherweise im ersten Augenblick – befundlose ärztliche Untersuchung durchführen zu lassen, um Beweisproblemen entgegenzutreten.

Auch Gesundheitsschädigungen, die entstehen, wenn die Folgen eines Arbeitsunfalles behandelt werden (mittelbare Unfallfolgen) sind Gesundheitsschäden, die kausal auf den Arbeitsunfall zurückzuführen sind[2].

---

1) LSG Bayern vom 22.11.2018 – L 2 U 18/16, FD-SozVR 2019, 414839

2) LSG Hessen vom 20.3.2017 – L 9 U 108/12, FD-SozVR 2017, 389168

Reine Schmerzen werden von der Rechtsprechung nicht als Gesundheitsschaden anerkannt[1], selbst wenn diese als solche behandlungsbedürftig sind.

Auch seelische Schäden können ein Gesundheitsschaden sein. Die sog. Posttraumatische Belastungsstörung (PTBS) ist als Gesundheitsschädigung nach einem Arbeitsunfall von der Rechtsprechung anerkannt worden[2]. Die PTBS tritt in der Regel innerhalb eines halben Jahres nach dem traumatischen Ereignis auf und geht mit unterschiedlichen psychischen und psychosomatischen Symptomen einher[3].

Gesundheitsschäden an einem Körperteil können auch mehrfach entstehen. Wird z.B. ein Kniegelenk durch einen Arbeitsunfall geschädigt und erfolgt später ein zweiter Arbeitsunfall, der ebenfalls dieses Knie betrifft, handelt es sich dabei um einen neu zu beurteilenden Gesundheitsschaden, nicht dagegen um eine Verschlimmerung (s.u.). Diese Schädigungen dürfen deswegen nicht zu einem „Gesamtgesundheitsschaden" addiert werden[4].

Ersatz von Brillen und Hörgeräten?

Brillen und Hörgeräte werden bei einer Beschädigung ebenfalls von den Trägern der gesetzlichen Unfallversicherung ersetzt.

Verschlimmerungsschaden

Als Gesundheitsschaden gilt auch der „Verschlimmerungsschaden", der dann anzunehmen ist, wenn ein bereits vorhandenes Leiden durch den Unfall verschlimmert oder ausgelöst worden ist („Anlassgeschehen"[5]). Es ist nicht erforderlich, dass das vorher vorhandene Leiden bereits bekannt oder gar diagnostiziert ist oder dass dieses Leiden auf eine betriebliche Verursachung zurückzuführen ist. Dabei ist zu beachten, dass bei einem Unfall, der auf ein bereits bestehendes Grundleiden einwirkt und dieses in eine geänderte Erscheinungsform bringt, das Grundleiden nicht als Unfallfolge anerkannt wird.

---

1) LSG Baden-Württemberg vom 29.1.2016 – L 8 U 977/15, FD-SozVR 2016, 380205

2) LSG Sachsen-Anhalt vom 26.9.2019 – L 6 U 32/16, FD-SozVR 2020, 426048; s. dazu Berufskrankheiten

3) https://de.wikipedia.org/wiki/Posttraumatische_Belastungsst%C3%B6rung

4) SG Berlin vom 3.5.2017 – S 115 U 449/15, FD-SozVR 2017, 392078

5) Hier bei einer Arthrose – LSG Baden-Württemberg – vom 30.6.2017 – L 8 U 2553/15; LSG Baden-Württemberg vom 28.1.2015 – L 6 U 4801/12, NZS 2015, 350

Hier wird der Gesamtgesundheitsschaden, der aus Grundleiden und Verschlimmerung besteht, in die für die Bewertung relevanten Einzelteile zerlegt und nur der durch den Unfall bedingte Teil ist für den Eintritt der Unfallversicherung ausschlaggebend.[1]

Beispiel:

A leidet an einer inaktiven Tbc, die durch eine Brustkorbverletzung, die er sich am Arbeitsplatz zuzieht, wieder ausbricht.

Hier ist der Versicherungsfall („Brustkorbverletzung am Arbeitsplatz") rechtlich relevante Ursache des Gesamtgesundheitsschadens („wieder aktivierte Tbc"). Bei der Beurteilung des Gesamtzustands des verschlimmerten Leidens sind jedoch nur die Umstände mit einzubeziehen, die berufsbedingt waren. Das kann in der Praxis zu ausgesprochen schwierigen Abgrenzungsfällen führen,[2] die unter Umständen auch im Rahmen der „Gelegenheitsursache" (siehe unten b) ausschlaggebend sein könnten.

f) Ursachenzusammenhang und Gelegenheitsursache

Wie bereits festgestellt wurde, muss der Unfall die ausschlaggebende Ursache gewesen sein, die zu dem Gesundheitsschaden geführt hat. Man spricht von „Kausalität" und meint damit, dass der Unfall nicht hinweg gedacht werden kann, ohne dass die Schädigung der Gesundheit entfällt.

Beispiel:

A wird am Arbeitsplatz von einem herabfallenden Bauteil getroffen und verletzt.

Hier sind Ursache (herabfallendes Bauteil) und Wirkung (Verletzung) und der entsprechende Ursachenzusammenhang (Verletzung durch herabfallendes Bauteil) offenkundig.

Gelegenheitsursachen

Problematischer liegt der Fall bei den sogenannten „Gelegenheitsursachen".

---

1) BEREITER-HAHN/MEHRTENS, § 8 SGB VII Rn. 9.11 m.w.Nw.

2) so auch KassKomm-Ricke, vor § 26 SGB VII Rn. 4

Beispiel:

A hebt bei der Arbeit eine schwere Kiste hoch, was sonst nicht zu seinem Aufgabenbereich gehört. Dabei kommt es zu einem Bandscheibenvorfall, der nachfolgend operativ behoben werden muss. Bei den entsprechenden ärztlichen Untersuchungen stellt sich heraus, dass die betroffene Bandscheibe des A durch eine altersbedingte Degeneration bereits vorgeschädigt war. Die zuständige Berufsgenossenschaft lehnt eine Übernahme der Behandlungskosten mit der Begründung ab, das Heben der Kiste wäre eine „Gelegenheitsursache" gewesen, also ein rechtlich unerhebliches äußeres Ereignis.

Kriterien der Rechtsprechung

Die Rechtsprechung[1] beurteilt das Vorliegen einer Gelegenheitsursache nach folgenden Gesichtspunkten: Sie ist dann anzunehmen, wenn der Schaden wahrscheinlich auch

- etwa zur selben Zeit,
- etwa im selben Umfang,
- spontan (d.h. ohne weiteres äußeres Ereignis) oder
- unter alltäglicher Belastung

eingetreten wäre. In diesem Falle wird eine Absicherung des erlittenen Schadens aus der gesetzlichen Unfallversicherung abgelehnt.

Beispiel:

Zieht A aus dem vorherigen Beispiel sich den Bandscheibenvorfall während eines Spaziergangs (spontan, ohne weiteres äußeres Ereignis) oder unter einer alltäglichen Belastung (Anheben einer Mineralwasserkiste im Getränkemarkt) zu, so liegt eine alltägliche Belastung vor. Hier ist in einem medizinischen Gutachten festzustellen, ob die Wahrscheinlichkeit, dass A sich beim Anheben der Kiste in der Arbeit einen Bandscheibenvorfall zuzieht, genauso groß ist, wie diejenige, dass der Bandscheibenvorfall während einer alltäglichen Belastung auftritt.

Praxistipp:

Häufig kommt es in solchen Fällen zu Abgrenzungsproblemen. Deshalb empfiehlt sich die Heranziehung sachkundiger Spezialisten als Gutachter. Man sollte zunächst

[1] z.B. BSG vom 27.10.1987 – 2 RU 35/87, BSGE 62, 220

einen Fachanwalt für Sozialrecht zu Rate ziehen. Dieser kann auch einen Gutachter benennen und beauftragen, bevor es zu einer sozialgerichtlichen Auseinandersetzung kommt. Auf diese Weise kann das sozialgerichtliche Klagebegehren bereits mit einem interessengerechten Gutachten begleitet werden, was eine Begutachtung im sozialgerichtlichen Verfahren (bei dem die Einflussnahme auf die Benennung des Gutachters durch die Parteien nicht immer gegeben ist) unter Umständen erspart.

Nach der Rechtsprechung des BSG muss nur die tatsächliche Ursache erforscht werden. Es müssen alle Ursachen ergründet und abgewogen werden. Die Sozial- und Landessozialgerichte prüfen vor allem, inwieweit körperliche Vorschädigungen (z.B. angeschlagene Bandscheiben, Meniskusvorschäden usw.) das Einwirken einer Gelegenheitsursache geradezu herausgefordert haben.

Beim Vorliegen einer Gelegenheitsursache wird die Körperverletzung durch den Unfall nicht als ausschlaggebende Ursache der Gesundheitsbeschädigung angesehen. Im vorgenannten Beispiel war damit Ursache der Bandscheibenschädigung also nicht das Heben der Kiste in der Arbeit, sondern die bereits vorhandene Vorschädigung der Bandscheibe. Mangels Ursachenzusammenhang zwischen Tätigkeit und Schaden handelt es sich nicht um einen Arbeitsunfall. Ein äußeres Ereignis, das einer alltäglichen Belastung entspricht, ist bei einem mitwirkenden Vorschaden danach immer eine Gelegenheitsursache und begründet deswegen nie einen Arbeitsunfall. Kein alltägliches Ereignis ist z.B. ein Stromschlag, den ein Arbeitnehmer bei der Reinigung eines Metallregals erleidet und der letztlich zu einer tödlichen Herzschädigung führt[1].

Alltägliche Belastungen

Belastungen sind alltäglich, wenn sie altersüblich regelmäßig vorkommen, wenn auch nicht jeden Tag. Nicht alltäglich waren nach der Rechtsprechung zweier Landessozialgerichte

- das Tragen eines 40 kg schweren Sackes über eine Strecke von 40 m und
- das Ziehen eines widerspenstigen Bullen zum Transportfahrzeug durch drei Personen über 1,5 Stunden hinweg.[2]

[1] LSG Berlin vom 18.2.2016 – L 3 U 162/13, FD-SozVR 2016, 380203

[2] KassKomm-Ricke, § 8 SGB VII Rn. 27 m.w.Nw.

Die Rechtsprechung kann aber auch dann eine Gelegenheitsursache annehmen, wenn der Schaden bei einer nicht alltäglichen Belastung auftritt. In diesem Fall darf jedoch nicht ausgeschlossen sein, dass der Schaden eben auch bei einer alltäglichen Belastung aufgetreten wäre.

Beispiel:

A leidet an einer fortgeschrittenen Verkalkung der Herzkranzgefäße (Koronarsklerose). Eines Tages kommt es an seinem Arbeitsplatz zu einer Explosion, auf Grund derer er einen Schock erleidet, der zu einem tödlichen Herzinfarkt führt.

Die Explosion und der darauf folgende Schock sind sicher eine nicht alltägliche Belastung. Die weit fortgeschrittene Koronarsklerose lässt jedoch die Vermutung zu, dass in einem vertretbaren zeitlichen Rahmen („etwa zur selben Zeit") mit einem Schaden von „etwa dem selben Umfang", einem Herzinfarkt also, auch ohne die betriebliche Veranlassung (die Explosion) zu rechnen war.

g) Vorgetäuschter Arbeitsunfall

Das Vortäuschen eines Arbeitsunfalls kann die Kündigung des Arbeitsverhältnisses nach sich ziehen. Behauptet also ein Arbeitnehmer, er habe einen Arbeitsunfall erlitten und könne deswegen seine Tätigkeit nicht fortsetzen, und stellt sich dieses als unwahr heraus, hat der Arbeitgeber die Möglichkeit, wegen eines eklatanten Vertrauensbruchs das Arbeitsverhältnis zu kündigen. Allerdings handelt es sich hier um eine sogenannte „verhaltensbedingte Kündigung", so dass in der Regel zuvor eine Abmahnung erforderlich ist. Eine außerordentliche („fristlose") Kündigung wird man in aller Regel nicht aussprechen können, es sei denn, es liegt ein schwerwiegender Vertrauensschaden vor[1].

h) Tod als Folge des Arbeitsunfalls

Arbeitsunfälle können gesundheitliche Schädigungen bis hin zum Tod auslösen. Dabei ist es unerheblich, ob der Todes-

[1] Bejaht vom ArbG Frankfurt a.M., https://www.handelsblatt.com/archiv/urteil-des-arbeitsgerichts-frankfurt-vortaeuschen-eines-arbeitsunfalls-rechtfertigt-fristlose-kuendigung/2078548.html?, abgelehnt vom ArbG Fulda, https://www.rechtsanwalt-arbeitsrecht-hamburg.eu/vorgetaeuschter-arbeitsunfall/

fall sofort eintritt oder infolge einer aussichtlosen ärztlichen Behandlung später. Verstirbt der Versicherte im unmittelbaren zeitlichen Zusammenhang mit dem Unfall, können sich Beweisprobleme ergeben, weil er selbst nicht mehr befragt werden kann. In diesem Fall erkennt die Rechtsprechung Beweiserleichterungen an, z.B. der reinen Feststellung tatsächlicher Umstände.[1]

Auch der Tod durch Selbstmord kann Folge des Arbeitsunfalls sein. Dabei ist es für den Ursachenzusammenhang ausreichend, dass die Folgen des Arbeitsunfalls den Entschluss zum Selbstmord wesentlich mitbestimmt haben[2]. Bei der Frage, ob die Folgen eines Arbeitsunfalles kausal für die Selbsttötung im Sinne einer wesentlichen Mitbedingung waren, ist dabei nicht auf die Reaktionsweise eines „normalen" Versicherten abzustellen, sondern darauf, wie der Betroffene individuell auf die Folgen des Arbeitsunfalls reagiert hat[3]. Insgesamt ist die Berufsgenossenschaft beweispflichtig dafür, dass ein Selbstmord vorlag, die Hinterbliebenen sind nicht dazu verpflichtet, das Gegenteil zu beweisen[4].

■ Unfälle mit Arbeitsgerät

§ 8 Abs. 2 Nr. 5 SGB VII regelt den besonderen Fall, dass sich ein Unfall mit Arbeitsgerät ereignet, welches vom Verletzten verwahrt, befördert, instandgehalten oder erneuert wird. Die praktische Relevanz dieser Vorschrift liegt vor allem darin, dass Versicherungsschutz auch dann gewährt wird, wenn eine der genannten Tätigkeiten zu Hause ausgeübt wird.

Begriff

Arbeitsgerät ist jeder Gegenstand, der als Mittel zur Erledigung der versicherten Tätigkeit geeignet ist und genutzt wird. Ob es sich bei dem Arbeitsgerät um im Eigentum des Arbeitgebers oder des Arbeitnehmers oder auch Dritter stehender Sachen handelt, ist unerheblich. Es ist also möglich, dass sich ein Arbeitnehmer beim Hantieren mit Arbeitsgerät verletzt, von dem der Arbeitgeber gar nicht weiß, dass der Arbeitnehmer es verwendet.

1) LSG Baden-Württemberg vom 11.5.2015 – L 1 U 2542/14, BeckRS 2015, 68483
2) BSG vom 8.12.1998 – B 2 U 1/98 R, NZA 1999, 532
3) LSG Baden-Württemberg vom 19.3.2013 – L 9 U 3957/09, FD-SozVR 2013, 347402
4) LSG Bayern vom 20.1.2015 – L 3 U 365/14, FD-SozVR 2015, 367988

Die o.g. weiteren Prinzipien zum Arbeitsunfall gelten auch hier. So sind hier z.B. auch die Regeln zur „eigenwirtschaftlichen Tätigkeit" zu beachten.

Beispiel:

Dem Vertreter A wird ein Firmenwagen zur Verfügung gestellt. Fährt er mit diesem zu einer Spazierfahrt, so ist die Tätigkeit ausschließlich privat veranlasst und damit eigenwirtschaftlich.

4.3 Der Wegeunfall

In der gesetzlichen Unfallversicherung werden auch die Wege abgesichert, die mit der versicherten Tätigkeit verbunden sind. Während sich die Zahl der Arbeitsunfälle aufgrund präventiver Maßnahmen in den letzten Jahren sehr deutlich absenken ließ, hat die Zahl der Wegeunfälle im Vergleich über die letzten 20 Jahre weiter zugenommen. Damit sind Wegeunfälle ein wichtiges Thema für den Arbeitsschutz (siehe dazu oben) und für die Unfallversicherungsträger, die mit einer stabil hoch bleibenden Zahl solcher Unfälle konfrontiert werden.

§ 8 Abs. 2 Nrn. 1 bis 4 SGB VII sieht den entsprechenden Schutz für Wegeunfälle vor. Zu klären ist immer,

- was unter dem Begriff „Weg" zu verstehen ist,
- wo er beginnt und endet,
- wann in zulässiger Weise vom Weg abgewichen oder
- wann er in zulässiger Weise unterbrochen werden darf.

Auch beim Wegeunfall gelten die bereits erläuterten Ursachenzusammenhänge (siehe oben):

Auf dem Weg zur oder von der Arbeit → **Unfall** → Schaden

Die Begriffe „Unfall" und „Schaden" wurden im Rahmen des Arbeitsunfalls bereits erläutert. Für den Wegeunfall gelten diese Erläuterungen ebenso.

■ Der Begriff „Weg"

- Wege, die mit der Arbeit im direkten Zusammenhang stehen (alle Wege, die im Rahmen der versicherten Tätigkeit vorzunehmen sind, sogenannte „**Betriebswege**") und

- Wege, die nach § 8 Abs. 2 Nr. 5 SGB VII mit Arbeitsgerät in Verbindung stehen,

sind bereits als Arbeitsunfälle im Sinne des § 8 Abs. 1 oder Abs. 2 Nr. 5 SGB VII versichert. Werden z.B. Bauarbeiter, die mit einem Sammeltransport zu einer Baustelle gefahren werden, auf diesem Weg verletzt, so handelt es sich nicht um einen Wegeunfall, sondern um einen Arbeitsunfall.[1] Diese rechtliche Einordnung hat für den betroffenen Fahrer des Transports den Vorteil, dass er von einer direkten Haftung gegenüber den mitfahrenden Kollegen freigestellt ist, soweit er den Unfall nicht vorsätzlich oder grob fahrlässig verursacht und sich diese schuldhafte Verhaltensweise ausdrücklich auf die Schädigung der mitfahrenden Kollegen bezogen hat.

Von der Vorschrift des § 8 Abs. 2 Nrn. 1 bis 4 SGB VII werden zudem alle Wege erfasst, die nicht bereits nach den o.g. Vorschriften versichert sind.

„Unmittelbarer" Weg

Der Weg muss mit der versicherten Tätigkeit in Zusammenhang stehen. Dabei muss es sich nach der Formulierung des § 8 Abs. 2 Nr. 1 SGB VII um den unmittelbaren Weg handeln. Es sind also nicht alle Wege versichert, sondern nur diejenigen

- auf dem Weg von und zur Arbeit und
- bestimmte definierte Abweichungen und Umwege.

Es ist nicht nur der Weg versichert, den der Arbeitnehmer zurücklegt, um zu Beginn der Arbeit in den Betrieb zu kommen bzw. an deren Ende wieder nach Hause, sondern auch weitere Wege dazwischen.

Weg = Fortbewegung

Mit dem Begriff „Weg" ist die Fortbewegung als solche gemeint. Auf dem Weg sind alle Tätigkeiten versichert, die erforderlich sind, um diesen zurückzulegen. Dabei kommt es nicht auf die Art des Verkehrsmittels an, solange die Fortbewegung nicht mit einem besonders gefährlichen Gefährt erledigt wird. Fortbewegungsmittel können also z.B. auch Rollschuhe sein. Der Versicherte ist im Übrigen nicht verpflichtet, den kürzesten Weg zu wählen;[2] trotzdem muss er den direkten und mög-

---

1) LAG Hamm vom 2.6.2009 – 5 Sa 41/09, BeckRS 2009, 67518

2) BSG vom 11.9.2001 – B 2 U 34/00 R, NZS 2002, 161

lichst unmittelbaren Weg nehmen. Ein Umweg ist z.B. auch dann zulässig, wenn dieser verwendet wird, um schneller voranzukommen.

Zum Weg gehören nach der Rechtsprechung auch das Warten an der Haltestelle, die Vornahme von Sicherungsmaßnahmen nach einer Panne, die Befreiung des Fahrzeugs von Eis und Schnee bei Fahrtantritt oder das notwendige Aufsuchen einer Toilette am Weg.[1)]

Tanken auf dem Weg

Nicht versichert ist das Anbringen einer Frostschutzmatte am Fahrzeug bevor der Weg zur Arbeit zu Fuß fortgesetzt wird.[2)] Ob das Tanken auf dem Weg von oder zur Arbeit als Teil des Weges und damit als unfallversichert anzusehen ist, war seit Jahren in der Rechtsprechung umstritten und hat zu einer Vielzahl divergierender Entscheidungen geführt[3)]. Das BSG hat diese Auseinandersetzungen nun beendet und das Tanken auf dem Weg von und zur Arbeit als unversichert bewertet[4)].

Fahrzeugreparatur auf dem Weg

Bei Reparaturen an Fahrzeugen auf dem Weg zur oder von der Arbeit sind folgende Grundsätze zu beachten, unter denen der Versicherungsschutz bejaht wird:[5)]

- Die Wegeunterbrechung darf nur geringfügig sein,
- die Fortsetzung des Wegs mit anderen Verkehrsmitteln oder dem defekten Fahrzeug muss unzumutbar sein (z.B. weil dort keine öffentlichen Verkehrsmittel fahren oder man zu lange auf diese warten müsste oder eine Beschädigung am Fahrzeug behoben werden muss, um einen weitergehenden Schaden am Fahrzeug dadurch zu vermeiden) und
- der Schaden muss gerade unterwegs eingetreten sein.

In diesen Fällen ist die Selbstreparatur des Fahrzeugs wie ein Wegeunfall versichert; Wegeabweichungen sind zulässig, um z.B. eine Werkstatt aufzusuchen oder um in einer ruhigen Seitenstraße eine Probefahrt durchzuführen.[6)]

---

1) KassKomm-Ricke, § 8 SGB VII Rn. 217 m.w.Nw.
2) LSG Sachsen-Anhalt vom 14.12.2022 – L 6 U 61/20, BeckRS 2022, 41352
3) Grundsätzlich dazu KassKomm/Ricke, § 8 SGB VII, Rn. 218
4) BSG vom 30.1.2020 – B 2 U 9/18 R, FD-SozVR 2020, 430615
5) BSG vom 30.1.1985 – 2 RU 59/83, SozR 2200 § 548 Nr. 67
6) BSG vom 28.2.1962 – 2 RU 178/60, NJW 1962, 1270

Unfall auf dem Weg

Der Versicherte muss auf dem Weg einem Unfall erliegen, dem er gerade aufgrund der Zurücklegung des Wegs ausgesetzt war. Hierbei geht die Rechtsprechung recht weit. Neben den üblichen Gefahren, wie Verkehrsunfälle, Stolpern, Ausrutschen auf Glatteis[1], Überfälle auf dem Weg, Angriffe durch einen fremden Hund (nicht aber Verletzungen durch den eigenen Hund, da die Mitführung in der Regel nicht als notwendig angesehen wird),[2] sind auch ungewöhnliche Handlungen versichert.

Beispiel:

A ist auf dem Weg zur Arbeit mit seinem PKW unterwegs. Während der Fahrt wird er von B geschnitten. An der nächsten Ampel stellt A den B zur Rede. Dabei kommt es zu einer tätlichen Auseinandersetzung, in deren Verlauf B dem A das Nasenbein bricht. B kann unerkannt entkommen. Die zuständige Berufsgenossenschaft verweigert eine Kostenübernahme mit der Begründung, es liege eine selbst geschaffene Gefahr vor, die Verletzung von A sei kein typisches Wegerisiko[3].

Das BSG[4] sieht dagegen hier einen Haftungsfall, während z.B. die Verfolgung eines flüchtigen Unfallgegners mit einer damit verbundenen Schädigung des Verfolgers kein Versicherungsfall sein soll.[5] Nicht versichert ist auch das Schlagen nach einem anderen Verkehrsteilnehmer[6].

Verletzung von Rechtsvorschriften

Für den Unfallversicherungsschutz auf dem Weg kommt es nicht darauf an, ob sich der Versicherte auf diesem Weg an Rechtsvorschriften hält oder nicht. Es kann also vom Versicherungsträger bei einem Unfall nicht eingewendet werden, dass der Versicherungsschutz aufgehoben sei, weil der Versicherte gegen Vorschriften der Straßenverkehrsordnung verstoßen habe. Das BSG

---

1) Nach der Rechtsprechung des BSG allerdings nicht beim Testen, ob es glatt ist, Urteil vom 23.1.2018 – B 2 U 3/16 R, BeckRS 2018, 5330

2) BSG vom 27.6.1969 – 2 RU 289/67, NJW 1970, 77; Ausnahme: Der Hund wird zum eigenen Schutz mitgeführt, BSGE vom 27.10.1987 – 2 RU 31/87, SozSich 1988, 222

3) LSG Baden-Württemberg vom 12.12.2019 – L 10 U 891/19, NZS 2020, 155

4) BSG vom 4.11.1981 – 2 RU 51/80, SozR 2200 § 500 Nr. 48

5) BSG vom 27.3.1990 – 2 RU 36/89, NZA 1990, 830

6) LSG Baden-Württemberg vom 11.5.2015 – L 1 U 3243/14, FD-SozVR 2015, 370861

hat z.B. entschieden,[1] dass ein Motorradfahrer, der auf dem Weg zur Meisterprüfung beim verkehrsgefährdenden Schneiden einer Kurve (Verstoß gegen § 315 c Abs. 1 Nr. 2, Abs. 3 Nr. 2 StGB) einen Unfall erleidet, trotzdem unter Versicherungsschutz steht. Die Grenze dieses Versicherungsschutzes wird jedoch – wie beim Arbeitsunfall – dort zu ziehen sein, wo es zu einer massiven Selbstgefährdung kommt (selbst geschaffene Gefahr). Das ist dann anzunehmen, wenn ein Unfall darauf zurückzuführen ist, dass er mit Selbstmordabsichten herbeigeführt wurde.

Auch der Heimweg eines Arbeitnehmers im Vollrausch ist nicht versichert.[2]

Bei alkoholbedingten Wegeunfällen ist die den Versicherungsschutz ausschließende Fahruntüchtigkeit durch den Versicherungsträger nachzuweisen. Liegt z.B. nur eine relative Fahruntüchtigkeit vor (im entschiedenen Fall lag die BAK bei 0,93 bzw. 0,95 Promille) und könnte der Unfall auch auf eine – arbeitsbedingte – Übermüdung zurückzuführen sein, muss die Berufsgenossenschaft nachweisen, dass eine Fahruntüchtigkeit aufgrund Alkohols gegeben war[3].

Begeht der Arbeitnehmer auf dem Weg eine mit dem Weg im Zusammenhang stehende Straftat, so kann dies dazu führen, dass der Unfall zwar als Wegeunfall von der Berufsgenossenschaft anzuerkennen ist, diese aber berechtigt ist, Teile der – eigentlich zu gewährenden – Leistung einzubehalten.

Beispiel:

Ein Arbeitnehmer überholt auf der Fahrt zur Arbeit vor einer Bergkuppe eine Fahrzeugkolonne, ohne den Gegenverkehr einsehen zu können. Dabei kollidiert er frontal mit einem anderen Auto und wird schwer verletzt. Nach der Rechtsprechung des BSG liegt zwar ein Arbeitsunfall vor,[4] die Berufsgenossenschaft sei aber berechtigt, Teile der möglichen Leistung, hier eine Unfallrente, einzubehalten.[5]

---

1) BSG vom 19.12.2000 – B 2 U 45/99, NZS 2002, 47; BSG vom 4.6.2002 – B 2 U 11/01 R, NZS 2003, 46 für den Fall eines grob verkehrswidrigen Überholens

2) BSG vom 17.2.1998 – B 2 U 2/97 R, BB 1998, 2319

3) LSG Bayern vom 14.12.2011 – L 2 U 566/10, BeckRS 2012, 65820; LSG Schleswig-Holstein vom 16.3.2016 – L 8 U 71/12, FD-SozVR 2016, 380487

4) BSG vom 4.6.2002 – B 2 U 11/01 R, NJW 2002, 3275

5) BSG vom 18.3.2008 – B 2 U 1/07 R, BeckRS 2008, 55178

Wegeunfälle sind nur dann versichert, wenn sie auf dem Weg von der Wohnung zur Arbeit oder auf dem Rückweg geschehen. Der Versicherungsschutz kann jedoch verfallen, wenn der Arbeitnehmer sich ein paar Stunden vor der üblichen Zeit auf den Weg macht, um noch Besorgungen zu erledigen[1]. Der Arbeitnehmer, der den Arbeitsplatz verlässt, um private Erledigungen vorzunehmen, verlässt hierbei den versicherten Weg.

Beispiel:

A ist wie üblich morgens mit dem Auto zur Arbeit gefahren. Am Vormittag lässt er sich von seinem Vorgesetzten für eine Stunde frei geben, um ein dringendes privates Bankgeschäft zu erledigen. Er fährt mit seinem Auto zur Bank und verunglückt auf der Rückfahrt von der Bank zur Firma.

In diesem Fall liegt kein versicherter Wegeunfall vor, da sich A auf einem rein eigenwirtschaftlichen Weg befand.[2] Anders liegt der Fall selbstverständlich dann, wenn A eine längere Mittagspause dazu nutzt, nach Hause zu fahren, und auf dem erneuten Hinweg zur Firma verunglückt. Hier besteht Versicherungsschutz.

Verlässt der Arbeitnehmer den Arbeitsplatz für eine private Verrichtung und wird unterwegs an den Arbeitsplatz zurückgerufen, wird aus dem ursprünglich unversicherten Weg ein versicherter Weg[3].

■ Beginn und Ende des Weges

Beginn des Weges

Der Weg zur Arbeit beginnt mit dem Verlassen des sogenannten „häuslichen Wirkungskreises", d.h. mit dem Verlassen der Außenhaustür, womit z.B. ein Unfall im Treppenhaus eines Mehrfamilienhauses nicht von der gesetzlichen Unfallversicherung versichert ist.[4] In diesem Fall wäre aber natürlich in Erwägung zu ziehen, ob – wenn es sich um eine gemietete

---

1) LSG Baden-Württemberg vom 29.6.2018 – L 8 U 4324/16, FD-SozVR 2018, 407470

2) LSG Schleswig-Holstein vom 31.8.2000 – L 5 U 26/00, NZS 2001, 272; LSG Bayern vom 13.5.2015 – L 2 U 128/13, FD-SozVR 2015, 373220

3) LSG Bayern vom 6.5.2015 – L 2 U 128/13, NZS 2015, 714

4) LSG Schleswig-Holstein vom 2.6.1999 – L 5 U 193/98, NZS 1999, 511

Wohnung handelt – nicht der Eigentümer des Wohnhauses verantwortlich gemacht werden kann, wenn dieser etwa die Verkehrssicherungspflichten missachtet hat, indem er vor frisch gewachsten Böden nicht gewarnt hat.

Muss der Versicherte nach Verlassen des eigenen Hauses seinen Weg noch ein Stück auf seinem eigenen Grundstück fortsetzen, so ist er dort bereits versichert, da die Außenhaustür hinter ihm liegt.

Problematisch ist das Aufsuchen der Garage. Ist diese mit dem Haus verbunden und wird sie vom Haus aus betreten, beginnt der Versicherungsschutz erst mit dem Verlassen der Garage (dann ist das Garagentor die Außenhaustür). Verlässt der Versicherte das Haus, um eine mit dem Haus verbundene Garage von außen zu betreten (obwohl er diese von innen betreten könnte), ist der Weg vom Haus zur Garage nicht versichert. Im Gegensatz dazu ist der Weg von der Haustür zur Garage versichert, wenn die Garage nicht vom Haus aus betreten werden kann. Wege innerhalb der Garage, wo immer diese auch steht (mit dem Haus verbunden oder nicht), sind nie versichert.

Verlässt der Arbeitnehmer sein Auto, um das Hoftor zu schließen, ist er dabei versichert[1], nicht aber, wenn er von seinem Grundstück auf die Straße tritt, um die Straße auf Glätte zu prüfen und dabei ausrutscht[2].

Es muss nicht der kürzeste und auch nicht der schnellstmögliche Weg gewählt werden. Läuft der Arbeitnehmer z.B. nicht zur nahe liegenden Bushaltestelle, sondern zu einer weiter entfernt liegenden Haltestelle, so ist er auch auf diesem Weg versichert[3].

Ende des Wegs

Der Weg endet mit dem Erreichen des Betriebsgeländes. Wege vom Betriebstor zur Arbeitsstelle sind bereits Arbeitsunfälle.

Rückweg

Für den Rückweg gilt oben genanntes entsprechend. Der Weg beginnt mit dem Verlassen des Betriebsgeländes und endet an der Außentür der Wohnung des Versicherten.

---

1) LSG Hessen vom 2.2.2016 – L 3 U 108/15, BeckRS 2016, 66358

2) BSG, Urteil vom 23.1.2018 – B 2 U 3/16 R, BeckRS 2018, 5330

3) SG Heilbronn vom 23.7.2014 – S 13 U 4001/11, FD-SozVR 2014,362969

Beispiel:

A kommt von der Arbeit nach Hause und stellt auf dem Weg fest, dass er seinen Haustürschlüssel verloren hat. Er kehrt um, um den Schlüssel zu suchen, findet ihn aber nicht. Wäre er bei dieser Suche unfallversichert?

Da A seinen Schlüssel nun nicht gefunden hat, er aber trotzdem in seine Wohnung möchte, die im 1. Stock eines Mehrfamilienhauses mit Garten liegt, nimmt er eine Leiter zu Hilfe, die er im Garten findet, und betritt mit dieser seine Wohnung durch ein geöffnetes Fenster. Ist er dabei unfallversichert?

Notwendiger Weg

Nach der Rechtsprechung sind Wege von und nach der versicherten Tätigkeit, wie z.B. das Umkehren, ebenfalls versichert, wenn sie notwendig sind, um die Tätigkeit aufzunehmen oder wieder in den privaten Bereich zurückkehren zu können. A muss seinen Schlüssel finden, um in seine Wohnung zurückkehren zu können, die seinen privaten Bereich darstellt. Auch das Einsteigen mit einer Leiter in die eigene Wohnung ist versichert. Für das Verlassen der Wohnung über eine Leiter hatte auch das BSG Versicherungsschutz bejaht.[1)]

Zweck des Wegs

Ob der Weg von oder zur Arbeit vom Schutz der Gesetzlichen Unfallversicherung erfasst wird, hängt ausschließlich davon ab, ob dieser Weg überwiegend dazu dient, den Arbeitsplatz zu erreichen bzw. von der Arbeit aus wieder in den häuslichen Bereich zu gelangen. Werden überwiegend andere Ziele verfolgt, so ist der Weg nicht versichert.

■ Abweichungen vom Weg und Unterbrechungen des Wegs

Die Problematik des Wegeunfalls liegt vor allem dort, wo dieser Weg unterbrochen wird, um eine andere Tätigkeit auszuüben oder wo vom Weg abgewichen wird.

a) Abweichungen

Abweichen vom Weg

Wegeabweichungen sind eigenwirtschaftlich bedingte Abwege vom üblichen Weg zur oder von der Arbeitsstelle. Dabei

1) BSG vom 15.12.1959, BSGE 11, 156

ist zu beachten, dass dem Versicherten grundsätzlich der zu befahrende Weg nicht vorgeschrieben werden kann, er muss also nicht den kürzesten oder sichersten Weg wählen.[1] Auch irrtümliche Umwege sind ihm nicht anzulasten, selbst wenn dieses Verirren dem Versicherten bei gehöriger Sorgfaltswaltung nicht unterlaufen wäre.[2]

Beispiel:

Befindet sich A auf dem Heimweg von der Arbeit und verfährt sich, weil er im Zuge einer neu eingerichteten Umleitung einen erstmalig zu befahrenden Weg wählt, so steht er auch auf diesem Umweg unter Versicherungsschutz. Verfährt sich A auf der Heimfahrt jedoch deswegen, weil er durch ein intensives Gespräch vom Straßenverkehr abgelenkt ist, so liegt kein Versicherungsschutz vor.[3]

Grundregel: Jedes Abweichen vom Weg ist nicht mehr versichert, es sei denn, es gibt für die Abweichung einen Grund, der mit dem versicherten Weg zusammenhängt.

Bringt ein Arbeitnehmer sein Dienstmotorrad von der Werkstatt nach Hause, um von dort am nächsten Tag mit diesem seine (Verkehrsüberwachungs-)Tätigkeit wieder aufnehmen zu können, liegt keine versicherte Fahrt vor, da das eigenwirtschaftliche Interesse (einfacher am nächsten Tag die Arbeit aufnehmen zu können) an diesem Umweg überwiegt.[4]

Unversicherte Abweichungen

Unversicherte Abweichungen liegen vor, wenn dahinter ein eigenwirtschaftliches Motiv, z.B. eine private Erledigung, steht. Während dieser Abweichung ist der Versicherungsschutz aufgehoben; in dem Moment, in dem der Versicherte auf den ursprünglichen Weg zurückkehrt, lebt dieser Schutz wieder auf.

Die den Versicherungsschutz ausschließende Abweichung vom Weg beginnt konkret dann, wenn der Versicherte seinen Entschluss, vom Weg abzuweichen, in die Tat umsetzt. So reichte es aus, dass ein Motorradfahrer den Blinker zum Abbiegen auf einen nicht versicherten Umweg setzte, aber noch auf

---

1) s.o. SG Heilbronn, Fn. 167

2) BSG vom 24.3.1998 – B 2 U 4/97 R, NJW 1998, 3294

3) BSG vom 24.3.1998, a.a.O., Fn. 132

4) BSG vom 9.11.2010 – B 2 U 14/10 R, BeckRS 2011, 65536

der Fahrspur auf dem – versicherten – Heimweg verunglückte, um ihm den Versicherungsschutz zu nehmen[1]. Durch das Blinkersetzen hat sich nach Ansicht des Versicherungsträgers die Tendenz manifestiert, auf einen unversicherten Abweg abzubiegen, was bereits ausreichend sei, den Versicherungsschutz zu nehmen.

Beispiel:

A fährt von der Arbeit mit dem eigenen PKW heim. Er muss dazu lediglich der Bundesstraße 4 folgen. An diesem Tag verlässt er die B 4, um seine Cousine zu besuchen. Der Besuch dauert drei Stunden. Auf dem Rückweg von diesem Besuch zu seiner Wohnung kehrt er auf die B 4 zurück und verunglückt dort. Die Berufsgenossenschaft lehnt die Erstattung der Behandlungskosten ab, da mit dem Abweichen vom Weg eine „Lösung" von diesem verbunden gewesen sei.

Unterbrechung des Wegs: die 2-Stunden-Frist

Nach der Rechtsprechung löst sich der Versicherte von seinem Schutz auf versicherten Wegen, wenn er diese länger als zwei Stunden verlässt oder unterbricht. Hier liegt einer der seltenen Fälle vor, in denen – unabhängig von der Dauer des Wegs selbst – eine klare Frist (zwei Stunden) genannt wird, um dem Arbeitnehmer einen eindeutigen Anhaltspunkt zu geben.[2]

Aber auch hier gilt – keine Regel ohne Ausnahme: Die Frist von zwei Stunden kann verlängert werden, wenn der Versicherte sich zwar bemüht, den Weg vorher wieder aufzunehmen, daran aber aus Gründen, die nicht in seinem Herrschaftsbereich liegen, gehindert wird.[3] Diese Frist kann sich aber auch verkürzen, wenn sich der Versicherte offensichtlich von seinem Heimweg abgewandt hat, was z.B. bereits bei einem einstündigen Lokalbesuch angenommen werden kann.

Ausnahmsweise ist ein Überschreiten der Frist von zwei Stunden versichert, wenn der Versicherte alles ihm Zumutbare unternommen hat, um diese Frist einzuhalten.[4] Liegen mehrere kurzzeitige Unterbrechungen vor, so werden die Zeiträume addiert.

---

1) LSG Berlin-Brandenburg vom 3.11.2011 – L 3 U 7/09, BeckRS 2012, 65797

2) BSG vom 5.5.1998 – B 2 U 40/97 R, NZS 1998, 578

3) BSG vom 2.6.1959, SozR § 543 RVO a.F. Nr. 13

4) so auch KATER/LEUBE, § 8 SGB VII Rn. 191

Kurzfristige Unterbrechung

Handelt es sich nur um eine kurzfristige Unterbrechung, so liegt Versicherungsschutz für den dann wieder aufgenommenen Weg vor, nicht aber für die Tätigkeit während dieser Unterbrechung.

Beispiel:

A ist auf dem Weg zur Arbeit mit dem Fahrrad unterwegs. Auf dem Weg bekommt er starke Kopfschmerzen und hält an einer Apotheke, um sich Tabletten zu besorgen. Dabei stürzt er auf den Stufen der Apotheke.

A hat in diesem Fall nach der Rechtsprechung des BSG[1] Versicherungsschutz, obwohl der Einkauf der Tabletten eigentlich als eigenwirtschaftlich angesehen wird. Hierbei handelt es sich jedoch um eine Entscheidung, deren grundsätzlicher Charakter anzuzweifeln ist, da der Versicherungsschutz nur deswegen bejaht wurde, weil A die Tabletten aufgrund „plötzlich eintretender Kopfschmerzen" kaufte, um trotz dieser Kopfschmerzen arbeiten zu können. Hätte A die Tabletten auf dem Heimweg gekauft, um eine schmerzfreie Freizeit zu haben, wäre der Versicherungsschutz nicht anerkannt worden.

Der Einkauf an einem Kiosk, wie auch andere kurzfristige Unterbrechungen (z.B. Einkauf von Brötchen in einer Bäckerei usw.), ist eine Unterbrechung, die den Versicherungsschutz für den weiteren Weg zur Arbeit nicht aufzuheben vermag.[2] Der Besuch des Kiosks selbst ist in der Zeit nicht versichert, während der Arbeitnehmer sich in diesem befindet; er ist jedoch versichert, solange er sich im „öffentlichen Verkehrsraum" aufhält. Auch ein Unfall beim Geldabheben ist nicht versichert[3]. Weicht der Versicherte vom versicherten Weg ab, um einen Arzt zum Zwecke einer allgemeinen Untersuchung aufzusuchen, und nimmt dann den Weg wieder auf, ist dieser Weg nicht mehr versichert – selbst dann nicht, wenn der Arbeitgeber den Arbeitnehmer für die Untersuchung freigestellt hat[4].

[1] BSG vom 18.3.1997 – 2 RU 17/96, NZS 1997, 483

[2] PETRI u.a., § 8 SGB VII Rn. 58 m.w.Nw.

[3] SG Osnabrück vom 5.12.2013 – S 19 U 43/11, BeckRS 2014, 65680, s. dazu bereits BSG vom 17.10.1990 – 2 RU 38/90, NJW 191, 590

[4] LSG Bayern vom 7.5.2014 – L 2 U 180/13, BeckRS 2014, 72716

Beispiel:

A ist mit seinem PKW auf dem Weg zur Arbeit. Er hält kurz an und überquert zu Fuß die Straße, um in einem Kiosk Zigaretten zu holen. Rutscht er im Kiosk aus und verletzt sich, ist kein Unfallversicherungsschutz gegeben, wird er dagegen beim Überqueren der Straße verletzt, so liegt Versicherungsschutz vor, da er sich noch im „öffentlichen Verkehrsraum" befand.[1)]

Auch Unterbrechungen des Weges zum Lesen von SMS oder WhatsApp-Nachrichten können den Versicherungsschutz aufheben[2)].

Deutliche Unterbrechungen

Deutliche Unterbrechungen sind nicht mehr unfallversichert, wobei sich diese Deutlichkeit der Unterbrechung sowohl aus dem damit verbundenen Zeitaufwand als auch aus der Art der Tätigkeit ergeben kann.

Ein Arbeitnehmer, der seinen Heimweg unterbricht, um in einem Restaurant zu essen, dort ein dienstliches Telefonat führt und an mitgebrachten dienstlichen Unterlagen arbeitet, ist nach Ansicht des BSG auf dem anschließenden Weg nach Hause nicht mehr versichert, selbst wenn er dort ein Home-Office hat und weiter arbeiten will[3)].

Abwege

Von Abweichungen oder kurzfristigen Unterbrechungen unterscheidet man sogenannte **Abwege**, bei denen es sich um

- Wege aus privaten Gründen in entgegengesetzter Richtung,
- Wege über den häuslichen Bereich hinaus oder
- eine Abzweigung vom versicherten Weg handelt, ohne auf diesen zurückzukehren.

Diese Wege sind unversichert und zwar bereits ab dem ersten Schritt[4)] auf diesem Weg und bleiben es auch, wenn man von diesem Weg auf den versicherten Weg zurückgeht.

---

1) BSG vom 2.7.1996 – 2 RU 16/95, NZS 1997, 84

2) LSG Baden-Württemberg vom 19.9.2017 – L 9 U 764/16, BeckRS 2017, 142335; LSG Baden-Württemberg vom 16.8.2019 – L 12 U 2610/18, NZS 2020, 601

3) BSG vom 18.6.2013 – B 2 U 7/12 R, BeckRS 2013, 72278 – sehr kritisch dazu Brink, FD-SozVR 2013, 352985

4) BSG vom 19.3.1991 – 2 RU 45/90, NZA 1991, 825

Wege im Homeoffice

Wege im Homeoffice sind versichert, wenn diese zur ersten Aufnahme der Tätigkeit an den dortigen Arbeitsplatz zurückgelegt werden und wenn dieser nach der Arbeit wieder verlassen wird[1]. Auch im Homeoffice kann es versicherte Betriebswege geben, z.B. wenn Beschäftigte zur Haustür gehen, um dienstliche Post entgegen zu nehmen.

b) Gesetzlich vorgesehene Abweichungen

Zwei Abweichungen erkennt das Gesetz ausdrücklich als versicherten Weg an:

In Obhut bringen von Kindern

Nach **§ 8 Abs. 2 Nr. 2 (a) SGB VII** sind diejenigen versichert, die von dem unmittelbaren Weg zwischen Wohnung und Arbeit abweichen, um das Kind, das in ihrem Haushalt lebt, wegen ihrer oder der Berufstätigkeit des Ehegatten, in fremde Obhut zu geben. Diese Fahrt muss mit der Fahrt zur Arbeit verbunden sein. Bringt der Versicherte also z.B. sein Kind zuerst zum Kindergarten, fährt dann wieder nach Hause und von dort aus in die Arbeit, ist die Abweichung nicht versichert, der Weg in die Arbeit allerdings schon. Arbeitet einer der Ehegatten nicht, so ist dieser, bringt er das Kind in fremde Obhut, nicht versichert, das Kind selbst auf dem Weg in diese Obhut nach § 8 Abs. 2 Nr. 3 SGB VII jedoch schon.

Es gibt hier ebenfalls Einschränkungen durch die Rechtsprechung: Wird der Umweg erforderlich, um das Kind in Obhut zu bringen, befindet man sich aber nicht auf dem Weg in eine betriebliche Ausbildungsstätte, sondern z.B. auf dem Weg zu einer Weiterbildung oder zur Universität, wird der Versicherungsschutz verneint[2]. Nicht versichert sind auch Arbeitnehmer, die ihr Kind vom Homeoffice in eine Kita bringen[3].

Das in Obhut Bringen muss erforderlich sein, etwa weil das Kind sonst unbeaufsichtigt wäre. Nicht erforderlich hingegen ist es, dass das Kind regelmäßig in Obhut gebracht werden muss. Ist einer der Ehegatten zwar zu Hause, kann aber auf das

---

[1] BSG vom 08.12.2021 – B 2 U 4/21 R, BeckRS 2021; SG Schwerin vom 13.12.2022 – S 16 U 49/22; 39878; BeckRS 2022, 37222

[2] LSG Berlin-Brandenburg vom 3.5.2018 – L 3 U 156/16, FD-SozVR 2018, 411141

[3] SG Hannover vom 17.12.2015 – S 22 U 1/15, FD-SozVR 2016, 375574

Kind nicht aufpassen, weil er z.B. krank ist oder wegen Schichtarbeit seine Ruhe braucht, besteht Versicherungsschutz. Dieser Versicherungsschutz endet übrigens wieder an der Tür der Institution, in die das Kind in Obhut gegeben wird.

Dieser Schutz wurde nun ausdrücklich auf diejenigen erweitert, die aus dem Homeoffice heraus ihre Kinder in Obhut bringen (§ 8 Abs. 2 Nr. 2a SGB VII).

Fahrten im Rahmen einer Fahrgemeinschaft

Weiterhin sieht § 8 Abs. 2 Nr. 2 (b) SGB VII einen Versicherungsschutz auf Abwegen vor, wenn diese wegen einer Fahrgemeinschaft erforderlich sind. Diese muss keine „Dauereinrichtung" sein. Es reicht z.B. aus, wenn einmalig ein Kollege abgeholt wird.[1] Dies wird zwar dem energiepolitischen Hintergrund dieser Vorschrift nicht gerecht, jedoch kommt es maßgeblich auch nicht an auf

- das Motiv der Fahrgemeinschaft,
- die Zusammensetzung derselben (die z.B. auch nur aus Familienmitgliedern bestehen kann) und
- einen einheitlichen Arbeitgeber aller Teilnehmer an der Fahrgemeinschaft.

Versichert sind nach dieser Vorschrift alle Wege, die mit der Fahrgemeinschaft in Zusammenhang stehen, auch wenn diese durch die Fahrgemeinschaft für einzelne Teilnehmer wesentlich länger – und damit potenziell gefährlicher – werden.

Beispiel:

A ist Fahrer einer Fahrgemeinschaft und muss morgens einen längeren Umweg fahren, um B und C, die bei ihm mitfahren, aufzunehmen. Bereits auf der Fahrt zu B verunglückt er.

Hierbei handelt es sich bereits um einen Wegeunfall im Rahmen einer Fahrgemeinschaft, da nach der Rechtsprechung[2] alle mit der Fahrgemeinschaft verbundenen Wege dem Versicherungsschutz unterliegen, nicht aber unnötige Rückwege, z.B. wenn der Fahrer eigentlich bereits zuhause angekommen war[3].

1) BSG vom 28.7.1982 – 2 RU 49/81, BSGE 54, 46

2) LSG Baden-Württemberg vom 22.11.2001 – L 10 U 25/01, BeckRS 2009, 59036

3) LSG Sachsen-Anhalt vom 7.4.2015 – L 6 U 11/15 B, FD-SozVR 2015, 374362

Die abweichende Familienwohnung

§ 8 Abs. 2 Nr. 4 SGB VII setzt die heute nicht allzu seltene Konstellation voraus, dass der Versicherte am Ort seiner Tätigkeit lebt, seine Familienwohnung aber an einem anderen Ort liegt. Wege von und nach dem Ort der Familienwohnung sind, wie Wege in die Arbeit von der Unterkunft aus, versichert.

Ort der Familienwohnung

Der Ort der Familienwohnung ist da, wo der Versicherte seinen Lebensmittelpunkt hat, bei Ehepaaren i.d.R. dort, wo der andere Ehegatte lebt. Bei Alleinstehenden ist ebenfalls eine abweichende „Familienwohnung" denkbar, wenn dort der Lebensmittelpunkt besteht. An das Bestehen einer Familie knüpft das Gesetz nicht an.[1)] So können auch Fahrten von der Geliebten in die Arbeit geschützt sein[2)]. Wer wegen winterlicher Wegverhältnisse bei einem Freund übernachtet, um dann von dort in die Arbeit zu fahren, ist auch auf diesem Umweg versichert[3)].

Unübliche Abweichung

Der Versicherungsschutz endet dort, wo es zu unüblichen Abweichungen kommt oder aber der Weg mit der Familienheimfahrt nicht mehr in Zusammenhang zu bringen ist. Nicht mehr geschützt ist z.B. die Fahrt zu Verwandten, wenn sie reinen Erholungszwecken dient.[4)]

4.4 Berufskrankheit

Missverständliche Begriffe

Die „Berufskrankheit" entspricht nicht dem, was der Bürger landläufig unter einer nach seiner Ansicht beruflich bedingten Krankheit versteht, sondern ist ein rein rechtstechnischer Begriff. Nur bestimmte, vom Gesetzgeber anerkannte Krankheiten werden als Berufskrankheiten entschädigt. Daneben gibt es natürlich eine Vielzahl weiterer Erkrankungen, die auf die Berufstätigkeit direkt oder indirekt zurückzuführen sind. Damit entsteht bei den Betroffenen leicht der Eindruck von „Ungerechtigkeit".

Das Vorliegen einer Berufskrankheit ist grundsätzlich in § 9 SGB VII geregelt.

---

1) BSG vom 29.11.1963 – 2 RU 56/63, BSGE 20, 110
2) LSG Berlin-Brandenburg vom 9.12.2014 – L 2 U 87/14, FD-SozVR 2015, 370458
3) LSG Niedersachsen-Bremen vom 4.8.2014 – L 3 U 50/12, FD-SozVR 2015, 367448
4) BSG vom 31.5.1996 – 2 RU 28/95, NZS 1997, 36

Exakte Detailregelungen, insbesondere den Katalog der Berufskrankheiten sieht die Berufskrankheiten-Verordnung[1] vor. Dieser Katalog ist unten abgedruckt.

Auch für die Berufskrankheiten gilt das bekannte Schema:

Versicherte Tätigkeit → **Krankheit** → Schaden

Eine versicherte Tätigkeit muss ausschlaggebende Ursache für eine Erkrankung sein, die wiederum Ursache des damit verbundenen Schadens (Behandlungsbedürftigkeit, Einschränkung der Arbeitsfähigkeit, Versorgung Hinterbliebener usw.) ist.

Bedeutung der Berufskrankheiten für die gesetzliche Unfallversicherung

Kosten arbeitsbedingter Erkrankungen

Ein Forschungsprojekt der Bundesanstalt für Arbeitsschutz und Arbeitsmedizin (BAuA) gemeinsam mit den Betriebskrankenkassen hat ergeben, dass 1998 Kosten in Höhe von 28,4 Milliarden Euro durch arbeitsbedingte Erkrankungen entstanden sind (14,9 Milliarden Euro für die Krankheitsbehandlung und 13,5 Milliarden Euro an Folgekosten, wie zum Beispiel durch Arbeitsausfall usw.), wobei sich diese Zahlen nach Aussage dieser Studie eher als zu niedrig darstellen.[2]

Trotz dieser hohen Kostenbelastung ging bis 2015 nach Statistiken der Berufsgenossenschaften die Zahl der anerkannten Berufskrankheiten leicht zurück.[3]

Jahr	Angezeigte Berufskrankheiten	Anerkennungsquote in Prozent
1993	109.000	32
2005	60.000	25
2010	70.000	21
2015	77.000	22

[1] vom 31.10.1997, BGBl. I S. 2623

[2] siehe die Homepage des BAuA (http://www.baua.de)

[3] siehe die Homepage der DGUV (http://www.dguv.de)

Jahr	Angezeigte Berufskrankheiten	Anerkennungsquote in Prozent
2020	107.000	25
2021	228.000	54
2022	370.000	54
(alle Zahlen gerundet)		

Seit dem Jahr 2020 hat die Zahl der angezeigten wie anerkannten Berufskrankheiten massiv zugenommen, was vor allem auf die Corona-Pandemie zurückzuführen ist.[1]

Wichtig ist der Unterschied zwischen den **angezeigten** und den **anerkannten** Fällen!

Problematik der Anerkennung als Berufskrankheit

Diese trotzdem nach wie vor niedrige Anerkennungsquote lässt bereits den Schluss zu, dass die Durchsetzung von Ansprüchen wegen des Versicherungsfalls „Berufskrankheit" sehr schwierig ist. Das hat zum einen mit dem Versicherungsfall selbst zu tun: Eine Krankheit entwickelt sich im Gegensatz zum Unfall (dessen Folgen zumeist ja sofort absehbar sind) meistens schleichend, die Berufsbedingtheit wird oft erst spät oder gar nicht erkannt. Das System der „Katalogkrankheiten" (siehe dazu „Was ist eine Berufskrankheit?") trägt ebenfalls dazu bei, dass viele Erkrankungen, bei denen eine Berufsbedingtheit nicht auszuschließen ist, nicht als Versicherungsfall anerkannt werden. Letztlich stellt sich auch die Beweissituation regelmäßig als ausgesprochen schwierig dar, da es gerade bei langwierigem Krankheitsverlauf und wegen des ausgesprochen komplizierten Anerkennungsverfahrens oftmals kaum noch möglich ist, haftungsbegründende Zusammenhänge wirklich nachzuweisen. Gerade in Fällen, in denen die Gesundheitsbelastung länger zurückliegt, die Krankheit aber erst viel später zum Ausbruch kommt, kann das mit vielen Problemen verbunden sein.

---

[1] https://www.dguv.de/de/zahlen-fakten/bk-geschehen/index.jsp

Mit der Neuregelung des Berufskrankheitenrechts zum 1.1.2021 war eine wesentlich erhöhte Anerkennungsquote bei den Berufskrankheiten verbunden. Mit dem Wegfall des sogenannten „Unterlassungszwangs" aus § 9 Abs. 1 SGB VII, der dazu führte, dass viele Berufskrankheiten nicht anerkannt worden sind, weil der Versicherte der Aufforderung nach Unterlassung der die Gesundheit schädigenden Tätigkeit nicht nachkommen konnte, ist das verbunden.

Was ist eine Berufskrankheit?

Begriff der Berufskrankheit

§ 9 Abs. 1 SGB VII regelt, dass alle in der Anlage 1 der Berufskrankheiten-Verordnung genannten Krankheiten Berufskrankheiten sind. Dabei handelt es sich um ein strenges Katalogprinzip, d.h. was dort nicht aufgeführt ist, ist – mit wenigen Ausnahmen – auch keine Berufskrankheit. Die Gruppierung und Reihenfolge der Krankheiten richtet sich nach den möglichen Einwirkungen, denen ein Arbeitnehmer ausgesetzt sein kann.

„Katalog" der Berufskrankheiten

Der „Katalog" der Berufskrankheiten sieht wie folgt aus:

Berufskrankheit-Nr.	Krankheiten
1	**Durch chemische Einwirkungen verursachte Krankheiten**
11	Metalle oder Metalloide
1101	Erkrankungen durch Blei oder seine Verbindungen
1102	Erkrankungen durch Quecksilber oder seine Verbindungen
1103	Erkrankungen durch Chrom oder seine Verbindungen
1104	Erkrankungen durch Cadmium oder seine Verbindungen
1105	Erkrankungen durch Mangan oder seine Verbindungen
1106	Erkrankungen durch Thallium oder seine Verbindungen
1107	Erkrankungen durch Vanadium oder seine Verbindungen
1108	Erkrankungen durch Arsen oder seine Verbindungen
1109	Erkrankungen durch Phosphor oder seine anorganischen Verbindungen
1110	Erkrankungen durch Beryllium oder seine Verbindungen

Berufskrankheit-Nr.	Krankheiten
12	Erstickungsgase
1201	Erkrankungen durch Kohlenmonoxid
1202	Erkrankungen durch Schwefelwasserstoff
13	Lösemittel, Schädlingsbekämpfungsmittel (Pestizide) und sonstige chemische Stoffe
1301	Schleimhautveränderungen, Krebs oder andere Neubildungen der Harnwege durch aromatische Amine
1302	Erkrankungen durch Halogenkohlenwasserstoffe
1303	Erkrankungen durch Benzol, seine Homologe oder Styrol
1304	Erkrankungen durch Nitro- oder Aminoverbindungen des Benzols oder seiner Homologe oder ihrer Abkömmlinge
1305	Erkrankungen durch Schwefelkohlenstoff
1306	Erkrankungen durch Methylalkohol (Methanol)
1307	Erkrankungen durch organische Phosphorverbindungen
1308	Erkrankungen durch Fluor oder seine Verbindungen
1309	Erkrankungen durch Salpetersäureester
1310	Erkrankungen durch halogenierte Alkyl-, Aryl- oder Alkylaryloxide
1311	Erkrankungen durch halogenierte Alkyl-, Aryl- oder Alkylarylsulfide
1312	Erkrankungen der Zähne durch Säuren
1313	Hornhautschädigungen des Auges durch Benzochinon
1314	Erkrankungen durch para-tertiär-Butylphenol
1315	Erkrankungen durch Isocyanate
1316	Erkrankung der Leber durch Dimethylformamid
1317	Polyneuropathie oder Enzephalopathie durch organische Lösungsmittel oder deren Gemische
1318	Erkrankungen des Blutes, des blutbildenden und des lymphatischen Systems durch Benzol
1319	Larynxkarzinom durch intensive und mehrjährige Exposition gegenüber schwefelsäurehaltigen Aerosolen

Berufskrankheit-Nr.	Krankheiten
1320	Chronisch-myeloische oder chronisch-lymphatische Leukämie durch 1,3-Butadien bei Nachweis der Einwirkung einer kumulativen Dosis von mindestens 180 Butadien-Jahren (ppm x Jahre)
1321	Schleimhautveränderungen, Krebs oder andere Neubildungen der Harnwege durch polyzyklische aromatische Kohlenwasserstoffe bei Nachweis der Einwirkung einer kumulativen Dosis von mindestens 80 Benzo(a)pyren-Jahren (µg/m³) x Jahre
Zu den Nummern 1101 bis 1110, 1201 und 1202, 1303 bis 1309 und 1315: Ausgenommen sind Hauterkrankungen. Diese gelten als Krankheiten im Sinne dieser Anlage nur insoweit, als sie Erscheinungen einer Allgemeinerkrankung sind, die durch Aufnahme der schädigenden Stoffe in den Körper verursacht werden, oder gemäß Nummer 5101 zu entschädigen sind.	
2	**Durch physikalische Einwirkungen verursachte Krankheiten**
21	Mechanische Einwirkungen
2101	Schwere oder wiederholt rückfällige Erkrankungen der Sehnenscheiden oder des Sehnengleitgewebes sowie der Sehnen- oder Muskelansätze
2102	Meniskusschäden nach mehrjährigen andauernden oder häufig wiederkehrenden, die Kniegelenke überdurchschnittlich belastenden Tätigkeiten
2103	Erkrankungen durch Erschütterung bei Arbeit mit Druckluftwerkzeugen oder gleichartig wirkenden Werkzeugen oder Maschinen
2104	Vibrationsbedingte Durchblutungsstörungen an den Händen
2105	Chronische Erkrankungen der Schleimbeutel durch ständigen Druck
2106	Druckschädigung der Nerven
2107	Abrissbrüche der Wirbelfortsätze
2108	Bandscheibenbedingte Erkrankungen der Lendenwirbelsäule durch langjähriges Heben oder Tragen schwerer Lasten oder durch langjährige Tätigkeiten in extremer Rumpfbeugehaltung, die zu chronischen oder chronisch-rezidivierenden Beschwerden und Funktionseinschränkungen (der Lendenwirbelsäule) geführt haben

Berufskrankheit-Nr.	Krankheiten
2109	Bandscheibenbedingte Erkrankungen der Halswirbelsäule durch langjähriges Tragen schwerer Lasten auf der Schulter, die zur Unterlassung aller Tätigkeiten gezwungen haben, die zu chronischen oder chronisch-rezidivierenden Beschwerden und Funktionseinschränkungen (der Halswirbelsäule) geführt haben
2110	Bandscheibenbedingte Erkrankungen der Lendenwirbelsäule durch langjährige, vorwiegend vertikale Einwirkung von Ganzkörperschwingungen im Sitzen, die zu chronischen oder chronisch-rezidivierenden Beschwerden und Funktionseinschränkungen (der Lendenwirbelsäule) geführt haben
2111	Erhöhte Zahnabrasionen durch mehrjährige quarzstaubbelastende Tätigkeit
2112	Gonarthrose durch eine Tätigkeit im Knien oder vergleichbare Kniebelastung mit einer kumulativen Einwirkungsdauer während des Arbeitslebens von mindestens 13.000 Stunden und einer Mindesteinwirkungsdauer von insgesamt einer Stunde pro Schicht
2113	Druckschädigung des Nervus medianus im Carpaltunnel (Carpaltunnel-Syndrom) durch repetitive manuelle Tätigkeiten mit Beugung und Streckung der Handgelenke, durch erhöhten Kraftaufwand der Hände oder durch Hand-Arm-Schwingungen
2114	Gefäßschädigung der Hand durch stoßartige Krafteinwirkung (Hypothenar-Hammer-Syndrom und Thenar-Hammer-Syndrom)
2115	Fokale Dystonie als Erkrankung des zentralen Nervensystems bei Instrumentalmusikern durch feinmotorische Tätigkeit hoher Intensität
2116	Koxarthose durch Lastenhandhabung mit einer kumulativen Dosis von mindestens 9.500 Tonnen während des Arbeitslebens gehandhabter Lasten mit einem Lastgewicht von mindestens 20 kg, die mindestens zehnmal pro Tag gehandhabt werden
22	Druckluft
2201	Erkrankungen durch Arbeit in Druckluft
23	Lärm
2301	Lärmschwerhörigkeit
24	Strahlen
2401	Grauer Star durch Wärmestrahlung

Berufskrankheit-Nr.	Krankheiten
2402	Erkrankungen durch ionisierende Strahlen
3	**Durch Infektionserreger oder Parasiten verursachte Krankheiten sowie Tropenkrankheiten**
3101	Infektionskrankheiten, wenn der Versicherte im Gesundheitsdienst, in der Wohlfahrtspflege oder in einem Laboratorium tätig oder durch eine andere Tätigkeit der Infektionsgefahr in ähnlichem Maße besonders ausgesetzt war
3102	Von Tieren auf Menschen übertragbare Krankheiten
3103	Wurmkrankheiten der Bergleute, verursacht durch Ankylostoma duodenale oder Strongyloides stercoralis
3104	Tropenkrankheiten, Fleckfieber
4	**Erkrankungen der Atemwege und der Lungen, des Rippenfells und Bauchfells und der Eierstöcke**
41	Erkrankungen durch anorganische Stäube
4101	Quarzstaublungenerkrankung (Silikose)
4102	Quarzstaublungenerkrankung in Verbindung mit aktiver Lungentuberkulose (Siliko-Tuberkulose)
4103	Asbeststaublungenerkrankung (Asbestose) oder durch Asbeststaub verursachte Erkrankung der Pleura
4104	Lungenkrebs, Kehlkopfkrebs oder Eierstockkrebs • in Verbindung mit Asbeststaublungenerkrankung (Asbestose) • in Verbindung mit durch Asbeststaub verursachter Erkrankung der Pleura oder • bei Nachweis der Einwirkung einer kumulativen Asbestfaserstaubdosis am Arbeitsplatz von mindestens 25 Faserjahren {25 $\times 10^6$ (Fasern/m^3) $\times$ Jahre}
4105	Durch Asbest verursachtes Mesotheliom des Rippenfells, des Bauchfells oder des Perikards
4106	Erkrankungen der tieferen Atemwege und der Lungen durch Aluminium oder seine Verbindungen
4107	Erkrankungen an Lungenfibrose durch Metallstäube bei der Herstellung oder Verarbeitung von Hartmetallen

Berufskrankheit-Nr.	Krankheiten
4108	Erkrankungen der tieferen Atemwege und der Lungen durch Thomasmehl (Thomasphosphat)
4109	Bösartige Neubildungen der Atemwege und der Lungen durch Nickel oder seine Verbindungen
4110	Bösartige Neubildungen der Atemwege und der Lungen durch Kokereirohgase
4111	Chronische obstruktive Bronchitis oder Emphysem von Bergleuten unter Tage im Steinkohlebergbau bei Nachweis der Einwirkung einer kumulativen Dosis von in der Regel 100 Feinstaubjahren (mg/m^3) × Jahre
4112	Lungenkrebs durch die Einwirkung von kristallinem Siliziumdioxid (SiO_2) bei nachgewiesener Quarzstaublungenerkrankung (Silikose oder Siliko-Tuberkulose)
4113	Lungenkrebs oder Kehlkopfkrebs durch polyzyklische aromatische Kohlenwasserstoffe bei Nachweis der Einwirkung einer kumulativen Dosis von mindestens 100 Benzoapyren-Jahren ($\mu g/m^3$) x Jahre
4114	Lungenkrebs durch das Zusammenwirken von Asbestfaserstaub und polyzyklischen aromatischen Kohlenwasserstoffen bei Nachweis der Einwirkung einer kumulativen Dosis, die einer Verursachungswahrscheinlichkeit von mindestens 50 Prozent nach der Anlage 2* entspricht
4115	Lungenfibrose durch extreme und langjährige Einwirkung von Schweißrauchen und Schweißgasen – (Siderofibrose)
4116	Lungenkrebs nach langjähriger und intensiver Passivrauchexposition am Arbeitsplatz bei Versicherten, die selbst nie oder maximal bis zu 400 Zigarettenäquivalente aktiv geraucht haben
42	Erkrankungen durch organische Stäube
4201	Exogen-allergische Alveolitis
4202	Erkrankungen der tieferen Atemwege und der Lungen durch Rohbaumwoll-, Rohflachs- oder Rohhanfstaub (Byssinose)
4203	Adenokarzinome der Nasenhaupt- und Nasennebenhöhlen durch Stäube von Eichen- oder Buchenholz
*) Anlage 2 Berufskrankheit Nummer 4114 Verursachungswahrscheinlichkeit in Prozent (Fundstelle des Originaltextes: BGBl. I 2009, 1274 – 1276)	

Berufskrankheit-Nr.	Krankheiten
43	**Obstruktive Atemwegserkrankungen**
4301	Durch allergisierende Stoffe verursachte obstruktive Atemwegserkrankungen (einschließlich Rhinophathie)
4302	Durch chemisch-irritativ oder toxisch wirkende Stoffe verursachte obstruktive Atemwegserkrankungen
5	**Hautkrankheiten**
5101	Schwere oder wiederholt rückfällige Hauterkrankungen
5102	Hautkrebs oder zur Krebsbildung neigende Hautveränderungen durch Ruß, Rohparaffin, Teer, Anthrazen, Pech oder ähnliche Stoffe
5103	Plattenepithelkarzinome oder multiple aktinische Keratosen der Haut durch natürliche UV-Strahlung
6	**Krankheiten sonstiger Ursache**
6101	Augenzittern der Bergleute

Gesetzliche Vermutungsregelung

§ 9 Abs. 3 SGB VII sieht eine gesetzliche Vermutungsregelung vor: Danach ist immer schon dann das Vorliegen einer Berufskrankheit anzuerkennen, wenn der Versicherte an einer „Katalogkrankheit" erkrankt ist und ausgeschlossen werden kann, dass die Ursache dieser Krankheit außerhalb des Arbeitslebens liegt.

Zu den einzelnen Hauptgruppen sind noch folgende Erläuterungen für die betriebliche Praxis wichtig:

a) Krankheiten aufgrund chemischer Einwirkungen

Chemische Einwirkungen

Hier ist die Art der Einwirkung, also Einatmen, Verschlucken oder Eindringen über die Haut ohne Bedeutung. Unter den Oberbegriff der chemischen Einwirkungen fallen auch Metalle, wie z.B. Blei, Quecksilber oder deren Verbindungen, Erstickungsgase, so etwa Kohlenmonoxid und Lösemittel, wie z.B. Benzol sowie Pestizide.

Bei den chemischen Einwirkungen ist eine wesentliche Mitverursachung durch andere Einwirkungen, z.B. durch starkes Rauchen ggf. mit zu berücksichtigen, so dass möglicherweise schon deswegen die Anerkennung als Berufskrankheit scheitert[1]. Problematisch ist oft der Nachweis des Ursachenzusammenhangs. Ein Bauer, der vor mehr als zehn Jahren Pestizide ohne die erforderliche Schutzausrüstung ausgebracht hat und nun an Parkinson erkrankt, konnte diesen Zusammenhang nicht nachweisen[2].

Bei Berufskrankheiten, die durch chemische Stoffe ausgelöst werden, ist in der Regel zu deren Nachweis keine sogenannte „Mindestbelastung" (auch als „Mindestexposition" bezeichnet) notwendig[3], d.h. es reicht aus, dass überhaupt eine Belastung stattgefunden hat.

Hinweis:

Psychische Erkrankungen, die auf der Exposition gegenüber Lösungsmitteln beruhen sollen, werden mangels Vorliegen medizinischer Anhaltspunkte dafür nicht als Berufskrankheiten in diesem Sinne anerkannt.[4]

Besonderheit bei Hauterkrankungen

Eine Besonderheit gibt es hier bei den Hauterkrankungen: Diese sind entweder sowieso im Rahmen der Ziffer 5101 zu entschädigen oder fallen dann in diesen Bereich, wenn die Aufnahme einer Chemikalie in den Körper zu einer Erkrankung geführt und erst diese Erkrankung eine Hautschädigung mit sich gebracht hat.

Eine Verätzung der Haut durch eine Chemikalie ist im Regelfall eine plötzliche Schädigung, die dann als Arbeitsunfall zu beurteilen ist.

b) Krankheiten durch physikalische Einwirkungen

Physikalische Einwirkungen

Bei physikalischen Einwirkungen ist zu beachten, dass in den Fällen, in denen die Einwirkungsart ausdrücklich bezeichnet worden ist, andere Einwirkungen mit den gleichen Folgen nicht als Berufskrankheit gelten.

---

1) LSG Hessen vom 23.8.2013 – L 9 U 30/12 ZVW, BeckRS 2013, 73451

2) LSG Bayern vom 6.11.2013 – L 2 558/10, BeckRS 2014, 65638

3) SG Karlsruhe vom 25.9.2018 – S 4 U 4163/16, FD-SozVR 2018, 413057 Lungenkrebs durch Chrom); LSG Hessen vom 19.6.2018 – L 3 U 129/13, NZS 2018, 836 (Krebs durch aromatische Amine)

4) LSG Bayern vom 27.8.2014 – L 2 U 194/11, BeckRS 2014, 72866

Beispiel:

Ist ein Arbeitnehmer z.B. aufgrund einer Infektionskrankheit schwerhörig geworden und möchte, weil die Schwerhörigkeit im Katalog der Berufskrankheiten genannt ist, nun von der zuständigen Berufsgenossenschaft ein Hörgerät finanziert haben, so kann der Antrag abgelehnt werden, da allein die durch Lärm verursachte Schwerhörigkeit als Berufskrankheit anerkannt ist.

Physikalische Belastungen sind z.B. mechanische Einwirkungen, wie etwa ungewöhnliche Belastungen der Gelenke, der Bandscheiben, aber auch Einwirkungen durch Druckluft, Lärm oder Strahlen. Abzugrenzen sind die physikalischen Belastungen von Einwirkungen, die im beruflichen Umfeld stets vorkommen, also nicht „ungewöhnlich" sind. So wird z.B. die erhöhte Lärmbelastung in einem Großraumbüro nicht als ungewöhnlich angesehen und kann deswegen die Berufskrankheit „Lärmschwerhörigkeit" nicht auslösen[1].

Bandscheibenschädigungen

Die spät in die Berufskrankheiten-Verordnung aufgenommenen Bandscheibenschädigungen werden nur in außerordentlich seltenen Fällen als Berufskrankheiten anerkannt. Die Aufnahme von Bandscheibenerkrankungen der Hals- und Lendenwirbelsäule in den Katalog der Berufskrankheiten-Verordnung war lange (und ist zum Teil heute noch) umstritten. Selbst nachdem der Gesetzgeber aktiv geworden war, musste das BSG klarstellen, dass dieses zu Recht geschehen ist.[2] Die Anerkennung von Bandscheibenerkrankungen ist auf die Hals- und Lendenwirbelsäule beschränkt. Es muss sich dabei um eine Bandscheibenerkrankung handeln, z.B. eine Vorwölbung der Bandscheibe.[3] Bandscheibenerkrankungen haben in der Bevölkerung der Bundesrepublik mittlerweile so sehr zugenommen, dass sich die Berufsgenossenschaften durch eine sehr restriktive Anerkennungspraxis vor einer zu starken Inanspruchnahme schützen wollen. In vielen Fällen wird sich gerade bei Bandscheibenvorfällen auf die „Gelegenheitsursache" (siehe oben) berufen, da die Erkrankung schon vorhanden gewesen sei.

---

1) LSG Baden-Württemberg vom 17.2.2016 – L 6 U 4089/15, FD-SozVR 2016, 378444

2) BSG vom 23.3.1999 – B 2 U 12/98 R, BSGE 84, 30

3) LSG Baden-Württemberg vom 29.1.1998 – L 2 U 4279/97, NZS 1999, 93

Die Rechtsprechung urteilt bei Bandscheibenerkrankungen wie folgt[1]: Das für die Anerkennung einer BK 2108 erforderliche Schadensbild wird durch den Vergleich der Veränderungen zwischen Beschäftigten mit hoher Wirbelsäulenbelastung und der Normalbevölkerung hinsichtlich der Kriterien Lebensalter beim Auftreten der Schädigung und Ausprägungsgrad in einem bestimmten Alter, Verteilungsmuster der Bandscheibenschäden an der Lendenwirbelsäule, Lokalisationsunterschiede zwischen biomechanisch hoch und mäßig belasteten Wirbelsäulenabschnitten der gleichen Person sowie Entwicklung einer Begleitspondylose beschrieben. Heranzuziehen sind auch die Beurteilungskriterien zu bandscheibenbedingten Berufskrankheiten der Wirbelsäule (sog. „Konsensempfehlungen"), wie sie im Jahre 2005 von einer auf Anregung des Hauptverbandes der Berufsgenossenschaften eingerichteten interdisziplinären Arbeitsgruppe veröffentlicht wurden[2].

Druckschädigung der Nerven

Im Jahr 2002 wurden die Druckschädigungen der Nerven als Berufskrankheit aufgenommen. Hier sind vor allem Tätigkeiten mit körperlichen Zwangshaltungen, ständig einseitigen Belastungen oder Arbeiten mit hohen Wiederholungsraten schädigend.

Die weit verbreitete Nutzung von PC-Arbeitsplätzen führt unweigerlich zu neuen gesundheitlichen Belastungen. Auch in diesen Fällen sind Berufsgenossenschaften und Gerichtsbarkeit noch weit von den beruflichen Realitäten entfernt. So wird z.B. der sog. „Tennisellenbogen" als Folge der regelmäßigen beruflichen Verwendung einer Computermaus nicht als Berufskrankheit anerkannt[3]. In diesem Bereich wird es allerdings auch schwer möglich sein, die alleinige berufliche Verursachung nachzuweisen, da entsprechende Krankheiten – so das Gericht – auch beim Äpfelpflücken, Klavierspielen, Drehen von Schraubenziehern usw. entstehen könnten.

Arthrosen

Auch Gelenkarthrosen fallen in diesen Bereich. Da auch hier privat bedingte Vorschädigungen immer eine Rolle spielen

---

1) LSG Sachsen vom 17.1.2019 – L 6 U 233/15, FD-SozVR 2019, 416891

2) https://www.springermedizin.de/medizinische-beurteilungskriterien-zu-bandscheibenbedingten-beru/8700650

3) LSG Darmstadt vom 29.10.2013 – L 3 U 28/10, BeckRS 2014, 66008

(können), ist deren Anerkennung als Berufskrankheit ebenfalls außerordentlich schwierig[1].

c) Infektions- und Tropenkrankheiten

Begriff der Infektionskrankheiten

Infektionskrankheiten sind durch Krankheitserreger verursachte Krankheiten. Dazu gehören Krankheiten wie Hepatitis[2], Tbc usw.

Praxistipp:

Alleine der Umstand, dass eine Infektion stattgefunden hat, reicht für die Anerkennung als Berufskrankheit nicht aus. Es muss zu einem konkreten Krankheitsbild kommen.[3]

Für Angehörige der Heil- und Pflegeberufe besteht ein erhöhtes Risiko, sich beruflich mit durch Blut übertragbaren Krankheiten zu infizieren.

Auch bei Infektionskrankheiten ist der Ursachenzusammenhang oftmals schwer nachzuweisen. Hier gewährt die Rechtsprechung dem Versicherten jedoch eine erhebliche Beweiserleichterung: Bei den Berufskrankheiten Nr. 3101 und 3102 ist nach der Rechtsprechung der ursächliche Zusammenhang grundsätzlich dann gegeben, wenn nachgewiesen ist, dass der Versicherte bei seiner Berufstätigkeit einer besonderen, über das normale Maß hinausgehenden Ansteckungsgefahr ausgesetzt war[4], wobei eine bestimmte Infektionsquelle nicht nachgewiesen sein muss. Liegt eine solche erhöhte Infektionsgefahr vor, kann in der Regel auch davon ausgegangen werden, dass sich der Versicherte die bei ihm aufgetretene Krankheit durch seine besondere berufliche Exposition zugezogen hat. Dies ist nur dann nicht der Fall, wenn besondere Umstände es ausschließen, dass die Infektion

---

1) Siehe z.B. SG Dresden vom 10.2.2017 – S 5 U 233/16, FD-SozVR 2017, 387023 (Meniskusschädigung eines Profifußballers); LSG Baden-Württemberg vom 23.4.2015 – L 10 U 5100/10, FD-SozVR 2016, 375572 (Gonarthrose im Knie eines Handwerkers)

2) Als Berufskrankheit nun auch bei Feuerwehrleuten anerkannt, BSG vom 22.6.2023 – B 2 U 9/21 R, https://www.haufe.de/arbeitsschutz/recht-politik/bsg-entwickelt-rechtsprechung-zu-berufkrankheiten-weiter_92_601236.html

3) BSG vom 27.6.2017 – B 2 U 17/15 R, FD-SozVR 2017, 398745 für den Fall einer symptomlosen Borrellose nach einem Zeckenbiss

4) LSG Hessen vom 20.10.2015 – L 3 U 132/11, FD-SozVR 2015, 373090

während oder aufgrund der versicherten Tätigkeit eingetreten ist (z.B. weil die Inkubationszeiten einen Zusammenhang mit der versicherten Tätigkeit ausschließen) oder wenn die Erkrankung durch eine Infektion im unversicherten Lebensbereich verursacht worden ist. Anlass zur Prüfung des zweiten Ausschlusstatbestandes besteht – so die Rechtsprechung – insbesondere dann, wenn der Versicherte sich auch in anderen als den beruflichen Gefahrenbereichen bewegte. Die tatsächlichen Voraussetzungen für das Vorliegen dieser Ausschlussgründe müssen aber nachgewiesen sein, wofür die Träger der gesetzlichen Unfallversicherung die objektive Beweislast tragen[1].

Eine **Corona-Infektion** kann sowohl als Arbeitsunfall (Ansteckung während einer Schicht, wenn gewährleistet ist, dass keine anderen Infektionsrisiken bestanden) wie auch als Berufskrankheit[2] eine Absicherung durch die Unfallversicherung erfahren. In der Mehrzahl der Fälle wird von den Gerichten eine Anerkennung als Arbeitsunfall abgelehnt, weil nicht nachgewiesen werden konnte, dass der Betroffene ausschließlich berufliche Kontakte zu Infizierten hatte[3]. Die Anerkennung als Berufskrankheit ist nach einer Mitteilung der DGUV grundsätzlich einfacher: Die Anerkennung von COVID-19 als Berufskrankheit sei danach vor allem für Beschäftigte im Gesundheitswesen, in der Wohlfahrtspflege und in Laboratorien möglich. Darüber hinaus könne eine Berufskrankheit auch bei Beschäftigten anerkannt werden, die bei ihrer Tätigkeit der Infektionsgefahr in ähnlichem Maße wie die genannten Berufsgruppen ausgesetzt sind[4]. Aktuelle Studien bestätigen, dass die Berufstätigen in der Gesundheitspflege ein deutlich erhöhtes Risiko hatten und haben, an Corona zu erkranken[5].

---

1) LSG Baden-Württemberg vom 25.9.2014 – L 10 U 1507/12, NZS 2014, 874 unter Berufung auf BSG vom 2.4.2009 – B 2 U 7/08 R, NZS 2010, 345

2) So die Bundesregierung, https://joachimschwede.de/covid-19-kann-eine-berufskrankheit-sein/

3) SG Konstanz vom 16.09.2022 – S 1 U 452/22, BeckRS 2022, 23878; SG Speyer vom 07.02.2023 – S 12 U 188/21, BeckRS 2023, 3358

4) Mitteilung der DGUV, https://joachimschwede.de/covid-19-seit-jahresbeginn-steigt-die-zahl-der-berufskrankheiten/

5) z.B. IAB, https://iab.de/presseinfo/erwerbtaetige-in-der-arzt-und-praxishilfe-am-haeufigsten-mit-dem-coronavirus-infiziert/

Begriff der Tropenkrankheit

Tropenkrankheiten sind Krankheiten, die in den Tropen oder Subtropen häufig vorkommen, weil sie dort aufgrund der klimatischen Bedingungen oder sanitären bzw. hygienischen Zustände verbreitet sind. Damit sind weltweit vorkommende Infektionskrankheiten, wie Typhus oder Hepatitis, keine Tropenkrankheiten. Wichtig Ist, dass auch eigenwirtschaftliche Tätigkeiten hier geschützt werden, d.h., es reicht allein der beruflich veranlasste Aufenthalt in diesen Zonen für die Anerkennung einer Berufskrankheit aus.

Auch hier ist wichtig, die Krankheit so früh als möglich, möglichst solange sie noch nicht abgeklungen ist, anzuzeigen, um das Feststellungsverfahren zu vereinfachen.

d) Erkrankungen der Atemwege und der Lungen, des Bauchfells und des Rückenfells

Sie sind z.B. auf das Einatmen von Gasen oder organischem oder anorganischem Staub zurückzuführen. Beispiele sind die Silikose und die Asbestose. Nicht jede Atemwegsinfektion kann allerdings zu einer Berufskrankheit führen.[1)]

Lungenerkrankungen durch Asbest

Asbest ist die häufigste Todesursache bei Berufskrankheiten, da das Risiko, das mit diesem Stoff verbunden ist, über Jahre hinweg unterschätzt wurde. **Lungenerkrankungen durch Asbest** werden nach Einschätzung vieler Experten einen wesentlichen Teil der zukünftigen Entschädigungsleistungen einnehmen.

Was ist Asbest?

Asbest ist ein mineralisches, faserartiges Material. Es brennt nicht (es schmilzt erst bei über 1.000 °C), ist unempfindlich gegen viele Laugen und Säuren und leitet Wärme und Schall schlecht.

Aufgrund dieser Eigenschaften wurde es vielfältig eingesetzt, z.B. im Gebäudebau (Asbestzement), bei der Isolierung von Rohren und Heizungen, in Filtern, Dichtungsringen und Gasmasken und bei Kupplungs- und Bremsbelägen.

1) Abgelehnt z.B. für Einwirkungen von Laserdruckern (LSG Schleswig-Holstein vom 12.10.2016 L 8 U 21,/14, NZS 2017, 395) oder die Ozon- und TCP-Belastung bei Flugpersonal (LSG Bayern vom 4.2.2015 – L 2 U 430/12, NZS 2015, 388)

Bei den tödlich verlaufenden Berufskrankheiten ist die Asbestose die häufigste Erkrankung. Im Jahr 2005 wurden nach Untersuchungen der BAuA mehr als 3700 neue Berufskrankheiten durch Asbest angezeigt und Leistungen in 27.000 Fällen erbracht, wobei es sich um insgesamt mehr als 300 Mio. Euro jährlich handelte. Asbest führt die Liste der krebserzeugenden Arbeitsstoffe mit großem Abstand an. 2001 waren es 1.480 Fälle oder 77,1 Prozent aller als Berufskrankheit anerkannten Krebserkrankungen, die auf Asbest zurückgeführt wurden. 2005 wurden 1.540 Todesfälle durch asbestverursachte Berufskrankheiten registriert. Wegen der großen Dauer zwischen der Arbeit mit Asbest und der Krebsentstehung selbst wird man erst in den Jahren 2015 bis 2020 mit den meisten jährlichen Neuerkrankungen an asbestbedingtem Lungenkrebs rechnen müssen.

Zu den vielen Fällen derjenigen, die durch das Einatmen von Asbest beim Arbeiten in entsprechend verseuchten Räumen oder beim Einbau dieses Stoffes betroffen sind (dieses Risiko ist wegen des Verbots der Herstellung und Verwendung seit 1993 nun ausgeschlossen), kommt nun eine große Zahl von Arbeitnehmern, die mit diesem gefährlichen Stoff im Rahmen der Asbest-Sanierung[1)] zu tun haben. **Wichtig:** Als gesundheitsschädlich gilt nur der feine Asbeststaub, nicht dagegen der Umgang mit groben Asbestpartikeln.

Praxistipp:

Die für diesen Bereich zuständigen Berufsgenossenschaften bieten allen Arbeitnehmern, die mit Asbest zu tun haben, regelmäßige Vorsorgeuntersuchungen an. Diese müssen unbedingt wahrgenommen werden, da die vom Asbeststaub ausgelösten Krebserkrankungen (Mesotheliom – Krebs des Rippen- und Bauchfells) bei frühzeitiger Erkennung unter Umständen noch geheilt werden können. Problematisch ist vor allem, dass diese Erkrankungen oft erst 30 bis 40 Jahre nach dem Kontakt mit dem Asbest auftreten.

Betroffene Mitarbeiter und deren Vorgesetzte müssen dringend auf das Risiko hingewiesen und über Präventionsmaßnahmen informiert werden! Die Vorsorge wird über eine gemeinsame Einrichtung der Berufsgenossenschaften, der Zentralstelle

1) DGUV Information 201-012 – „Verfahren mit geringer Exposition gegenüber Asbest" und TRGS 519

für Asbeststaub gefährdete Arbeitnehmer (ZAs), erbracht und ist kostenlos. Dort sind derzeit ca. 460.000 Arbeitnehmer erfasst und werden regelmäßig arbeitsmedizinisch überwacht, eine wesentlich größere Zahl von Arbeitnehmern nimmt dieses Angebot aber noch immer nicht wahr.

Nikotinmissbrauch als Nebenursache

Sehr häufig ist es bei der Anerkennung von Atemwegserkrankungen als Berufskrankheit umstritten, ob Vorschädigungen durch Zigarettenrauch als eine die Berufskrankheit ausschließende Mitursache angenommen werden kann. In diesem Fall ist es wichtig, nachweisen zu können, dass man ggfs. am Arbeitsplatz einer gefährdenden Konzentration gefährlicher Stoffe ausgesetzt war[1]. Wichtig ist auch, dass der Geschädigte sogenannten „extremen Einwirkungen" ausgesetzt war, was z.B. immer dann angenommen werden kann, wenn eingeschränkte Belüftungsverhältnisse vorliegen.[2]

e) Hauterkrankungen

Erkrankungen der Haut

Hauterkrankungen sind dann Versicherungsfälle, wenn sie schwerwiegend sind oder wiederholt Rückfälle festzustellen waren und die gefährdende Tätigkeit aufgegeben werden musste. Nach der Rechtsprechung ist eine Hauterkrankung nur dann schwerwiegend, wenn eine Allergisierung vorliegt, die zu einer dauerhaften Minderung der Erwerbsfähigkeit (MdE; zum Begriff siehe S. 187 ff.) von mindestens 10 % führt.[3]

Ab 1.1.2015 ist die Berufskrankheit 5103 neu in die Liste aufgenommen worden. Hierbei handelt es sich um Hautkrebs, der durch natürliche UV-Strahlung entsteht. Betroffen sind nach Einschätzung der Bundesregierung potenziell ca. 2,5 Mio. „Outdoor-Worker", also Arbeitnehmer, die außerhalb geschlossener Räume tätig sind[4]. Damit hat sich die bisher ablehnende

---

1) LSG Hessen, Az. L 3 U 59/13; das Verfahren endete ohne gerichtliche Entscheidung (s. FD-SozVR 2017, 393325)

2) LSG Sachsen-Anhalt vom 14.1.2015 – I 6 U 70/12, NZS 2015, 387

3) LSG Rheinland-Pfalz vom 22.9.1998 – L 7 U 68/97, NZS 1999, 199

4) S. den Gesetzentwurf der Bundesregierung zur Änderung der BKV (http://www.bmas.de/SharedDocs/Downloads/DE/kabinettsfassung-dritte-vo-aenderung-berufskrankheitenverordnung.pdf? blob=publicationFile)

Rechtsprechung der Gerichtsbarkeit zur Anerkennung solcher Krankheiten als Berufskrankheit (siehe z.B. das VG Koblenz, das noch nach Kenntnis von der anstehenden Änderung der BKV und der dort geregelten Rückwirkung (s.o.) gegen den Versicherten entschieden hatte[1]) erledigt.

f) Tod als Folge dieser Erkrankungen

Tod als Folge einer Berufskrankheit wird in der Rechtsprechung dann angenommen, wenn die Berufskrankheit die alleinige oder rechtlich wesentliche Ursache des Todes war[2].

g) Quasiberufskrankheiten

Quasiberufskrankheiten

Neben diesen „Katalog-Krankheiten" sieht § 9 Abs. 2 SGB VII vor, bestimmte andere Krankheiten ebenfalls als Berufskrankheiten zu entschädigen. In diesem Zusammenhang spricht man von einer **Quasiberufskrankheit.** Absatz 2 soll damit sicherstellen, dass eine Berufskrankheit, die bereits bekannt ist und bezüglich ihres Ursachenzusammenhangs mit dem Arbeitsleben noch nicht vollständig erforscht wurde, die aber absehbar in den Katalog aufgenommen werden soll, anerkannt werden kann.

Beispiele:

Eierstockkrebs durch Asbest[3], Leukämie durch Butadien, bestimmte Arten von Kehlkopf- und Harnblasenkrebs, Krebs durch aromatische Amine, fokale Dystonie[4]. Kaum Chancen außerhalb des Katalogs.

Damit sind aber praktisch alle Krankheiten ausgeschlossen, bei denen zwar ein Zusammenhang zum Arbeitsleben besteht, die jedoch nur in seltenen Fällen auftreten oder aber deren berufliche Veranlassung im Zweifel steht, wie z.B. bei der sogenannten „vielfachen Chemikalienunverträglichkeit (MCS)[5]. Der

---

1) VG Koblenz vom 28.11.2014 – 5 K 437/14.KO, FD-SozVR 2014, 364823

2) LSG Hessen vom 12.10.2015 – L 9 U 204/13, FD-SozVR 2016, 375181

3) Empfehlung des Bundesministeriums für Arbeit und Soziales, FD-SozVR 2017, 387738

4) Empfehlung des Bundesministeriums für Arbeit und Soziales, FD-SozVR 2016, 381923

5) SG Mainz vom 21.1.2016 – S 10 U 130/14, FD-SozVR 2016, 375292

Versuch, andere als die im Katalog genannten Krankheiten als Berufskrankheit anerkennen zu lassen, ist damit schwer durchzusetzen und meistens zum Scheitern verurteilt.

h) Erkrankungen durch psychische Belastungen

Psychische Belastungen

Auffällig ist, dass das Berufskrankheitenrecht keine Erkrankungen durch psychische Belastungen kennt, diese somit grundsätzlich auch nicht entschädigungsfähig sind. Damit steht dieser Zweig der sozialen Sicherung vollkommen im Gegensatz zu den Entwicklungen, die im Arbeitsleben vorhanden sind, wie aus einer Vielzahl von Studien deutlich wird: Danach gehen immer mehr Arbeitnehmer aufgrund psychischer Leiden vorzeitig in den Ruhestand. Der deutschen Wirtschaft entstehen damit erhebliche jährliche Verluste, da diese Erkrankungen in ihrer Behandlung sehr zeitintensiv sind und damit viele Arbeitstage als Krankheitstage entfallen. Psychische Belastungen sind die Gesamtheit aller erfassbaren Einflüsse, die von außen auf den Menschen zukommen und psychisch auf ihn einwirken.

Stress

Vor allem Stress kann zu erheblichen Krankheitsfolgen führen. Die zentralen Einflussfaktoren für das Entstehen von Stress am Arbeitsplatz entstehen aus

- der Arbeitsaufgabe (z.B. Zeit- und Termindruck, Entscheidungsanforderungen ohne ausreichende Informationsgrundlage),
- den Umgebungsbedingungen (z.B. Lärm, mangelhafte ergonomische Verhältnisse, Gefahren),
- der betrieblichen Organisation (z.B. strukturelle Veränderungen, unklare Kompetenzregelungen) und
- sozialen Verhältnissen (konfliktbeladene Arbeitsbeziehungen zu Vorgesetzen und Kollegen, schlechtes Betriebsklima, unfähige Vorgesetzte).

Die große praktische Bedeutung psychischer Belastungen zeigt sich auch anhand weiterer Beispiele:

Angst

Angst oder Angstzustände am Arbeitsplatz führen zu konkreten körperlichen Beschwerden, wie Schwächezuständen, Nervosität, Schlaflosigkeit, Herz- und Magen-Darm-Problemen,

Hautreaktionen, Muskelverspannungen, Rücken- und Kopfschmerzen. Hinzu kommen Erkrankungen durch Alkoholmissbrauch, der auf solche Umstände zurückzuführen ist. Nach einer Information der BAD-GmbH[1] leiden bundesweit mehr als 5 Mio. Menschen an depressiven Störungen.

Was ist Angst?

Angst kann in einer Situation auftreten, der man sich nicht oder noch nicht gewachsen fühlt, wo alte, vertraute Bahnen verlassen werden müssen, wo neue Aufgaben zu bewältigen oder Wandlungen notwendig sind. Angst am Arbeitsplatz entsteht aber oftmals auch dadurch, dass in Unternehmen das Wort „offene Kommunikation" nicht gelebt wird, so dass Gerüchte (z.B. um Restrukturierungsmaßnahmen, Arbeitsplatzabbau u.Ä.) zu Angstreaktionen führen.

Menschen unterscheiden sich durch eine unterschiedlich ausgeprägte Angstbereitschaft, was jedoch nicht von der Position des Mitarbeiters abhängig ist. Angstkrankheiten treten sowohl bei Arbeitern als auch bei Managern auf.

Ängste bekämpft man vor allem durch die Einführung einer Kultur offener Gespräche, das Zugestehen von Fehlern, die ein Mitarbeiter machen darf, und die Enttabuisierung des Faktors Angst am Arbeitsplatz.

Mobbing

Mobbing (oder auch **„Bossing"** (Mobbing durch Vorgesetzte)) führt beim Betroffenen zu erheblichen psychischen Belastungen, die nicht nur eine – oftmals langwierige – Behandlungsbedürftigkeit nach sich ziehen, sondern den Arbeitnehmer auch dauerhaft einem geregelten Arbeitsleben entziehen können (und sei es „nur", weil ihn geradezu panikartige Ängste davon abhalten, wieder einer Arbeit nachzugehen). Damit ist die soziale Stellung und Sicherung dieser Menschen gefährdet. Das ist oftmals noch schlimmer, weil es bereits schwierig genug ist, nachzuweisen, dass tatsächlich gemobbt wurde. Mobbing-Folgen sind von der Rechtsprechung bislang ausdrücklich nicht als Berufskrankheit anerkannt[2].

---

1) Bericht von sicherheitsNet.de vom 8.11.2001 „Angst am Arbeitsplatz, ein Tabu"

2) LSG Bayern vom 12.05.2021 - L 3 U 11/20, https://joachimschwede.de/mobbing-folgen-als-psychische-berufskrankheit/

Praxistipp:

Da Mobbing bereits frühzeitig erkannt werden kann, sollte dem Arbeitnehmer angeraten werden, sich Unterstützung durch eine der schon vielfältig vorhandenen Selbsthilfegruppen zu sichern.

Mobbing und Gegenstrategien sind ein zentrales Thema für die Tätigkeit des Betriebsrats im Unternehmen. Wenn Arbeitnehmer sich in diesen Fällen hilfesuchend an den Betriebsrat wenden, ist dieser gefordert, nicht nur den Arbeitnehmer zu unterstützen, sondern auch – möglichst gemeinsam mit den Vorgesetzten – für ein mobbingfreies Betriebsklima zu sorgen.

Burnout-Syndrom

Das **Burnout-Syndrom** („sich ausgebrannt fühlen"), das für einige Zeit insbesondere Mitarbeitern sozialer Berufe zugeordnet wurde, wird heute mehr und mehr bei Arbeitnehmern verschiedener Berufe diagnostiziert, die besonders engagiert, aufopferungsvoll, hochmotiviert und pflichtbewusst sind. Es führt zu heftigen Erschöpfungszuständen, die den Körper insgesamt schwächen und krankheitsanfällig machen. Diese Zustände können bis hin zu einer allgemeinen Lebenskrise führen. Der Gegensatz dazu ist das sogenannte **„Bore-out-Syndrom"**: Arbeitnehmer sind an ihrem Arbeitsplatz deutlich unterfordert, können sich aber aus verschiedenen Aspekten heraus nicht auf ihrem Leistungsvermögen entsprechenden Arbeitsplätzen bewähren. Dazu gehört der Mangel an qualifizierten Arbeitsplätzen in der Wirtschaftskrise, der einen Wechsel kaum möglich macht, der Mangel an Bereitschaft, sich örtlich verändern zu wollen usw. Hier entstehen massive Zustände von Langeweile, Arbeitszeit wird „totgeschlagen", es entsteht Furcht vor Entdeckung durch Vorgesetzte usw. Auch dieses kann zu gesundheitlichen Einschränkungen führen.

PTBS

Die Posttraumatische Belastungsstörung (PTBS) tritt als eine verzögerte psychische Reaktion auf ein extrem belastendes Ereignis, eine Situation außergewöhnlicher Bedrohung oder katastrophenartigen Ausmaßes auf[1]. Die Erlebnisse (auch

[1] Hierzu und zum Nachfolgenden siehe „Neurologen und Psychiater im Netz", https://www.neurologen-und-psychiater-im-netz.org/psychiatrie-psychosomatik-psychotherapie/stoerungen-erkrankungen/posttraumatische-belastungs-stoerung-ptbs/

als Traumata bezeichnet) können von längerer oder kürzerer Dauer sein, wie z.B. schwere Unfälle, Gewaltverbrechen, Naturkatastrophen oder Kriegshandlungen, wobei die Betroffenen dabei Gefühle wie Angst und Schutzlosigkeit erleben und in Ermangelung ihrer subjektiven Bewältigungsmöglichkeiten Hilflosigkeit und Kontrollverlust empfinden. Typisch für die PTBS sind die sogenannten Symptome des Wiedererlebens, die sich den Betroffenen tagsüber in Form von Erinnerungen an das Trauma, Tagträumen oder Flashbacks, nachts in Angstträumen aufdrängen. Das Gegenstück dazu sind die Vermeidungssymptome, die meistens parallel zu den Symptomen des Wiedererlebens auftreten: emotionale Stumpfheit, Gleichgültigkeit und Teilnahmslosigkeit der Umgebung und anderen Menschen gegenüber, aktive Vermeidung von Aktivitäten und Situationen, die Erinnerungen an das Trauma wachrufen könnten. Häufig kommt ein Zustand vegetativer Übererregtheit dazu, der sich in Form von Schlafstörungen, Reizbarkeit, Konzentrationsschwierigkeiten, erhöhter Wachsamkeit oder ausgeprägter Schreckhaftigkeit manifestieren kann.

Die PTBS ist eine psychische Erkrankung, wird allerdings bislang von den Versicherungsträgern nicht als Berufskrankheit anerkannt, was die Rechtsprechung bisher auch stets bestätigt hat[1]. Hier könnte sich allerdings ein Paradigmenwechsel einstellen: Eine PTBS kann bei Rettungssanitätern nach einem Urteil des BSG vom 22.6.2023 als sog. „Wie-Berufskrankheit" anerkannt werden[2]. Im vorliegenden Fall müssten allerdings noch Einzelheiten aufgeklärt werden.

Anerkennung als Berufskrankheit?

Das Unfallversicherungsrecht erkennt in Ausnahmefällen psychische Störungen als Folge von Arbeitsunfällen an,[3] beschäftigt sich – bezogen auf die Häufigkeit dieser Erkrankungen – noch deutlich zu wenig mit der Frage der Entschädigung derartiger Krankheiten als Berufskrankheiten. Eine Anerkennung als Quasiberufskrankheit durchsetzen zu können, wird in der Praxis schwer fallen, sollte aber auf alle Fälle versucht werden.

---

1) S. z.B. LSG Berlin-Brandenburg vom 27.4.2023 – L 21 U 231/19, BeckRS 2023, 14601 zu einem Leichenumbetter

2) Urteil vom 22.06.2023 - B 2 U 11/20 R, FD-SozVR 2023, 458252

3) KRASNEY in SCHULIN, Handbuch, § 8 Rn. 96

Zu den üblichen Beweisproblemen, die sich hier stellen, kommt aber in diesen Fällen noch die Schwierigkeit, die vorhandenen Krankheitsbilder wirklich eingrenzen und die Berufsbezogenheit nachweisen zu können. Allerdings sind psychische Belastungen am Arbeitsplatz ein wichtiges Thema präventiver Betätigung der Berufsgenossenschaften.

i) Berufskrankheit und Erwerbsunfähigkeit

In diesem Zusammenhang sei noch darauf hingewiesen, dass eine nicht durch Arbeitsunfall oder Berufskrankheit verursachte, aber trotzdem (auch durch das Arbeitsleben) krankheitsbedingte Berufs- oder Erwerbsunfähigkeit als Versicherungsfall der gesetzlichen Rentenversicherung (SGB VI) gesichert sein kann. Bei einer Schädigung durch einen Arbeitsunfall, die zu einer Erwerbsminderung führt, muss die sonst erforderliche „Wartezeit" (drei Jahre Beiträge zur Gesetzlichen Rentenversicherung in den letzten 5 Jahren vor Antragstellung) nicht eingehalten werden.[1)]

Verfahrensfragen

a) Beginn der Berufskrankheit

Befund

Die Berufskrankheit beginnt mit dem Tag des Versicherungsfalles, d.h. mit dem Tag, **an dem erstmals Befunde der betreffenden Krankheit nachgewiesen worden sind**. Von diesem Tag an kann der Versicherte vom Träger der Unfallversicherung die Anerkennung als Berufskrankheit beanspruchen. Er kann jedoch nach § 9 Abs. 5 SGB VII auch einen späteren Zeitpunkt anerkennen lassen, wenn das für ihn vorteilhaft ist, weil er z.B. zwischenzeitlich mehr verdient und die deswegen zu erbringenden Leistungen dadurch ansteigen.

b) Zuständigkeiten

Zuständigkeit für Entschädigung

Üblicherweise ist die Berufsgenossenschaft zuständig, der der Unternehmer angehört, bei dem der Arbeitnehmer beschäftigt ist. Berufskrankheiten können aber auch dadurch entstehen,

1) LSG Hessen vom 15.12.2017 – L 5 R 165/15, FD-SozVR 2018, 402692

dass Einwirkungen in verschiedenen Unternehmen stattgefunden haben, für die jeweils verschiedene Berufsgenossenschaften zuständig waren. Dann ist die Entschädigung nur von einer Berufsgenossenschaft zu leisten, in der Regel von derjenigen, bei der der Arbeitnehmer gerade versichert ist. Es kann aber intern unter den betroffenen Berufsgenossenschaften zu einem Ausgleich kommen.

c) Sonstige Voraussetzungen

Weitere Voraussetzungen

Für Berufskrankheiten gelten ansonsten die üblichen Voraussetzungen, d.h., es muss ursächlich durch eine versicherte Tätigkeit zu einer Krankheit kommen, die einen Schaden verursacht. Erschwert wird die Inanspruchnahme von Leistungen letztlich dadurch, dass es sich nicht um irgendeine berufsbedingte Krankheit handeln darf: Es muss sich um eine der in der Anlage 1 der Berufskrankheiten-Verordnung genannte Krankheiten handeln.

d) Das Anerkennungsverfahren

Verdacht auf eine Berufskrankheit

Üblicherweise wird im Rahmen einer haus- oder fachärztlichen Untersuchung erstmalig der **Verdacht** entstehen, eine Krankheit könne auf berufliche Einflüsse zurückzuführen sein. Hat der Arbeitnehmer diesen Verdacht, sollte er von sich aus den Arzt darauf ansprechen. Der Hausarzt (oder der sonstige behandelnde Arzt) sollte dann die zuständige Berufsgenossenschaft einschalten.

Wendet sich der Arbeitnehmer mit einem solchen Verdacht an den Betriebsrat, kann auch dieser die Berufsgenossenschaft einschalten oder den Arbeitnehmer dabei unterstützen.

Verfahren bei der Berufsgenossenschaft

Wird die zuständige Berufsgenossenschaft über diesen Verdachtsfall informiert, so setzt sich der dort zuständige Sachbearbeiter zunächst mit dem Arbeitnehmer in Verbindung und übersendet ihm einen umfangreichen Fragebogen, der wahrheitsgemäß und ausführlich beantwortet werden muss.

Der Sachbearbeiter der Berufsgenossenschaft ergänzt anschließend den ausgefüllten Fragebogen mit der Krankheitsgeschichte des Arbeitnehmers. Hierzu schreibt der Sachbearbeiter in der Regel alle behandelnden Ärzte an und bittet sie um Stellungnahmen. Der Arbeitnehmer ist im eigenen Interesse verpflichtet, hier die Ärzte von ihrer Schweigepflicht zu befreien.

Wichtiger Hinweis:

Nach den Vorschriften des Sozialgesetzbuches I, §§ 60 ff., ist der Arbeitnehmer zur Mitwirkung an allen Maßnahmen verpflichtet, hier z.B. zur Befreiung des Arztes von der Schweigepflicht. Die Verweigerung dieser Mitwirkung kann alleine ausreichen, die Anerkennung einer Berufskrankheit zu verhindern (zu den Mitwirkungspflichten siehe S. 173 ff.)!

Liegen alle Unterlagen vor, wird der Arbeitnehmer nochmals einer intensiven medizinischen Untersuchung durch einen von der Berufsgenossenschaft benannten Gutachter unterzogen.

Dauer des Feststellungsverfahrens

Das gesamte Feststellungsverfahren kann sich über mehrere Monate bis hin zu einem Jahr oder länger erstrecken, da auch Stellungnahmen der für den medizinischen Arbeitsschutz zuständigen Stellen (z.B. Landesanstalt für Arbeitsschutz) einzuholen sind.

Leistungsbescheid

Aufgrund dieser Begutachtung erhält der Arbeitnehmer dann einen Leistungsbescheid, in dem das Vorliegen der Berufskrankheit entweder anerkannt oder abgelehnt wird.

Anerkennung

Im Falle einer Anerkennung führt der Bescheid auch die damit verbundenen Leistungen der Berufsgenossenschaft auf. Mit diesem Bescheid kann dem Arbeitnehmer bereits eine genaue Behandlungsanweisung (z.B. Kur- oder Rehamaßnahme) zugehen, die durch von Berufsgenossenschaften beauftragte oder aber auch durch niedergelassene Ärzte umgesetzt werden kann. Damit der behandelnde Arzt seine Abrechnungen entsprechend vornehmen kann, muss der Arbeitnehmer ihm diesen Bescheid vorlegen. Je exakter hier vorgeschrieben ist, welche Maßnahmen vorzunehmen sind, desto genauer muss sich der Arzt bei der Behandlung daran halten.

Ablehnung

Wie oben bereits festgestellt wurde, ist die Anerkennungsquote bei Berufskrankheiten nicht hoch. Im Falle einer **Ablehnung** enthält der Bescheid der Berufsgenossenschaft eine „Rechtsbehelfsbelehrung", aus der der Arbeitnehmer ersehen kann, was er gegen diese Ablehnung unternehmen kann. Hierbei handelt es sich um den Rechtsbehelf „Widerspruch", den der Arbeitnehmer einlegen kann.

Das Widerspruchsverfahren und das sich gegebenenfalls anschließende Verfahren vor dem Sozialgericht können mehrere Jahre in Anspruch nehmen. Zum Verfahren im Einzelnen siehe S. 221.

Teilnahme an Präventionsmaßnahmen

Mit der Neuregelung des Berufskrankheitenrechts ab dem 1.1.2021 entfällt der sogenannte „Unterlassungszwang". Berufsgenossenschaften können einer drohenden Verpflichtung zur Leistungserbringung im Rahmen einer Berufskrankheit nicht mehr entgehen, indem sie den Versicherten auffordern, die ihn schädigende Tätigkeit aufzugeben. Die Rechtswissenschaft vermutet, dass dadurch die Zahl anzuerkennender Berufskrankheiten erheblich ansteigen wird[1]. Berufsgenossenschaften haben jedoch die Möglichkeit, zukünftig Versicherte nach § 9 Abs. 4 SGB VII aufzufordern, an Präventionsmaßnahmen teilzunehmen, die dazu geeignet sind, eine Verschlimmerung des Leidens zu verhindern oder gar eine gesundheitliche Besserung herbeizuführen.

Praxistipp:

Die Aufforderung zur Teilnahme an solchen Maßnahmen kann auch an Betroffene erfolgen, die bereits eine Leistung der Berufsgenossenschaft wegen einer Berufskrankheit beziehen. Die Nichtteilnahme an der Präventions-Maßnahme kann Leistungseinschränkungen nach sich ziehen!

---

[1] S. z.B. RÖMER, ARP 2020, 295

5 Leistungen der gesetzlichen Unfallversicherung

Grundsatz der Schadensvermeidung

Im Sozialversicherungsrecht herrscht der **Grundsatz der Schadensvermeidung**: Die Sozialversicherungsträger sind gehalten, durch geeignete Maßnahmen darauf hinzuwirken, dass kostenaufwändige Schadensfälle gar nicht erst entstehen. Man spricht vom Grundsatz „Prävention vor Restitution" oder **„Verhütung vor Wiederherstellung"**. Dieser Grundsatz findet sich auch in anderen Sozialversicherungssystemen wieder, wie etwa in der gesetzlichen Krankenversicherung, die z.B. Krankengymnastik finanziert, bevor aufwändige Behandlungen erforderlich werden. Aber auch die gesetzliche Rentenversicherung bietet bspw. Kuren zur Wiederherstellung der Erwerbsfähigkeit („Reha-Kuren") an, bevor Renten wegen Berufs- oder Erwerbsunfähigkeit gezahlt werden müssen.

Die gesetzliche Unfallversicherung ist ein wichtiges Beispiel für den Grundsatz der Schadensvermeidung. Sie sieht erhebliche Leistungen für die Prävention vor, um die Zahl der Schadensfälle so gering wie möglich zu halten.

5.1 Leistungen ohne Schadensfall – Unfallverhütung und Erste Hilfe

Die Berufsgenossenschaften als Träger der Unfallversicherung „haben mit allen geeigneten Mitteln für die Verhütung von Arbeitsunfällen und für eine wirksame Erste Hilfe zu sorgen". So formuliert § 14 Abs. 1 SGB VII generalklauselartig den Präventionsauftrag an die Berufsgenossenschaften.

Prävention ist ein zentrales Thema für alle, die sich mit dem Arbeitsschutz befassen. Durch entsprechend geeignete Maßnahmen sollen Unfälle und Berufskrankheiten bereits im Vorfeld verhindert werden. Damit wird das zentrale Prinzip des deutschen Sozialversicherungsrechts auch hier in die Praxis umgesetzt: Die Träger der Sozialversicherung sollen mit ihren Mitteln bereits im Vorhinein das Auftreten der Versicherungsfälle verhindern. Hier sind alle Betriebsangehörigen – von der Leitung bis zum Arbeitnehmer – gleichermaßen gefordert.

Ausführliche Hinweise zum Thema Prävention und Arbeitsschutz finden sich in Kapitel 3.

5.2 Leistungen nach dem Schadensfall

Schadensregulierung durch die Berufsgenossenschaft

Die Berufsgenossenschaft muss den durch einen Arbeitsunfall (aus Gründen der Vereinfachung wird im Folgenden immer nur der Arbeitsunfall als Versicherungsfall genannt, selbstverständlich sind diese Leistungen auch bei Wegeunfällen und Berufskrankheiten zu gewähren) entstandenen Schaden regulieren. Davor steht jedoch immer die Prüfung, ob überhaupt ein leistungsverpflichtender Versicherungsfall vorliegt oder nicht. Es ist also von der Berufsgenossenschaft zu prüfen, ob die „anspruchsbegründenden Tatsachen" vorliegen, ob also ein Arbeitsunfall oder eine Berufskrankheit vorliegt. Stellt die BG fest, dass es sich um einen Versicherungsfall handelt, kann sie verschiedene Leistungen gewähren.

Gesetzlicher Leistungskatalog

§ 26 Abs. 1 SGB VII sieht folgenden Leistungskatalog vor:

- Heilbehandlung, einschließlich der Leistungen zur medizinischen Rehabilitation,
- berufsfördernde, soziale und ergänzende Leistungen zur Rehabilitation,
- Leistungen bei Pflegebedürftigkeit,
- Verletztengeld und
- weitere Geldleistungen.

Diese Leistungen schließen sich nicht aus, d.h., sie können auch kombiniert erbracht werden.

Leistungsschwerpunkt in der Rehabilitation

Der Schwerpunkt der Leistungen liegt im Bereich der Rehabilitation. Die Wiedereingliederung Verletzter oder Erkrankter in das Arbeitsleben steht im Vordergrund. Der Gesetzgeber folgt damit auch hier dem im Sozialrecht allgemein feststellbaren Trend, nach dem versucht werden soll, Leistungsbezieher der Sozialversicherung möglichst wieder in das Erwerbsleben einzugliedern, was in erster Linie die Sozialversicherungskassen entlastet, andererseits aber auch dem Wohlbefinden des Versicherten dienen soll, der auf diese Art und Weise wieder in das „normale" Erwerbsleben zurückkehren kann.

Heilbehandlung

a) Grundsätzliches

Ziel der Heilbehandlung

Ziel der Heilbehandlung ist es nach § 26 Abs. 2 Nr. 1 SGB VII, den durch den Versicherungsfall verursachten Gesundheitsschaden

- zu beseitigen oder zu bessern,
- seine Verschlimmerung zu verhüten und
- seine Folgen zu mildern.

Ermessensentscheidung der Mittel

Der Gesetzeswortlaut an sich ist eindeutig: Lediglich die Formulierung „Der Unfallversicherungsträger ... hat mit allen geeigneten Mitteln ..." deutet auf eine Ermessensentscheidung der Berufsgenossenschaft dahingehend hin, dass diese festlegen kann, was sie für die Heilbehandlung für geeignet hält und was nicht. Es ist davon auszugehen, dass die Berufsgenossenschaften bzw. die mit ihnen kooperierenden Mediziner hier einen erheblichen Erfahrungsschatz haben sammeln können, so dass eine möglichst optimale Versorgung gewährleistet ist.

Umfang der Heilbehandlung

Der Umfang der Heilbehandlung umfasst nach § 27 Abs. 1 SGB VII folgende Leistungen:

- Erstversorgung,
- ärztliche und zahnärztliche Behandlung,
- Versorgung mit Arznei-, Verbands-, Heil- und Hilfsmitteln,
- häusliche Krankenpflege,
- Behandlung in Krankenhäusern und Rehabilitationseinrichtungen sowie
- Leistungen zur medizinischen Rehabilitation einschließlich Belastungserprobung und Arbeitstherapie und
- Gewährung von Pflege.

b) Erbringung der Heilbehandlung

Durchführung der Heilbehandlung

Die Heilbehandlung kann grundsätzlich von jedem Arzt vorgenommen werden. Kassenärzte (das sind die niedergelassenen

Ärzte, die über eine kassenärztliche Vereinigung berechtigt sind, die Erbringung ihrer Leistung mit den gesetzlichen Krankenkassen abzurechnen) rechnen dann z.B. über mit den kassenärztlichen Vereinigungen abgeschlossene Verträge mit den Berufsgenossenschaften ab. Nimmt ein Verletzter dagegen privatärztliche Leistungen in Anspruch, so kann dieser Arzt mit der Berufsgenossenschaft lediglich wie ein Kassenarzt abrechnen, mit der Konsequenz, dass für den Restbetrag der Verletzte direkt bzw. dessen private Krankenversicherung in Anspruch genommen wird.

Praxistipp:

Privat versicherte Arbeitnehmer sollten sich vor der Inanspruchnahme entsprechender ärztlicher Leistungen auf alle Fälle hinsichtlich der Kostenübernahme mit ihrer privaten Krankenversicherung verständigen, um „unliebsame Überraschungen", die sich durch in den Allgemeinen Geschäftsbedingungen der Versicherungen vorhandene Leistungsausschlussklauseln ergeben könnten, zu vermeiden.

Sachleistungsprinzip

Auch in der gesetzlichen Unfallversicherung gilt, wie in der gesetzlichen Krankenversicherung, das „Sachleistungsprinzip". Es bestimmt, dass dem Versicherten im Regelfall eine tatsächliche Leistung (= Sachleistung) und keine Kostenerstattung erbracht wird[1]. Zu den Kosten können auch Nebenkosten, wie z.B. notwendige Parkgebühren zählen[2], nicht jedoch Kosten, die nicht notwendig sind[3].

Pflichtvorstellung beim Durchgangsarzt

Der Verletzte hat sich am Ort der Verletzung, am Arbeitsort oder an seinem Wohnort auf jeden Fall einem „Durchgangsarzt der Berufsgenossenschaft" vorzustellen, wenn der Verdacht auf einen Arbeitsunfall oder eine Berufskrankheit besteht. Das gilt auch dann, wenn der üblicherweise behandelnde Allgemein- oder Hausarzt den Verdacht einer berufsbezogenen Verletzung oder Erkrankung hegt. In diesem Fall muss eine Überweisung an den Durchgangsarzt erfolgen.

---

1) LSG Baden-Württemberg vom 27.6.2016 – L 1 U 4032/15, FD-SozVR 2016, 380488

2) LSG Niedersachsen-Bremen vom 23.5.2018 – L 3 U 84/16, NZS 2018, 915

3) Hier Kosten einer kosmetischen Zahnbehandlung, LSG Baden-Württemberg vom 30.1.2017 – L 1 U 120/16, FD-MedizinR 2017, 390890

Wer der zuständige Durchgangsarzt ist, wird dem Arbeitnehmer vom Arbeitgeber mitgeteilt.

Praxistipp:

Es empfiehlt sich, die Adresse und Sprechzeiten des Durchgangsarztes am schwarzen Brett des Unternehmens oder in anderen Mitarbeiterinformationen (z.B. Unternehmensintranet) bekannt zu geben.

Wird ein Arbeitsunfall oder eine Berufskrankheit durch den Betriebsarzt festgestellt, so muss auch dieser an den Durchgangsarzt überweisen. Dieser entscheidet dann, ob er die Behandlung selbst fortsetzt oder einen anderen Arzt einschaltet.

Hinweis:

Unterläuft dem Durchgangsarzt ein Behandlungsfehler, der Schadensersatzansprüche auslösen kann, sind diese gegenüber dem Arzt direkt geltend zu machen, selbst wenn dieser im Auftrag der Berufsgenossenschaft tätig wird[1)]. Eine Klage gegen die Berufsgenossenschaft wäre aussichtslos, weil diese nicht „passivlegitimiert" ist, d.h. nicht der zuständige Beklagte wäre.

Überweisung an einen ärztlichen Spezialisten

Die Berufsgenossenschaft kann dem Verletzten auch vorschreiben, dass sich dieser zur Erbringung der Heilbehandlung an einen bestimmten Spezialisten zu wenden hat. Die Träger der Unfallversicherung haben sich seit langer Zeit auf die Heilung bestimmter Leiden spezialisiert und halten dafür Fachkliniken oder Fachstationen in Krankenhäusern vor. Sehr bekannt sind z.B. die berufsgenossenschaftlichen Unfallkliniken.

Anzeigepflicht des Hausarztes

Geht der Verletzte nicht zu einem Durchgangsarzt, sondern wendet er sich z.B. sofort an seinen Hausarzt, und muss dieser wegen der Dringlichkeit des Falles sofort eine Behandlung erbringen, so hat der Hausarzt die Krankenkasse des Verletzten dahingehend zu informieren, dass Anzeichen für einen Arbeitsunfall vorliegen.

1) LG Halle vom 27.3.2014 – 6 O 550/12, FD-SozVR 2014, 359692

c) Wiederherstellung oder Erneuerung von Körperersatzstücken (Hilfsmittel)

In der RVO wurden die nun als Hilfsmittel bezeichneten Leistungen noch als Körperersatzstücke betitelt. Dabei handelt es sich z.B. um Prothesen.

Schadensersatz bei „unechten Körperschäden"

Die Wiederherstellung oder Erneuerung von Körperersatzstücken nach § 27 Abs. 2 SGB VII regelt den Schadensersatz bei sogenannten unechten Körperschäden. Das Körperersatzstück ist so wiederherzustellen, wie es vor der Schädigung war. Ausnahmen gelten nur insoweit, als es sich um eine besonders luxuriöse Ausführung handelt. In diesem Fall erfolgt die Erstattung nur in der sonst üblichen Höhe.

Beispiel:

Die Brille von A wird beim Bearbeiten eines Metallkörpers mit einem Hammer durch herumfliegende Metallsplitter beschädigt. A möchte die Brille von seinem Arbeitgeber ersetzt bekommen, der ihn an die zuständige Berufsgenossenschaft verweist. Diese jedoch wendet ein, bei der Brille handele es sich nicht um ein Körperersatzstück im Sinne des Gesetzes, so dass sie keine Leistungsverpflichtung treffe.

Grundsätzlich kann A von der Berufsgenossenschaft Ersatz für die beschädigte Brille verlangen, da es sich bei der Regelung des § 27 Abs. 2 SGB VII um eine Schadensersatzvorschrift handelt, die – unabhängig von der Frage, ob eine Brille ein Körperersatzstück ist oder nicht – anzuwenden ist. Danach kann A die vollständige Wiederherstellung seiner Brille verlangen.[1] Das BSG will zwar besonders luxuriöse Ausführungen von Brillen nicht in diesem Umfange erstatten, begrenzt jedoch den Schadensersatz bei der Wiederherstellung oder Erneuerung von Brillen nicht auf die von der gesetzlichen Krankenkasse festgelegten Festbeträge.[2]

d) Versorgung mit Arznei-, Verbands-, Heil- und Hilfsmitteln

Von der Wiederherstellung und Erneuerung von Hilfsmitteln ist die erstmalige Ausstattung mit diesen Mitteln nach § 27 Abs. 1 Nr. 4 SGB VII zu unterscheiden.

---

1) KassKomm-Ricke, § 27 SGB VII Rn. 3

2) BSG vom 20.2.2001 – B 2 U 9/00 R, NZS 2001, 547

§§ 29 und 30 SGB VII regeln die Versorgung mit Arznei- und Heilmitteln.

Arzneimittel

Arzneimittel (zu denen begrifflich auch die Verbandsmittel gezählt werden) sind alle Mittel, die zur ärztlichen Behandlung erforderlich sind. Die Ärzte sind bei der Verordnung dieser Mittel an die Verordnungsgrenzen der gesetzlichen Krankenversicherung gebunden. Damit gilt auch hier die sogenannte „aut-idem-Regelung", nach der die Ärzte verpflichtet sind, keine Präparate mehr zu verschreiben, sondern nur noch Wirkstoffe zu verordnen. Der Apotheker soll dann das wirtschaftlich günstigste Präparat an den Patienten abgeben. Diese Regelung ist zwischen Ärzten und dem Gesetzgeber nach wie vor sehr umstritten, da die Ärzte sich in ihren Behandlungsmöglichkeiten eingeschränkt sehen und die größere Wirtschaftlichkeit dieser Regelung bezweifeln.

Heilmittel

Heilmittel sind insbesondere die physikalische Therapie (z.B. Massage oder Krankengymnastik) und die Sprach- und Beschäftigungstherapie.

Hilfsmittel

Nach § 31 Abs. 1 SGB VII sind Hilfsmittel alle ärztlich verordneten Dinge, die den Erfolg der Heilbehandlung sichern oder die Folgen von Gesundheitsschäden mildern oder ausgleichen. Dazu gehören vor allem Körperersatzstücke, orthopädische und andere Hilfsmittel.

- Körperersatzstücke sind z.B. Arm- oder Beinprothesen,
- orthopädische Hilfsmittel sind Korrektur- oder Stützvorrichtungen und
- andere Hilfsmittel sind Seh- und Hörhilfen, Krankenfahrstühle oder auch die sogenannte Kfz-Hilfe.

Kfz-Hilfe

Die Kraftfahrzeug-Hilfe als Sonderfall der Hilfsmittel sieht nach § 40 SGB VII umfangreiche Hilfeleistungen vor, wenn der Versicherte auf ein Kraftfahrzeug angewiesen ist. Diese können von der Anschaffung über die Sonderausstattung eines PKW bis hin zur Erlangung einer entsprechenden Fahrerlaubnis gehen.

e) Gewährung von häuslicher Krankenpflege

Voraussetzungen für die Gewährung

Nach § 32 SGB VII ist dem Verletzten unter bestimmten Voraussetzungen häusliche Krankenpflege zu gewähren. Voraussetzung dafür ist, dass der Verletzte hilflos ist, d.h. für zahlreiche persönliche Verrichtungen des täglichen Lebens in erheblichem Umfang auf die Unterstützung anderer angewiesen ist (§ 44 SGB VII). Persönliche Verrichtungen sind insbesondere Essen, Körperpflege, Verrichtung der Notdurft, Be- und Entkleiden, kleinere Tätigkeiten im Haushalt.

Beispiel:

A muss aufgrund eines Arbeitsunfalls mit einem Gipsbein zu Hause bleiben. Er konnte sich dabei eigentlich immer ordentlich alleine helfen, lediglich die im Haushalt anfallenden Arbeiten gingen ihm noch schlechter als sonst von der Hand. A hört, dass bei Arbeitsunfällen auch Pflegeleistungen gewährt werden, die u.a. Hilfen im Haushalt umfassen können. A lässt daraufhin alle Fenster seiner Wohnung von einer Nachbarin putzen und gleichzeitig alle Gardinen waschen und bügeln. Er verspricht der Nachbarin eine Entlohnung in Höhe von 200 Euro, die er bei der Berufsgenossenschaft als „Pflegeleistung" ersetzt haben möchte.

Gesamtzustand der Hilfsbedürftigkeit

Dem A sind selbstverständlich keine derartigen „Pflegeleistungen" zu erbringen, weil es dafür auf einen Gesamtzustand der Hilfsbedürftigkeit ankommt. Ein Hilfebedarf für einzelne Verrichtungen ist nicht ausreichend. Der Zustand der Pflegebedürftigkeit ist erst dann erreicht, wenn mehrere Einschränkungen bei der Verrichtung alltäglicher Tätigkeiten festzustellen sind. Dieser Zustand wird auch nicht vom Versicherten selbst, sondern von dazu bestellten Ärzten diagnostiziert.

Vorrangigkeit häuslicher Krankenpflege

Die häusliche Krankenpflege wird von den Trägern der Unfallversicherung aus Kostengründen der Unterbringung in Pflegeeinrichtungen vorgezogen. Damit werden z.B. hohe Pflegesätze in Krankenhäusern umgangen. Sie wird aber auch deswegen bevorzugt, weil im Kreise der Familie größere Heilungserfolge zu verzeichnen sind. § 32 Abs. 1 SGB VII sieht deswegen häusliche Pflege auch dann vor, wenn dadurch eine Krankenhausbehandlung abgekürzt werden kann. Diese wird von Pflegekräften erbracht, die der Unfallversicherungsträger beauftragt, da dieser meistens nicht selbst über Pflegepersonal verfügt.

Zumutbarkeitsklausel

Nach § 32 Abs. 3 SGB VII wird häusliche Krankenpflege jedoch nur dann gewährt, wenn es einer im Haushalt des Versicherten lebenden Person nicht zuzumuten ist, die Krankenpflege zu erbringen.

Beispiel:

A erleidet einen Arbeitsunfall, aufgrund dessen er im Krankenhaus stationär behandelt wird. Um die Verweildauer dort abzukürzen, schlägt die Berufsgenossenschaft vor, die Behandlung in häuslicher Pflege fortzusetzen. Die Verletzung erfordert häusliche Pflegeleistungen und so beantragt A eine häusliche Pflegekraft, die ihm nicht gewährt wird, da A mit seiner Freundin zusammenlebe. A beruft sich auf eine Ungleichbehandlung, da einerseits seine Freundin zu Pflegeleistungen herangezogen werden könne, diese aber andererseits keine Leistungen aus der Hinterbliebenenversorgung der gesetzlichen Unfallversicherung erhalten würde.

Die Berufsgenossenschaft kann tatsächlich darauf bestehen, dass die Freundin von A Pflegeleistungen erbringt, wenn diese dazu körperlich und von ihren Kenntnissen[1] her in der Lage ist. Auf den Verwandtschaftsgrad kommt es dabei nicht an. Das Gesetz sieht nur vor, dass die Pflegeperson im Haushalt lebt. Dazu ist erforderlich, dass sie nicht nur vorübergehend in die häusliche Gemeinschaft aufgenommen wurde.[2] Es ist aber dem häuslichen Lebenspartner unzumutbar, wegen zu erbringender Pflegeleistungen seine Berufstätigkeit einschränken zu müssen.[3] Lehnt die im Haushalt lebende Person trotz der festgestellten Zumutbarkeit die Erbringung der Pflegeleistung im häuslichen Bereich ab, so verliert der Versicherte den Anspruch auf diese Leistung vollständig.

Weitere Pflegeleistungen

§ 44 SGB VII sieht weitere Pflegeleistungen, insbesondere auch in Pflegeheimen vor. Diese Leistungen, die z.B. auch in Pflegegeld bestehen können, werden jedoch im Gegensatz zu denen des § 32 SGB VII nur bei dauerhafter Pflegebedürftigkeit erbracht. Die Feststellung dieser Pflegebedürftigkeit orientiert sich an den Kriterien, die § 14 SGB XI (Pflegeversicherung) vorsieht. Hier wird anhand eines „Verrichtungskatalogs" überprüft, ob der Versicherte in der Lage ist, einen nicht unerheblichen

1) einer entsprechenden Ausbildung hierzu bedarf es nicht – BSG vom 26.3.1980 – 3 RK 47/79, BSGE 50, 73

2) BSG – 3 RK 16/89, SozR 3 2200 § 185b Nr. 1

3) BSG, a.a.O.

Teil dieser Verrichtungen selbst vorzunehmen oder nicht. Wichtig ist in diesem Zusammenhang, dass auch eine psychische Hilflosigkeit anerkannt wird, die vorliegt, wenn psychische Veränderungen eine so weitgehende Antriebsschwäche verursachen, dass der Verletzte die ihm verbliebenen Körperkräfte ohne regelmäßige Anregung von außen nicht steuern oder einsetzen kann.

Praxistipp:

Wird Pflegegeld seitens des Unfallversicherungsträgers geleistet, ruht insoweit der Anspruch auf anderweitig, insbesondere nach dem SGB XI, gezahltes Pflegegeld[1].

f) Stationäre Behandlung in Krankenhäusern und Rehabilitationseinrichtungen

Stationäre Behandlung

Nach § 33 SGB VII kann die Behandlung, wenn erforderlich, auch stationär erfolgen. Die Unterbringung erfolgt dabei in Krankenhäusern, gegebenenfalls in berufsgenossenschaftlichen Unfallkliniken. Der Verletzte wird in „normalen" Klassen untergebracht, eine höhere Klasse muss er selbst zuzahlen.

Beispiel:

A hat sich wegen einer langjährigen Tätigkeit auf Baustellen schwerwiegende Abnutzungserscheinungen an beiden Kniegelenken zugezogen, die von der Berufsgenossenschaft als Berufskrankheit anerkannt worden sind. A erhält deswegen eine Berufsunfähigkeitsrente und wird von einem Spezialisten ambulant behandelt. Dieser schlägt nun vor, A in eine Fachklinik einzuweisen, um dessen Kniebeschwerden durch Ersetzung der Kniegelenke operativ zu lindern. A lehnt das ab, weil er „grundsätzlich keine Krankenhäuser betrete", was dazu führt, dass ihm die Berufsgenossenschaft androht, ihm mangels Mitwirkung keine Leistungen mehr zu erbringen. A wendet ein, niemand könne ihn zu einer Operation zwingen und die Berufsgenossenschaft müsse trotzdem leisten, dafür habe ja sein Chef Beiträge bezahlt.

Verweigert der Verletzte eine stationäre Behandlung, so kann der Unfallversicherungsträger diese tatsächlich nicht erzwingen, sondern allenfalls nach §§ 63 und 65 SGB I die Leistungs-

[1] LSG Rheinland-Pfalz vom 4.2.2016 – L 5 P 45/15, FD-SozVR 2016, 377298

erbringung wegen fehlender Mitwirkung insgesamt einstellen, was aber tatsächlich der Erzwingung einer stationären Behandlung gleichkommt.

g) In diesem Zusammenhang: die Mitwirkungspflichten nach §§ 60 ff. SGB I

Mitwirkungspflichten der Versicherten

Die Mitwirkungspflichten, die die §§ 60 ff. SGB I für die Bezieher von Sozialleistungen regeln, umfassen z.B.

- Angaben von Tatsachen durch den Versicherten (§ 60),
- persönliches Erscheinen des Versicherten beim Versicherungsträger oder bei von diesem benannten Stellen (§ 61),
- Untersuchungen (§ 62),
- Heilbehandlungen (§ 63) und
- berufsfördernde Maßnahmen (§ 64).[1]

Kommt der Sozialleistungsberechtigte diesen Mitwirkungspflichten nicht nach, so kann der Versicherungsträger nach § 66 SGB I die Leistung verweigern, so wie es die Berufsgenossenschaft dem A im o.g. Beispiel angedroht hat.

Grenzen der Mitwirkungspflichten

Die Mitwirkungspflichten haben jedoch auch ihre Grenzen. § 65 SGB I regelt, wann die Mitwirkung des Versicherten unangemessen ist und deswegen die Leistungen nicht zurückbehalten werden dürfen. Nach § 65 Abs. 2 Nr. 3 SGB I können „Behandlungen und Untersuchungen, die einen erheblichen Eingriff in die körperliche Unversehrtheit bedeuten", abgelehnt werden. Zudem können nach § 65 Abs. 2 Nr. 2 SGB I auch Behandlungen abgelehnt werden, die mit erheblichen Schmerzen verbunden sind. A könnte sich auf diese Ablehnungsgründe berufen, wobei eine Anerkennung im Ermessen der zuständigen Berufsgenossenschaft liegt. Es ist davon auszugehen, dass eine Operation, wenn sie nicht gerade lebenserhaltende Funktion hat, als ablehnbarer Eingriff in die körperliche Unversehrtheit angesehen werden kann.[2] A muss den Weigerungsgrund nachweisen; eine grundsätzliche Ablehnung, wie sie im Beispiel vorliegt, genügt nicht.[3]

---

1) genauer dazu SCHWEDE, Die Pflicht der Mitwirkung, SozSich 1998, 349

2) KassKomm-Seewald, § 65 SGB I Rn. 27 ff

3) BSG vom 10.11.1977 – 3 RK 44/75, BSGE 45, 119

Praxistipp:

Werden Sozialleistungen wegen mangelnder Mitwirkung zurückbehalten, so müssen diese ohne ein erneutes Anerkennungsverfahren wieder erbracht werden, wenn die Mitwirkungshandlung nachgeholt wird. Für den Zeitraum der mangelnden Mitwirkung werden diese Leistungen jedoch nicht rückwirkend erbracht.

■ Rehabilitationsleistungen

Wiedereingliedernde Leistungen

§§ 35 ff. SGB VII sehen eine Vielzahl wiedereingliedernder Leistungen (Rehabilitationsleistungen) vor. Differenziert wird zwischen Leistungen zur berufsfördernden und solche zur sozialen Rehabilitation.

Mit der Neuregelung des Schwerbehindertenrechts und dessen Überführung in das SGB IX haben sich die Rehabilitationsleistungen verstärkt an den dort in den §§ 33 ff. geregelten Leistungen zu orientieren. Nach der Neuregelung sind die berufsfördernden Rehabilitationsleistungen nun „Leistungen zur Teilhabe am Arbeitsleben" und die sozialen Rehabilitationsleistungen „Leistungen zur Teilhabe am Leben in der Gemeinschaft".

a) Leistungen zur Teilhabe am Arbeitsleben

Berufsfördernde Rehabilitation

§ 35 SGB VII umfasst unter Bezugnahme auf die entsprechenden Vorschriften des SGB IX folgende Leistungen:

- Leistungen zur Erhaltung oder Erlangung eines Arbeitsplatzes,
- Berufsvorbereitung einschließlich gegebenenfalls erforderlicher Grundausbildung,
- berufliche Anpassung, Fortbildung, Ausbildung und Umschulung,
- Hilfen zu angemessener Schulausbildung einschließlich der Vorbereitung geistiger oder körperlicher Fähigkeiten vor Beginn der Schulpflicht und
- Arbeits- und Berufsförderung im Eingangsverfahren und im Arbeitstrainingsbereich anerkannter Werkstätten für Behinderte.

Erbringung auch an Arbeitgeber

Sind Leistungen erforderlich, um

- eine dauerhafte berufliche Eingliederung,
- eine befristete Probebeschäftigung oder
- eine Ausbildung oder Umschulung im Betrieb

zu ermöglichen, so können diese Leistungen auch an den Arbeitgeber erbracht werden (§ 34 SGB IX).

Kosten auswärtiger Unterbringung

Ist zur Erbringung von Rehabilitationsleistungen eine auswärtige Unterbringung erforderlich, so übernimmt die Berufsgenossenschaft nach § 53 Abs. 1 SGB IX die Kosten für Unterbringung und Verpflegung.

b) Leistungen zur Teilhabe am Leben in der Gemeinschaft und ergänzende Leistungen

Leistungen der sozialen Rehabilitation

Diese ehemals als „soziale Rehabilitationsleistungen" bezeichneten Leistungen umfassen u.a.:

- Kraftfahrzeughilfe (§ 40 SGB VII: Leistungen zur Beschaffung des Kraftfahrzeugs, behinderungsbedingte Zusatzausstattungen und erforderliche Ausbildung);[1]
- Wohnungshilfe (§ 41 SGB VII: behindertengerechte Anpassung des Wohnraums);
- Haushaltshilfe (§ 42 SGB VII) und
- Ersatz von Reisekosten (§ 43 SGB VII: Kosten, die zur Durchführung der Heilbehandlung und der beruflichen Rehabilitation erforderlich sind).

Derartige Hilfeleistungen, wie z.B. die Haushaltshilfe, werden nur für den Zeitraum der tatsächlichen Inanspruchnahme gewährt, nicht dagegen grundsätzlich ab Eintritt des Arbeitsunfalls.

Beispiel:

A erleidet im Dezember 2001 einen Arbeitsunfall, der dazu führt, dass er ab Februar 2002 eine Rehabilitationsmaßnahme in Anspruch nehmen muss. Er kann eine Haushaltshilfe zur Betreuung seiner Kinder damit auch nur ab Februar 2002 in Anspruch nehmen.[2]

---

1) siehe auch Kraftfahrzeughilfe-Verordnung vom 28.9.1987, BGBl. 1987 Teil I S. 2251; sehr eingehende Kommentierung dazu von Niesel in KassKomm, § 16 SGB VI

2) nach einer Entscheidung des BSG vom 1.7.1997 – 2 RU 34/96, NZS 1998, 134

Verletztengeld

a) Grundsätzliches

Lohnersatzfunktion

Der Verletzte erhält nach § 45 SGB VII Verletztengeld, während er aufgrund des erlittenen Arbeitsunfalls arbeitsunfähig ist. Dieses Verletztengeld hat, wie das Krankengeld der gesetzlichen Krankenversicherung, eine Lohnersatzfunktion. Das bedeutet auch, dass es nur dann gewährt wird, wenn und solange der Verletzte kein Arbeitsentgelt bezieht.

Entgeltfortzahlung an erster Stelle

Für das Verletztengeld gelten die Regelungen des Krankengeldes insoweit, als auch im Falle einer durch einen Arbeitsunfall bedingten Erkrankung der Arbeitnehmer erst einmal Anspruch auf Entgeltfortzahlung nach dem Entgeltfortzahlungsgesetz (EFZG) hat. Eine Ausnahme bilden hier nur die sogenannten Doppelberufler. Wird Verletztengeld wegen eines Arbeitsunfalls im Rahmen einer Nebentätigkeit gezahlt, kann gleichzeitig Anspruch auf Krankengeld aus der Haupttätigkeit bestehen[1].

Beispiel:

Arbeitnehmer A erleidet innerhalb einer Frist von einem Jahr die unterschiedlichen Krankheiten K1, K2 und K3, wie im Schema dargestellt.

Insgesamt ist A

- wegen K 1 drei Wochen,
- wegen K 2 eine Woche und
- wegen K 3 sieben Wochen

arbeitsunfähig krank. Alles in allem war er 11 Wochen krank. Die Entgeltfortzahlung bezieht sich jedoch auf die jeweilige Krankheit, d.h.

- für K1 und K2 tritt der Arbeitgeber für vier Wochen mit der Entgeltfortzahlung ein,
- für K3 muss er sechs Wochen zahlen, die siebte Woche übernimmt der zuständige Versicherungsträger (Krankengeld durch die gesetzliche Krankenversicherung oder Verletztengeld von der Berufsgenossenschaft).

---

[1] BSG vom 25.11.2015 – B 3 KR 3/15 R, FD-SozVR 2016, 378771

Dauer der Entgeltfortzahlung

Im Falle einer durch Arbeitsunfähigkeitsbescheinigung festgestellten Arbeitsunfähigkeit (siehe dazu unten b)) erhält ein Arbeitnehmer nach § 3 EFZG für sechs Wochen Entgeltfortzahlung im Krankheitsfall vom Arbeitgeber. Erst wenn dieser Anspruch erschöpft ist, tritt die Berufsgenossenschaft mit der Leistung des Verletztengeldes ein. Wird ein Arbeitnehmer innerhalb eines Zeitraumes von zwölf Monaten wegen derselben Krankheit erneut arbeitsunfähig „krankgeschrieben" oder liegen zwei Erkrankungen aufgrund derselben Ursache nur sechs Monate auseinander, so werden diese Krankheitszeiten solange addiert, bis sechs Wochen erreicht sind (§ 3 Abs. 1 Nr. 1 und 2 EFZG).

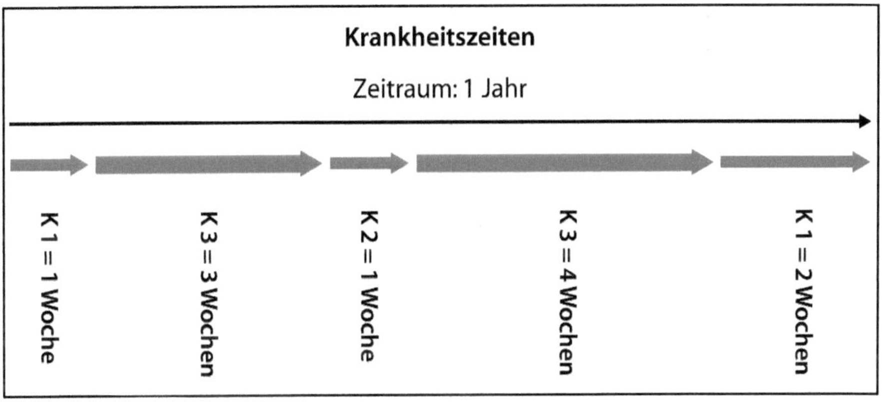

Besonderheit bei leitenden Angestellten

Vor allem leitende Angestellte haben oftmals Klauseln in ihren Arbeitsverträgen, nach denen der Arbeitgeber für einen Zeitraum von drei bis sechs Monaten den Differenzbetrag zwischen Kranken- oder Verletztengeld und dem üblichen Nettolohn als freiwillige zusätzliche Leistung weiterzahlt. Diese Zahlungen können vom Versicherungsträger nicht auf die Leistung von Kranken- oder Verletztengeld angerechnet werden, da sie keine „Lohnzahlungen" im Gesetzessinne sind und deswegen auch nicht gegen das Prinzip der Lohnersatzleistung verstoßen.

Beispiel:

Der bereits seit acht Wochen aufgrund eines Arbeitsunfalls erkrankte A verdient netto 2.500 Euro. Das Verletztengeld beträgt 70 % des Nettolohns, also 1.750 Euro. Aufgrund einer entsprechenden Klausel in seinem Anstellungsvertrag erhält A als freiwillige Leistung seines Arbeitgebers den Differenzbetrag von 750 Euro für weitere drei Monate zusätzlich. Dieses Geld kann von der Berufsgenossenschaft nicht auf die Verletztengeldzahlung in dem Sinne angerechnet werden, dass sie in Höhe von 750 Euro von ihrer Leistung befreit wäre, dem A also nur noch 1.000 Euro zahlen müsste.

Nach Ablauf der sechs Wochen der Entgeltfortzahlung erhält der Verletzte das Verletztengeld, das ebenfalls von der Krankenkasse berechnet und ausgezahlt wird. Diese erhält Leistungserstattungen von der gesetzlichen Unfallversicherung.

Ende des Verletztengeldes

Das Verletztengeld endet, wenn der Betroffene wieder arbeitsfähig ist, eine Verletztenrente oder eine Rente aus der gesetzlichen Rentenversicherung erhält. Das Verletztengeld ruht, wenn der Verletzte Leistungen der Bundesagentur für Arbeit, z.B. Arbeitslosengeld oder Schlechtwettergeld, bezieht.

Ausschließlichkeit

Das Verletztengeld ist eine ausschließliche Leistung. Das bedeutet, dass daneben kein Krankengeld aus der gesetzlichen Krankenversicherung in Anspruch genommen werden kann.[1)]

Hinweis:

Da es in der Regel so ist, dass nach einer Erkrankung aufgrund eines Unfalls oder einer beruflichen Beeinträchtigung erst einmal die Krankenversicherung Leistungen erbringt (Heilbehandlung, ggfs. Krankengeld usw.), kommt es in Fällen der Anerkennung eines Arbeitsunfalls oder einer Berufskrankheit zum Rückgriff (im Amtsdeutsch „Regress“) der Krankenversicherung gegen die Unfallversicherung. Dabei ist immer wieder höchst umstritten, ab welchem Zeitpunkt dieser Regress einzuleiten ist (Zeitpunkt der Unfallmeldung, der Antragstellung oder der Anerkennung – siehe hierzu die wichtige Entscheidung des LSG Baden-Württemberg mit vielen weiteren Rechtsprechungsnachweisen zum Problem[2)]). Insofern ist dem betroffenen Arbeitnehmer anzuraten, alle Daten, an denen

1) BSG vom 5.4.2001 – B 1 KR 13/01 R, NZS 2003, 479

2) LSG Baden-Württemberg vom 22.1.2014 – L 3 U 3510/13, FD-SozVR 2014, 363680

- Anträge gestellt,
- Leistungen verbeschieden oder erbracht wurden und
- Anfragen der verschiedenen Versicherungsträger beantwortet wurden,

exakt zu dokumentieren.

Übergangsgeld

An die Heilbehandlung kann sich oftmals auch eine Rehabilitationsmaßnahme anschließen, für die der Verletzte dann das Übergangsgeld erhält. Schließt sich die Berufshilfemaßnahme nicht unmittelbar an die Heilbehandlung an, so wird das Verletztengeld nach § 45 Abs. 2 Satz 2 SGB VII bis zum Beginn dieser Maßnahme weiter gewährt. Das ist jedoch dann nicht der Fall, wenn der Verletzte die Gründe zu vertreten hat, die den direkten Anschluss der Berufshilfemaßnahme unmöglich machen.

Beispiel:

A lebt nach einem Arbeitsunfall im Rollstuhl. Nach einer arbeitsunfallbedingten Krankenhausbehandlung soll er an einer Rehabilitationsmaßnahme teilnehmen. Da in dem vorgesehenen Rehabilitationszentrum derzeit kein Platz frei ist, kann A in der Zwischenzeit zu Hause auf einen freien Platz warten und erhält für diesen Wartezeitraum Verletztengeldleistungen. Tritt A die sich direkt anschließende Reha-Maßnahme nicht an, weil z.B. das Rehabilitationszentrum zu weit von seinem Heimatort entfernt ist und er deswegen Heimweh befürchtet, muss der Unfallversicherungsträger für die Wartezeit auf einen anderen Rehaplatz kein Verletztengeld zahlen.

b) In diesem Zusammenhang: der Begriff der Arbeitsunfähigkeit

Arbeitsunfähigkeit

Voraussetzung für die Leistung des Verletztengeldes ist, dass der Arbeitnehmer arbeitsunfähig ist. Für den Begriff der **Arbeitsunfähigkeit** in der gesetzlichen Unfallversicherung wird die Definition zugrunde gelegt, die auch in der gesetzlichen Krankenversicherung Anwendung findet. Danach ist, unter Einbeziehung der Rechtsprechung des BSG[1], arbeitsunfähig, „wer

1) z.B. BSG vom 15.11.1984 – 3 RK 21/83, NZA 1985, 373

seine zuletzt ausgeübte Erwerbstätigkeit oder eine gleichgeartete Tätigkeit nicht mehr oder nur auf die Gefahr hin, seinen Zustand zu verschlimmern, verrichten kann". So weit ist die Definition klar, umstritten ist lediglich der Begriff der „gleichgearteten Tätigkeit". Denn diese Einschränkung bedeutet ja, dass dem Arbeitnehmer gegebenenfalls eine andere Tätigkeit zugewiesen werden kann. Das BSG hat früher deswegen auch von einer „ähnlich gearteten" Tätigkeit gesprochen.[1]

Beispiel:

A arbeitet bei einem Automobilhersteller in der Produktion am Band. Er verletzt sich dabei schwer an der linken Hand, die er für seine Tätigkeit benötigt. Vom Durchgangsarzt wird A deswegen behandelt und bis auf Weiteres krankgeschrieben. Als A seinem Vorgesetzten diesen Umstand mitteilt und ihm die Arbeitsunfähigkeitsbescheinigung vorlegt, meint dieser, das wäre alles doch gar kein Problem. Pförtner B sei gerade im Urlaub. Für diese Tätigkeit brauche A seine linke Hand ja nicht. Er solle deswegen umgehend dort seinen Dienst fortsetzen und zwar so lange, bis die linke Hand wieder in Ordnung sei oder B aus dem Urlaub zurückkehrt. Muss A dieser Aufforderung Folge leisten?

Hinsichtlich der vergleichbaren „zuletzt ausgeübten Tätigkeit", an der sich eine Verweisungstätigkeit orientieren muss, hält die Rechtsprechung einen Zeitraum von drei Jahren für angemessen, in dem der Verletzte an dieser Tätigkeit gemessen wird. Danach erfolgt nur noch eine Orientierung am allgemeinen Arbeitsmarkt.[2].

„Ähnlich geartete" Tätigkeit

Hier steht die Verweisbarkeit auf eine „ähnlich geartete" Tätigkeit in Frage. Das BSG hat mit dem oben geschilderten Wechsel der Rechtsprechung auf den Begriff der „gleichgearteten Tätigkeit" deutlich gemacht, dass eine zeitweilige Versetzung auf eine andere Tätigkeit wirklich nur dann als Umgehung von Arbeitsunfähigkeit dienen kann, wenn diese Tätigkeit mit der vorher ausgeübten vergleichbar ist. Die Vergleichbarkeit orientiert sich an verschiedenen, tatsächlich bestimmbaren Merkmalen, wie einer möglichen Tätigkeitsbeschreibung, einer ta-

1) z.B. BSG vom 16.12.1981 – GS 3/78, BSGE 53, 22

2) LSG Baden-Württemberg vom 9.3.2017 – L 6 U 1655/16, NZS 2017, 396

riflichen Eingruppierung u.Ä. Eine Verweisbarkeit auf andere Tätigkeiten wird deswegen vom BSG in der Praxis regelmäßig erst dann bejaht, wenn das letzte Arbeitsverhältnis bereits beendet war.[1] In diesem Fall sei eine tatsächlich vergleichbare Tätigkeit nicht mehr feststellbar und so dem Arbeitnehmer auch eine andere, möglicherweise nicht seinem Ausbildungs- und Kenntnisstand entsprechende Tätigkeit zumutbar. A muss also den Posten des Pförtners nicht übernehmen.

Zulässigkeit

Wichtig ist auch, dass die Verweisung auf eine andere Tätigkeit nur dann überhaupt zulässig ist, wenn dadurch der Heilungsprozess nicht behindert wird und dass sie ausgeschlossen ist, wenn gar eine Verschlimmerung der Erkrankung droht.

Hinweis:

Nicht selten kommt es vor, dass während des Bezugs von Verletztengeld der Arbeitgeber dem Arbeitnehmer eine andere Tätigkeit im Betrieb anbietet. Einigen sich Arbeitgeber und Arbeitnehmer auf die Übernahme dieser neuen Tätigkeit, so ist dann die neue Tätigkeit Grundlage dafür, festzustellen, ob noch eine Arbeitsunfähigkeit vorliegt, die den Bezug von Verletztengeld überhaupt noch rechtfertigt. Wird z.B. ein Staplerfahrer, der diese Tätigkeit wegen fortdauernder Schmerzen derzeit nicht ausüben kann, auf einem anderen – schmerzangepassten – Arbeitsplatz eingesetzt, kann das zum Fortfall des Verletztengeldes führen[2].

Keine Arbeitsunfähigkeit liegt vor, wenn der Leistungsberechtigte eine – seiner Verletzung gerechte – Ersatztätigkeit aufnimmt[3].

c) Höhe des Verletztengeldes

Wie hoch ist das Verletztengeld?

Für die Höhe des Verletztengeldes gelten die **Grundsätze des Krankenversicherungsrechts.**[4] Das Verletztengeld beträgt 70 % des regelmäßig tatsächlich erzielten Arbeitsentgelts[5]. Jedoch gibt es im Unfallversicherungsrecht eine wichtige Besonderheit.

---

1) BSG vom 9.12.1986 – 8 RU 12/85, BSGE 61, 66
2) LSG Baden-Württemberg vom 9.9.2014 – L 1 U 3636/14 ER-B, NZS 2014, 837
3) LSG Baden-Württemberg vom 9.3.2017 – L 6 U 1655/16, FD-SozVR 2017, 390559
4) § 47 Abs. 1 SGB VII verweist auf § 47 Abs. 1, 2 und 5 SGB V
5) LSG Hessen vom 25.10.2019 – L 9 U 109/17, FD-ArbR 2019, 422223

Beispiel:

A ist Abteilungsleiter bei B. Das Unternehmen stellt chemische Produkte her. Während er auf dem Werksgelände auf dem Weg zu einer Besprechung ist, wird er von dem unaufmerksamen Staplerfahrer S überfahren und schwer verletzt. A ist nun bereits sechs Wochen krank und erhält ab der 7. Woche Verletztengeld. Er möchte wissen, wie hoch dieses ausfallen wird. Derzeit erhält A ein Bruttomonatsgehalt von 7.000 Euro.

Beitragsbemessungsgrenze

Würde A Krankengeld aus der gesetzlichen Krankenversicherung beziehen, würde bei der Berechnung des Krankengeldes der Verdienst von A zugrunde gelegt, soweit er nicht die „Beitragsbemessungsgrenze" übersteigt. Diese beträgt im Jahre 2010 in der gesetzlichen Krankenversicherung (alte Bundesländer) 49.950 Euro im Jahr oder 4.162,50 Euro im Monat. „Beitragsbemessungsgrenze" bedeutet, dass das Gehalt von A zur Berechnung seiner Beiträge zur Krankenversicherung auch nur in dieser Höhe zugrunde gelegt wird.

Die Differenz von der Beitragsbemessungsgrenze bis zum Jahresgehalt von A bleibt bei der Beitragsberechnung unberücksichtigt. Dieses „Mehr" an Verdienst wird jedoch auch bei der Berechnung der Lohnersatzleistungen, also des Kranken- oder Verletztengeldes, nicht mit einbezogen.

Beitragsbemessungsgrenze durch Satzung

In der gesetzlichen Unfallversicherung ist vorgesehen, dass diese Beitragsbemessungsgrenze kraft Satzung der jeweiligen Berufsgenossenschaft überschritten werden kann (§ 85 Abs. 2 SGB VII). Von dieser Möglichkeit haben alle Berufsgenossenschaften, wie auch die Träger der unechten Unfallversicherung (wie z.B. die Gemeindeunfallkassen) Gebrauch gemacht und durch Satzung festgelegt, welche „Höchstjahresverdienstgrenzen"[1] gelten. Diese Grenzen sind bei der Berechnung des Verletztengeldes zu berücksichtigen. Ab 1.1.2023 gelten folgende Werte:[2]

[1] = Höchstjahresarbeitsverdienst

[2] Zahlen der DGUV

BG Rohstoffe und chemische Industrie	84.000
Berufsgenossenschaft Holz und Metall	93.000
BG Energie Textil Elektro Medienerzeugnisse	84.000
BG Nahrungsmittel und Gastgewerbe	84.000
BG der Bauwirtschaft	81.480
BG Handel und Warendistribution	84.000
Verwaltungs-BG	120.000
BG für Transport und Verkehrswirtschaft	84.000
BG für Gesundheitsdienst und Wohlfahrtspflege	96.000

Praxistipp:

Die jeweils gültigen Höchstjahresverdienstgrößen kann man bei der zuständigen Berufsgenossenschaft erfragen.

A ist im o.g. Beispiel im Bereich der chemischen Industrie tätig. Bei der Höchstjahresverdienstgrenze von 84.000 Euro wird sein Bruttojahresgehalt bis zu dieser Höhe für die Berechnung des Verletztengeldes zugrunde gelegt. A erhält damit ein Verletztengeld in Höhe von 4.900 Euro im Monat (= 70 % von 7.000 Euro), das damit deutlich höher liegt als ein entsprechendes Krankengeld aus der gesetzlichen Krankenversicherung.

Bei der Berechnung des Jahresarbeitsverdienstes ist alles heranzuziehen, was der Arbeitnehmer in einem Jahr verdient, einschließlich z.B. des Weihnachts- und Urlaubsgeldes. Werden dem Arbeitnehmer steuerfrei Spesen ausbezahlt, ohne dass dafür Mehraufwendungen nachzuweisen sind (z.B. Arbeitnehmer mit umfänglichen Reisetätigkeiten, die eine Spesenpauschale erhalten), sind auch diese Bestandteil des Jahresarbeitsverdienstes[1)]. Der der Leistung zugrunde gelegte Jahresarbeitsverdienst kann nach der Leistungsbewilligung nicht höher neu

1) LSG Bayern vom 29.4.2014 – L 3 619/11, NZS 2014, 670

berechnet werden, weil z.B. mittlerweile eine zusätzliche Ausbildung abgeschlossen worden ist[1].

Ist ein Jahresarbeitsverdienst noch gar nicht vorhanden, weil sich der Versicherte – z.B. als Student – noch in der Ausbildung befindet, wird dieser fiktiv nach Tarifverträgen des angestrebten Berufs festgelegt und kann erhöht werden, wenn der Student trotz des Unfalls seine Ausbildung zwar abschließen, aber nicht in dem Beruf tätig werden kann[2].

d) Leistungen an Arbeitslose

Verletztengeld für Arbeitslose

Auch Arbeitslose sind gesetzlich unfallversichert, wenn sie ihren Meldepflichten nachkommen.

Erleiden sie dabei einen so schwerwiegenden Arbeitsunfall, dass sie Verletztengeld beziehen müssen, so berechnet sich die Höhe nach § 47 Abs. 2 SGB VII i.V.m. § 126 Abs. 1 bis 3 SGB III. Da bereits das Arbeitslosengeld nur einen Bruchteil des Bruttolohns abdeckt, wird das Verletztengeld (wie auch das Krankengeld) in voller Höhe der Bezüge des Arbeitslosengeldes oder der jeweiligen Leistung der Bundesagentur für Arbeit gewährt.

e) Gleichzeitiger Bezug von Verletztengeld und Verletztenrente

Bezieht ein Versicherter, der neben dem Hauptberuf einer Nebenbeschäftigung nachgeht, bereits aus einer der Beschäftigungen eine Verletztenrente, ist bei einem Unfall in der anderen Beschäftigung bei der Festlegung des Verletztengeldes der Bezug der Verletztenrente zu berücksichtigen[3].

■ Übergangsgeld

Voraussetzungen des Übergangsgeldes

Während der Rehabilitationsmaßnahmen erhält der Verletzte Übergangsgeld nach § 49 SGB VII, wenn

---

1) LSG Bayern vom 16.6.2015 – L 2 U 440/11, FD-SozVR 2015, 371879

2) BSG vom 19.12.2013 – B 2 U 5/13 R, FD-SozVR 2014, 357875 m.w.Nw.

3) LSG Baden-Württemberg vom 31.3.2014 – L 1 U 4557/13, FD-SozVR 2014, 361227

- er arbeitsunfähig ist (siehe dazu oben S. 179) oder
- er wegen einer Teilnahme an der Maßnahme gehindert ist, einer vollzeitigen Erwerbstätigkeit nachzugehen.

Berechnung

Das Übergangsgeld wird wie das Verletztengeld berechnet. Es beträgt 68 % des Bruttolohns in den üblichen Fällen und 75 %, wenn der Verletzte mindestens ein Kind hat oder sein Ehegatte einer Berufstätigkeit nicht nachgehen kann, weil er selbst pflegebedürftig ist oder den Verletzten pflegt.

Pauschale Berechnung

In den Fällen, in denen der Verletzte

- noch nie ein Einkommen erzielt hat,
- der letzte Tag der Erwerbsfähigkeit zu Beginn der Rehabilitationsmaßnahme mehr als drei Jahre zurückliegt oder
- es unbillig hart wäre, das letzte Arbeitseinkommen zugrunde zu legen,

wird das Übergangsgeld pauschal berechnet. Dabei wird das tarifliche Gehalt oder, wenn es kein Tarifgehalt gibt, das ortsübliche Gehalt zugrunde gelegt. Davon erhält der Verletzte dann 65 %.

Unbillige Härte

Eine unbillige Härte bei der Zugrundelegung des letzten Arbeitseinkommens ist z.B. dann anzunehmen, wenn der Verletzte gerade eine Berufsausbildung absolviert oder beendet hat. In diesem Falle wäre für die Zeit der Berufshilfe die – oftmals recht kärgliche – Ausbildungsvergütung zugrunde zu legen. In diesem Fall kommt es zu einer pauschalen Berechnung.

Anrechnung anderer Einkünfte

Andere Einkünfte, die der Verletzte bezieht, werden auf das Übergangsgeld nach § 52 SGB VII angerechnet.

Längere und kürzere Gewährung des Übergangsgeldes

Kann der Verletzte an einer Maßnahme der Berufshilfe aus gesundheitlichen Gründen nicht mehr teilnehmen, so wird das Übergangsgeld nach § 50 Abs. 2 SGB VII für weitere sechs Wochen gewährt. Dieser Zeitraum ist entsprechend um die Zeit kürzer, die die Maßnahme vorher beendet wird (s. Beispiel S. 186).

Er erhält dann das Übergangsgeld, wenn der Kurs noch mindestens weitere sechs Wochen dauert, für weitere sechs Wochen und z.B. nur mehr für vier Wochen, wenn der Kurs auch nur noch vier Wochen gedauert hätte.

Beispiel:

A nimmt im Rahmen der Berufshilfe an einer Fortbildung zum EDV-Fachmann teil, da er aufgrund eines schweren Arbeitsunfalls an den Rollstuhl gefesselt ist und seinen ursprünglichen Beruf als Elektriker in einem großen Unternehmen nicht mehr ausüben kann. A hat noch Probleme mit dem Leben im Rollstuhl und wird wegen starker Depressionen aus dem Kurs herausgenommen.

Wenn der Verletzte nach der Berufshilfemaßnahme arbeitslos ist, sich bei der Arbeitsagentur arbeitslos gemeldet hat und so der beruflichen Eingliederung zur Verfügung steht, wird ihm weitere sechs Wochen Übergangsgeld gewährt. Dieses beträgt bei denjenigen, die vorher 75 % erhalten haben, 67 %, bei allen anderen 60 % des letzten Bruttolohns.

Verletztenrente

a) Grundsätzliches

Voraussetzungen für die Verletztenrente

Die Gewährung einer Verletztenrente ist ebenfalls von der Erfüllung bestimmter Voraussetzungen abhängig. Nach den Vorschriften der §§ 56 ff. SGB VII ist es erforderlich, dass

- eine Minderung der Erwerbsfähigkeit vorliegt,
- die von gewisser Dauer sein muss.

Zweck und Arten

Die Verletztenrente soll einen Ausgleich dafür schaffen, dass der Verletzte aufgrund der verletzungsbedingten Folgen nicht mehr oder nur noch eingeschränkt am Erwerbsleben teilnehmen kann. Deswegen werden zwei Arten von Renten gewährt, und zwar

- die Vollrente, die 2/3 des bisherigen Jahresarbeitsverdienstes ausmacht (§ 56 Abs. 3 Satz 1 SGB VII) und
- die Teilrente, die in der Höhe gewährt wird, die dem Grad der Minderung der Erwerbsfähigkeit entspricht (§ 56 Abs. 3 Satz 2 SG B VII).

Berechnung des Jahresarbeitsverdienstes

Die Berechnung des Jahresarbeitsverdienstes richtet sich nach den Vorschriften der §§ 81 ff. SGB VII. Grundsätzlich zählt dazu der Gesamtbetrag aller Arbeitseinkünfte der letzten zwölf Monate vor dem Unfall. Bei Jugendlichen und Auszubildenden wird, wie bei der Berechnung des Verletztengeldes, eine pauschale Berechnung für die Zeit nach der Ausbildung vorgenommen (z.B. nach dem Tarifgehalt).

Die Rente ist so lange zu gewähren, wie der Verletzte einen entsprechenden Grad der Minderung der Erwerbsfähigkeit nachweisen kann.

Die Rente kann sich durch eine „Schwerverletztenzulage" nach § 57 SGB VII um 10 % erhöhen.

Minderung der Rente

Bei Pflege in einem Heim, die länger als einen Monat dauert, wird die Rente nach § 60 SGB VII gemindert und zwar maximal um die Hälfte dieser Rente, wobei persönliche Bedürfnisse und Verhältnisse einzubeziehen sind. Nicht gemindert werden kann die Verletztenrente, wenn verbesserte Lebensumstände eintreten, die z.B. auf eine verbesserte Beinprothese (wegen der die Rente gezahlt wird) beruhen[1].

Erhöhung der Rente

§ 58 SGB VII sieht schließlich noch die Möglichkeit vor, die Rente in Fällen von Arbeitslosigkeit zu erhöhen. Hier wird geprüft, ob die Rente gemeinsam mit dem Arbeitslosengeld oder der Arbeitslosenhilfe die Höhe des Übergangsgeldes erreicht und die Rente dann gegebenenfalls um den Unterschiedsbetrag erhöht.

Pfändbarkeit der Rente

Die Verletztenrente ist wie jedes Arbeitseinkommen im Rahmen der gesetzlichen Grenzen pfändbar[2].

b) Voraussetzungen der Verletztenrente, insbesondere der Begriff der „Minderung der Erwerbsfähigkeit"

Voraussetzungen

Hält die zu entschädigende Minderung der Erwerbsfähigkeit über die 26. Woche nach dem Arbeitsunfall hinaus an, so ist eine Verletztenrente zu gewähren.

„Minderung der Erwerbsfähigkeit"

Problematisch ist in der Praxis der Begriff der „Minderung der Erwerbsfähigkeit", der nicht mit der „Arbeitsunfähigkeit" (siehe oben) verwechselt werden darf. Der wesentliche Unterschied liegt in der Möglichkeit der Verweisbarkeit auf andere Berufe. Grundsätzlich ist jemand erwerbsfähig, wenn er sich durch Ar-

---

1) BSG vom 20.12.2016 – B 2 U 11/15 R, FD-SozVR 2016, 384792

2) BGH vom 20.10.2016 – IX ZB 66/15, BeckRS 2016, 19987

beit einen Erwerb verschaffen kann. Die Minderung dieser Erwerbsfähigkeit wird festgestellt, indem man die Erwerbsmöglichkeiten des Verletzten vor dem Unfall mit denjenigen nach dem Unfall vergleicht und feststellt, welche ihm davon verblieben sind. Dabei kommt es nicht auf die konkrete Tätigkeit des Verletzten vor dem Unfall an, sondern auf den gesamten Bereich des Erwerbslebens, den „allgemeinen Arbeitsmarkt". Für die Zeit vor dem Unfall wird dabei bei einem gesunden Arbeitnehmer immer von einer uneingeschränkten Erwerbsfähigkeit i.H.v. 100 % ausgegangen. Für die Zeit nach dem Unfall muss nun festgestellt werden, in welchem Grad der Verletzte noch am Erwerbsleben teilnehmen kann.

Verweis auf gleichwertige Tätigkeiten

Hier wird die Problematik der „Verweisbarkeit" akut. Wie oben festgestellt wurde, kann bei einer Arbeitsunfähigkeit, die zur Krankschreibung führt, nur auf gleichwertige Tätigkeiten verwiesen werden (man denke an den Fall mit dem Bandarbeiter, der als Pförtner tätig sein sollte, siehe S. 180). Bei Feststellung der Minderung der Erwerbsfähigkeit kann der Verletzte grundsätzlich auf jede andere Tätigkeit verwiesen werden, die dem Verletzten nach seinen körperlichen, geistigen, seelischen und beruflichen Fähigkeiten zumutbar ist.

Die Möglichkeit der Verweisung auf den „allgemeinen Arbeitsmarkt" unabhängig von der Vortätigkeit ist damit sehr weit. Weder der Gesetzgeber noch die Rechtsprechung nehmen darauf Rücksicht, ob auf diesem Arbeitsmarkt auch eine entsprechende Stelle zu bekommen ist.

Beispiel:

A ist als Facharbeiter in einem Automobilkonzern am Band beschäftigt. Aufgrund seiner großen Erfahrung und einer Vielzahl von Fortbildungsmaßnahmen ist er als Gruppenleiter (Vorarbeiter) tätig. Er erleidet nun einen Arbeitsunfall, der es verhindert, ihn weiterhin in seiner bisherigen Tätigkeit zu beschäftigen. Soll ihm nun ein Verweisungsberuf zugewiesen werden, so ist alleine von Bedeutung, wie A überhaupt noch tätig werden kann.

Maß der Einschränkung

Damit stehen die äußeren Umstände fest, nach denen die Minderung der Erwerbsfähigkeit zu bemessen ist. Nun muss geprüft werden, wie die erlittene Verletzung die Erwerbsfähigkeit einschränkt. Dieses Verfahren ist kompliziert, wenn auch schematisiert. Aus dem Schema folgt, dass für bestimmte Verletzungen (z.B. fehlende Gliedmaßnahmen oder Organe) bestimmte Minderungssätze anzuerkennen sind. Nichtsdestotrotz muss jeder Fall nach den tatsächlichen Bedingungen und den persönlichen Verhältnissen des Verletzten beurteilt werden. Da es sich bei der Feststellung des Grades der Minderung der Erwerbsfähigkeit um eine Ermessensentscheidung handelt, wäre eine rein schematische Festlegung ein rechtswidriger Ermessensfehlgebrauch: In der Rechtsprechung ist anerkannt, dass die Beschränkung auf ein Schema bei einer Ermessensentscheidung ohne die Einbeziehung aller zudem relevanten Umstände keine ausreichende Ermessensausübung ist.

Beispiel:

A verliert bei einem Arbeitsunfall drei Finger der rechten Hand. Die zuständige Berufsgenossenschaft stellt eine Minderung der Erwerbsfähigkeit in Höhe von 30 % fest. A erkundigt sich beim Sachbearbeiter, aufgrund welcher Kriterien diese Feststellung erfolgt ist. Der Sachbearbeiter teilt ihm nur kurz mit, dass aufgrund eines im Hause verwendeten Bewertungsschemas grundsätzlich eine Minderung der Erwerbsfähigkeit von 30 % beim Fehlen von drei Fingern angenommen wird.

Diese Entscheidung ist – unabhängig von ihrer fachlichen Richtigkeit – rechtlich angreifbar, da keine ordnungsgemäße Ermessensentscheidung erfolgt ist. Der Sachbearbeiter hätte z.B. in seine Entscheidung einbeziehen müssen, ob A Rechts- oder Linkshänder ist, welche Finger fehlen, ob es sich um ganze Finger oder Fingerglieder handelt usw.

Faktisch bedeutet das, dass ein ärztliches Gutachten zur Feststellung des Grades der Minderung der Erwerbsfähigkeit immer auch Ausführungen und damit Untersuchungen zu den Lebensumständen des Verletzten enthalten muss und bei dem geringsten Verdacht auch psychische und seelische Beeinträchtigungen durch den Unfall, wie z.B. Angstzustände, Gefühle der Minderwertigkeit durch eine Behinderung usw., einzubeziehen sind.

Stufen der Minderung der Erwerbsfähigkeit

Die Grade der Minderung der Erwerbsfähigkeit erstrecken sich, in der Regel abgestuft nach 10 %-Schritten, von 0 bis 100 %. Eine vollständige Erwerbsunfähigkeit mit der Folge einer Vollrente erfordert deswegen schwerwiegende Einschränkungen, so z.B. eine vollständige Erblindung, und wird nicht anerkannt, wenn – auch nur geringfügige – Erwerbsmöglichkeiten verbleiben.

Beispiel:[1)]

A hat über Jahre hinweg als Sekretärin gearbeitet. Aufgrund eines schweren Autounfalls auf dem Weg zur Arbeit ist sie vielfältig behindert und kann ihre Wohnung kaum noch verlassen. Da sie aber an ihrem PC noch arbeiten kann, wenn auch nur wenige Stunden am Tag, wird keine vollständige Minderung der Erwerbsfähigkeit angenommen. Dabei kommt es nicht darauf an, ob der A auch eine entsprechende Stelle vermittelt werden könnte.

Dieses Ergebnis klingt vordergründig „ungerecht“. Es ist aber zu bedenken, dass die Verletztenrente der gesetzlichen Unfallversicherung eine „Entschädigungsrente“ für die erlittene Verletzung oder Erkrankung darstellt. Die zum Vergleich oftmals herangezogene Rente der gesetzlichen Rentenversicherung wegen verminderter Erwerbsfähigkeit hat dagegen die Aufgabe, den Versicherten sozial abzusichern und ihm ein Leben in Würde zu gewährleisten.

Zusammentreffen mehrerer Minderungen

Problematisch ist auch der Fall des Zusammentreffens mehrerer Minderungen der Erwerbsfähigkeit. Die Teilrente wird nach § 56 Abs. 1 SGB VII erst geleistet, wenn die Erwerbsfähigkeit mindestens um 1/5, also um 20 % gemindert ist. Treffen mehrere Minderungen der Erwerbsfähigkeit zusammen, kann daraufhin eine Gesamtminderung der Erwerbsfähigkeit berechnet werden, die sich aber nicht durch Addition der einzelnen Grade der Minderung der Erwerbsfähigkeit ergibt, sondern durch eine vollständig neue Gesamtuntersuchung, in der auch ermittelt wird, wie sich die einzelnen Erkrankungen gegenseitig beeinflussen.

---

1) in Anlehnung an BSG vom 29.6.1962 – 2 RU 159/61, NJW 1962, 2030

Beispiel:

A verliert während der Arbeit an einer Maschine seinen rechten kleinen Finger. Hier wird üblicherweise eine Minderung der Erwerbsfähigkeit von 0 % angenommen. Verliert er nun bei einem späteren Arbeitsunfall auch den Mittelfinger der rechten Hand, was üblicherweise eine Minderung der Erwerbsfähigkeit von 10 % mit sich bringt, wird nicht einfach addiert (0 + 10 = 10), sondern es wird der Gesamtschaden festgestellt, der durch den gemeinsamen Verlust beider Finger entsteht, hier üblicherweise 20 %.

Beispiele

Es würde den Rahmen sprengen, hier auf weitere Einzelheiten einzugehen. Abschließend werden deshalb beispielhaft einige Sätze der Minderung der Erwerbsfähigkeit genannt:[1)]

Blindheit auf einem Auge	25 %
Blindheit auf beiden Augen	100 %
Verlust des Geruchssinns	10 %
Kehlkopfverlust	50 %
Bronchitis	10–60 % (je nach Erscheinungsbild und Beschwerden)
Lungen-Tbc	20–100 % (abhängig davon, ob aktiv oder inaktiv)
Magengeschwür	30–40 %
Milzverlust	10 %
Verlust einer Niere	20 % (wenn die andere vollkommen funktionsfähig ist, bei Funktionsstörungen auch der anderen Niere 30–100 %)
unvollständige Querschnittslähmung mit Teillähmung der Beine und Störung der Blasen- und Darmfunktion	60–80 %
Verlust eines Armes im Schultergelenk	70 %
Verlust des Unterschenkels im Knie	60 %

1) KassKomm-Ricke, § 56 SGB VII Rn. 42 ff.

Selbstverständlich geht es bei der Rentengewährung nicht ausschließlich um die Folgen eines Arbeitsunfalls. Es sei nochmals ausdrücklich darauf hingewiesen, dass auch und gerade Berufskrankheiten derartige Leistungen nach sich ziehen können.

Sterbegeld

Sterbegeld und Überführungskosten

Nach § 63 Abs. 1 SGB VII ist an die Hinterbliebenen des Opfers eines Arbeitsunfalls und der in § 63 Abs. 2 SGB VII aufgezählten Berufskrankheiten (z.B. Silikose) ein Sterbegeld zu zahlen. Daneben können auch die Überführungskosten geltend gemacht werden.

Berechnung

Das Sterbegeld beträgt nach § 64 SGB VII ein Siebtel der im Zeitpunkt des Todes geltenden Bezugsgröße. Die Bezugsgröße ist in § 18 SGB IV geregelt und ist ein allgemeiner Maßstab, der durch das Durchschnittsentgelt in der gesetzlichen Rentenversicherung bestimmt, jährlich an die Einkommensentwicklung angepasst und für verschiedene Leistungen der gesetzlichen Sozialversicherung zugrunde gelegt wird.[1] Derzeit (Berechnung gilt für das Jahr 2023) beträgt danach das Sterbegeld in den alten Bundesländern 5.781 Euro und in den neuen Bundesländern 5.640 Euro. Das Sterbegeld wird nur an denjenigen ausgezahlt, der für die Bestattungskosten aufzukommen hat. Die Höhe der Bestattungs- und Überführungskosten muss nicht nachgewiesen werden, da eine Beschränkung der Erstattung des Sterbegeldes auf die konkret angefallenen Bestattungskosten nicht vorgenommen wird. Diese sind nur noch nachzuweisen, wenn umstritten ist, wer für die Ausgaben tatsächlich aufgekommen ist.

Sterbegeld der gesetzlichen Krankenversicherung

Daneben kann das Sterbegeld der gesetzlichen Krankenversicherung nach § 58 SGB V in Anspruch genommen werden. Dieses wird nach den Einsparungen durch die Gesundheitsreform nur noch an diejenigen (bzw. deren Hinterbliebene) ausgezahlt, die bereits am 1.1.1989 in der gesetzlichen Krankenkasse versichert waren. Es beträgt pauschal 1.050 Euro.

---

[1] Bezugsgröße für das Jahr 2023 40.470 Euro jährlich (3.372,50 Euro monatlich) in den alten Bundesländern und 39.480 Euro jährlich (3.290 Euro monatlich) in den neuen Bundesländern; diese Unterscheidung wird ab 2025 nicht mehr vorgenommen!

Renten an Hinterbliebene

Neben dem Sterbegeld ist die wichtigste Leistung an Hinterbliebene die Hinterbliebenenrente. Sie ist in den §§ 65 ff. SGB VII geregelt.

a) Grundsätzliches

Voraussetzungen

Witwen oder Witwer erhalten bis zu ihrem Tod oder ihrer Wiederverheiratung (zur damit verbundenen Abfindung siehe unten S. 199 f.) eine Hinterbliebenenrente, wenn der Verletzte bei einem Arbeitsunfall verstorben oder einer Berufskrankheit erlegen ist. Dieser Anspruch besteht auch für Waisen (§ 67 SGB VII) und für Verwandte aufsteigender Linie (§ 69 SGB VII).

Elternrente

Die Elternrente wird gewährt, wenn der Tote lediglich Verwandte der aufsteigenden Linie hinterlässt, die er ohne den Arbeitsunfall von seinem Verdienst wesentlich unterhalten hätte.

„Frühere Ehefrau"

Der Kreis der Leistungsberechtigten wird erweitert um die „frühere Ehefrau" (§ 66 SGB VII). Wurde die Ehe geschieden, aufgehoben oder für nichtig erklärt und hat der Verletzte bis zu seinem Arbeitsunfall Unterhalt geleistet, so ist ebenfalls eine Rente zu gewähren. Maßgeblich ist die Unterhaltsleistung im letzten Jahr vor Eintritt des Arbeitsunfalls. Hat der Verstorbene vor seinem Tod an mehrere Berechtigte Unterhalt geleistet, so wird die Rente gesplittet und zwar im Verhältnis der Dauer der Ehen mit dem Verletzten.

Versorgungsehe

Eine Einschränkung erfährt die Hinterbliebenenrente im Falle des § 65 Abs. 6 SGB VII. Danach ist keine Rente zu gewähren, wenn lediglich eine Versorgungsehe vorlag. Für das Vorliegen einer Versorgungsehe gibt es eine gesetzliche Vermutung, d.h. liegen bestimmte Umstände vor, so geht der Versicherungsträger davon aus, dass keine Leistungen zu erbringen sind, wenn nicht das Gegenteil geltend gemacht wird. Eine Versorgungsehe wird angenommen,

- wenn die Ehe erst nach dem Arbeitsunfall geschlossen wurde und
- der Verletzte innerhalb des ersten Jahres der Ehe verstirbt.

Ist die Annahme nicht gerechtfertigt, dass der alleinige oder überwiegende Zweck der Heirat derjenige war, dem Hinterbliebenen eine Versorgung zu verschaffen, so liegt keine Versorgungsehe vor. Der Unfallversicherungsträger muss diese Umstände von Amts wegen prüfen; die Beweislast für die Gründe der Eheschließung liegt beim Anspruchsteller. Folgende Indizien sprechen beispielsweise gegen eine Versorgungsabsicht, wobei es auf die Motive beider Ehegatten ankommt:

- Die tödliche Folge des Versicherungsfalls war nicht vorhersehbar (z.B. wenn eine Berufskrankheit vorlag).
- Es kann der Nachweis erbracht werden, dass feste Heiratsabsichten bereits vor dem Versicherungsfall vorlagen.
- Eine Heirat erfolgt aus Vereinsamungsangst.

Grenze der Rentenzahlung

Die Rentenzahlung bei Hinterbliebenenrenten ist begrenzt auf die Zeit bis zum Tod oder zur Wiederverheiratung des Hinterbliebenen. Wird die erneute Ehe des wiederverheirateten Ehegatten aufgelöst, z.B. durch Scheidung, lebt der Rentenanspruch erneut auf.

b) Höhe der Rente

„Kleine"/„große" Witwen- und Witwerrente

Für die Höhe der Rente unterscheidet man zwischen der „kleinen" und der „großen" Witwen- und Witwerrente. Die Unterscheidung wird am Lebensalter des Hinterbliebenen festgemacht. Die Grenze ist das 45. Lebensjahr. Hat der Berechtigte dieses 45. Lebensjahr erreicht, so erhält er die große Witwen- und Witwerrente.

Dauer der Zahlung

Die kleine Witwen- und Witwerrente wird seit dem 1.1.2002 an die Berechtigten nur noch über einen Zeitraum von zwei Jahren geleistet. Das wird damit begründet, dass Menschen, die jünger als 45 Jahre sind, jung genug sind, selbst wieder für ihren Lebensunterhalt zu sorgen. Für Versicherungsfälle vor dem 1.1.2002 gilt das alte Recht weiter, so dass hier eine Beschränkung auf zwei Jahre nicht stattfindet. Wichtig ist, dass der Hinterbliebene mit Erreichen des Lebensalters von 45 Jahren trotzdem den Anspruch auf die große Witwen- und Witwerrente behält.

Beispiel:

A kommt bei einem Arbeitsunfall ums Leben. Er hinterlässt eine 39-jährige Ehefrau. Diese hat nun einen Anspruch auf die kleine Witwenrente für den Zeitraum von zwei Jahren und ab Erreichen des 45. Lebensjahres einen Anspruch auf die große Witwenrente. Damit entsteht für den Zeitraum zwischen dem 41. und dem 45. Lebensjahr eine Versorgungslücke, die die Ehefrau nach dem Willen des Gesetzgebers selbst zu überbrücken hat.

Rentenhöhe

Grundsätzlich beträgt die Witwen- und Witwerrente 30 % (kleine) des Jahresarbeitsverdienstes des Verstorbenen. Sie wird auf 40 % erhöht (große), wenn der Berechtigte

- berufs- oder erwerbsunfähig im Sinne des gesetzlichen Rentenrechts (SGB VI) ist,
- das 45. Lebensjahr vollendet hat oder
- mindestens ein waisenrentenberechtigtes Kind erzieht oder für ein Kind sorgt, das keine Waisenrente mehr erhält, trotzdem aber noch pflegebedürftig ist.

Für die Fälle der Berufs- oder Erwerbsunfähigkeit des Hinterbliebenen oder dessen Erziehungsverpflichtung für ein waisenrentenberechtigtes oder pflegebedürftiges Kind gilt die zeitliche Beschränkung der kleinen Witwen- und Witwerrente nicht.

Anrechnung eigenen Einkommens

Auf die Rente wird eigenes Einkommen des Hinterbliebenen angerechnet, das monatlich das 26,4-fache des aktuellen Rentenwerts übersteigt.

Der aktuelle Rentenwert wird nach § 68 SGB VI festgelegt und beträgt im Jahr 2023 37,60 Euro.

Diesen Freibetrag gibt es auch bei Waisenrenten.

Außerdem erhöht sich der Freibetrag des Hinterbliebenen um jedes waisenrentenberechtigte Kind des Hinterbliebenen (5,6-facher aktueller Rentenwert).

Rentenhöhe nach dem Todesfall

Um die erste Zeit nach dem Todesfall zu überbrücken, erhalten die Berechtigten in den ersten drei Monaten nach dem Todesfall eine Vollrente im Sinne des § 56 Abs. 2 SGB VII. Diese beträgt 2/3 des Jahresarbeitsverdienstes des Verstorbenen. Auf diese Rente erfolgt keine Anrechnung des eigenen Einkommens der Hinterbliebenen. Für o.g. Beispiel bedeutet dies, dass die Ehefrau in den ersten drei Monaten eine Witwenrente in Höhe von jeweils 1.925 Euro erhält.

Höhe der Waisenrente

Die Waisenrente beträgt bis zur Vollendung des 18. Lebensjahrs (bei längerer Ausbildung, einer Zweitausbildung[1] oder körperlicher oder geistiger Behinderung bis zum 27. Lebensjahr, wobei eine weitere Verlängerung durch Unterbrechung wegen Wehr- oder Zivildienst möglich ist) 30 % des Jahresarbeitsverdienstes für eine Vollwaise und 20 % für eine Halbwaise, § 68 SGB VII. In seltenen Fällen ist es möglich, dass dem Kind mehrere Renten aus der gesetzlichen Unfallversicherung zu gewähren sind. Dann erhält es jeweils nur die höchste Rente, bei gleich hohen Renten diejenige des am weitesten zurückliegenden Arbeitsunfalls.

Verwandte aufsteigender Linie

Die Rente an Verwandte aufsteigender Linie beträgt 30 % des Jahresarbeitsverdienstes für ein Elternpaar und 20 % für einen Elternteil.

c) Witwen- oder Witwerbeihilfe, Waisenbeihilfe, laufende Beihilfe

Der Schwerverletzte, der aus der gesetzlichen Unfallversicherung eine Verletztenrente bezieht, kann natürlich auch aufgrund von Umständen versterben, die mit dem Unfall oder der Berufskrankheit nicht in Zusammenhang stehen. Dann haben Hinterbliebene keinen Anspruch auf Hinterbliebenenrente, sondern auf Witwen- oder Witwerbeihilfe nach § 71 SGB VII, die in Höhe von 40 % des Jahresarbeitsverdienstes als Einmalleistung gewährt wird. Das gilt auch für Waisen, die mit dem Verstorbenen in einem Haushalt gelebt haben und bei denen zur Zeit des Todes eine Witwe oder ein Witwer nicht mehr vorhanden war.

Laufende Beihilfe

§ 71 Abs. 4 SGB VII sieht die Möglichkeit einer laufenden Beihilfe vor, die gewährt wird, wenn ein Verletzter

- länger als zehn Jahre eine Rente wegen einer Minderung der Erwerbsfähigkeit von 80–100 % bezogen hat,

---

[1] BSG vom 7.5.2019 – B 2 U 27/17 R, BeckRS 2019, 18642, FD-SozVR 2019, 421106

- nicht an den Folgen des Unfalls verstorben ist und
- ein Härtefall vorliegt.

In diesen Fällen kann anstelle der einmaligen Beihilfe an Witwen, Witwer oder Waisen eine laufende Beihilfe gezahlt werden. Ein Härtefall ergibt sich in der Regel daraus, dass der Verletzte gerade wegen seiner Minderung der Erwerbsfähigkeit für seine Altersversorgung bzw. die der Hinterbliebenen nicht mehr ausreichend sorgen konnte und so der Hinterbliebene nicht unerhebliche Einkommenseinbußen hinnehmen muss. Hier gibt es keine Schematisierung, vielmehr sind immer die wirtschaftlichen Umstände des Einzelfalls zu prüfen. Die Gewährung der laufenden Beihilfe ist damit eine Entscheidung, die im Ermessen des Versicherungsträgers liegt.

Abfindung von Rentenleistungen

Gesetzliche Grundlagen der Abfindung

Die Rentenleistungen der gesetzlichen Unfallversicherung können nach den Vorschriften der §§ 75 ff. SGB VII mit einmaligen Kapitalleistungen abgefunden werden. Keine Abfindung findet statt, wenn aufgrund des verrenteten Unfalls oder der Berufskrankheit eine verkürzte Lebenserwartung absehbar ist[1].

Für die Abfindung gibt es verschiedene Modelle.

a) Abfindung für vorläufige Rente

Absehbar vorläufige Rente

Nach § 75 SGB VII kann der Träger der gesetzlichen Unfallversicherung im Falle einer absehbar vorläufigen Rente, weil z.B. der Verletzte wieder in das Berufsleben eingegliedert werden kann, wenn sich sein Leiden bessert, dem Rentenempfänger eine einmalige Gesamtvergütung in Höhe der zu erwartenden Rentenzahlungen auszahlen. Das soll dazu beitragen, dass sich der Empfänger gar nicht erst an die Rente gewöhnt und damit unter Umständen dem Arbeitsmarkt nicht mehr zur Verfügung steht. Diese Entscheidung kann der Unfallversicherungsträger von sich aus treffen. Es handelt sich dabei um eine Ermessensentscheidung, deren Ausgang oftmals recht unsicher ist, da schon die Frage der Vorläufigkeit der Rente zweifelhaft sein

[1] SG Dortmund vom 3.2.2016 – S 17 U 487/14, FD-SozVR 2016, 376641

kann. Auf alle Fälle muss absehbar sein, dass die Minderung der Erwerbsfähigkeit vor dem Ablauf von drei Jahren unter den rentenberechtigten Grund sinken wird. Der Verletzte kann deswegen die Entscheidung des Versicherungsträgers, ihm die Rente abzufinden, mit einem Widerspruch angreifen. Sinnvoller ist es aber, stattdessen einen Weiterzahlungsantrag nach § 75 Satz 2 SGB VII zu stellen, da die Mehrzahl der entsprechenden Widersprüche in der Praxis in einen solchen umgedeutet wird.

b) Abfindung für kleine Dauerrenten

Kleine Dauerrente

Ist die Erwerbsfähigkeit dauerhaft um weniger als 40 % gemindert, kann die zu gewährende Dauerrente mit einer einmaligen Kapitalabfindung nach § 76 SGB VII abgefunden werden. Die Berechnung der Kapitalabfindung ergibt sich aus einer eigens dafür erlassenen Verordnung.[1] Diese einmalige Abfindung (Kapitalisierung) muss der Rentenempfänger beantragen. Verschlimmern sich die Verletzungsfolgen nachträglich, so ist dann wieder eine Verletztenrente möglich, § 76 Abs. 3 SGB VII.

Beispiel:

A hat bei einem Arbeitsunfall eine Minderung der Erwerbsfähigkeit von 25 % erlitten. Die ihm zu gewährende Rente wird nach § 76 SGB VII auf Antrag von A hin kapitalisiert. Nach vier Jahren tritt eine organisch bedingte Leidensverschlimmerung ein, die die Minderung der Erwerbsfähigkeit auf insgesamt 45 % ansteigen lässt. A bekommt nun eine zusätzliche Rente in Höhe von 20 %, da die Kapitalisierung angerechnet wird.

Bei Schwerverletzten (Minderung der Erwerbsfähigkeit über 50 %, § 57 SGB VII) lebt die Rente nach § 77 SGB VII dagegen in vollem Umfange wieder auf. Dies muss ebenfalls beantragt werden. Hier erfolgt nur eine Anrechnung in Höhe der bereits abgelaufenen Rente. Erhöht sich z.B. in dem o.g. Beispiel die Minderung der Erwerbsfähigkeit auf 85 %, so ist dem A ab dem Zeitpunkt der Antragstellung die volle Rente zu gewähren,

---

[1] Verordnung über die Berechnung des Kapitalwertes bei Abfindung von Leistungen aus der gesetzlichen Unfallversicherung vom 17.8.1965, BGBl. (1965) I, S. 894 i.d.F. vom 7.8.1996, BGBl. (1996) I, S. 1314

lediglich gemindert durch die bereits kapitalisierten vorvergangenen Zeiträume, also um vier Jahre. Bei der Anrechnung dürfen Kapitalisierungen nur insoweit berücksichtigt werden, als sich die Rente dadurch nicht auf weniger als 50 % des Zahlbetrags mindern darf.

Beispiel:

A ist eine Dauerrente wegen einer Minderung der Erwerbsfähigkeit um 25 % zugesprochen worden. Diese wurde kapitalisiert. Aufgrund einer extremen Leidensverschlimmerung wird bei A nach Ablauf von sechs Jahren eine Minderung der Erwerbsfähigkeit von 90 % festgestellt. Er erhält nun eine Dauerrente in Höhe von 1.400 Euro, die sich bei Anrechnung der erfolgten Kapitalisierung für die vergangenen sechs Jahre auf 650 Euro mindern würde. Dann darf die Anrechnung nur bis zu einer Höhe der Rente von 700 Euro erfolgen.

c) Abfindung bei Minderung der Erwerbsfähigkeit ab 40 %

Minderung der Erwerbsfähigkeit ab 40 %

Diese Renten können auf Antrag des Versicherten durch einen Geldbetrag abgefunden werden. Die Abfindung nach § 78 SGB VII ist nur dann zulässig, wenn der Versicherte das 18. Lebensjahr vollendet hat und nicht davon ausgegangen werden kann, dass innerhalb des Abfindungszeitraumes die Minderung der Erwerbsfähigkeit wesentlich sinkt.

d) Abfindung bei Wiederverheiratung

Wiederverheiratung

Der Hinterbliebene hat den Anspruch auf Hinterbliebenenrente bis zu seinem Tod oder bis zur Wiederverheiratung. Im Falle der Wiederverheiratung erfolgt ebenfalls eine Abfindung. Nach § 80 SGB VII beträgt diese den 24-fachen Monatsbetrag der Rente.

Wiederaufleben der Rente

Da, wie oben festgestellt wurde, die Rente wieder aufleben kann, wenn die nachfolgende Ehe wieder aufgelöst wird, sieht § 80 SGB VII eine Anrechnung der Abfindung auf die dann erneut zu gewährende Rente in Höhe von 1/24 der Abfindungssumme vor.

Minderung der wieder auflebenden Rente

Die wieder auflebende Rente wird um die bereits erhaltene Abfindung gemindert, soweit die Abfindung für den Zeitraum gewährt wurde, in dem die Rente wieder auflebt. Damit wird eine Doppelbelastung des Unfallversicherungsträgers bei Leistung von Rente und Abfindung für den gleichen Zeitraum verhindert. Bei der Bestimmung der angemessenen Teilbeträge muss der Unfallversicherungsträger sein Interesse an der vollständigen Tilgung des Betrags gegen das Interesse des Rentenberechtigten, vor einer unangemessenen Belastung durch die Kürzung geschützt zu werden, abwägen.

Beispiel:

Am 1.3.2000 erhält die hinterbliebene H eine Wiederverheiratungsabfindung von der Berufsgenossenschaft ihres verstorbenen Mannes in Höhe von 24.000 Euro (= 1.000 Euro Rente x 24). Am 31.7.2001 wird H rechtskräftig von ihrem zweiten Mann geschieden. Die Rente lebt bei ordnungsgemäßer Antragstellung ab 1.8.2001 in Höhe von 1.000 Euro pro Monat wieder auf. H war 17 Monate verheiratet und muss sich nun die Abfindung für die verbliebenen sieben Monate anrechnen lassen (7.000 Euro), die in gleichen Teilen von den ab 1.8.2001 zu zahlenden Rentenleistungen einbehalten wird.

Nach der ab 1.1.2002 geltenden Regelung bei den Hinterbliebenenrenten werden bereits bezogene Rententeile auf die Abfindung angerechnet.

Beispiel:

Die hinterbliebene Ehefrau E hat seit dem 1.2.2002 einen Anspruch auf eine „kleine" Witwenrente. Am 1.10.2002 heiratet sie erneut und lässt sich ihre – nach dem neuen Recht sowieso auf 24 Monate begrenzte – Hinterbliebenenrente abfinden. Auf diese Abfindung wird der Rentenbezugszeitraum Februar bis September (8 Monate) angerechnet, so dass E eine Kapitalisierung für 16 Monate erhält.

6 Betriebs- und Personalräte

Arbeitsschutz ist ein Thema, das alle im Betrieb betrifft, da nur so – aus einem Verständnis dafür, dass ein sicherer Arbeitsplatz allen nützt – die Sicherheit am Arbeitsplatz zu einer Selbstverständlichkeit werden kann. Gerade auch Betriebs- und Personalratsgremien sind gefordert, wenn es darum geht, Arbeitsunfälle zu verhüten oder die Folgen bzw. Konsequenzen solcher Unfälle für die Verbesserung der Unternehmensabläufe zu untersuchen.

Größerer Praxisbezug von Betriebs- und Personalräten

Dem Betriebsrat wird oft mehr Vertrauen entgegengebracht als anderen im Betrieb für den Arbeitsschutz Verantwortlichen. Er hat zudem oft die erforderliche Nähe zum Arbeitsplatz und Einblick in Probleme, die unbeteiligten Dritten kaum auffallen würden. Andererseits ist das Thema Arbeitsschutz auch ein Thema, mit dem sich Betriebsräte bei ihren Kollegen (und Wählern!) durchaus profilieren können. Dem Betriebsrat fallen klar durch das Gesetz geregelte Aufgaben zu (siehe Abschnitt 6.1), die jedoch große Spielräume für eigene Initiativen bieten. Unterstützung für seine Tätigkeit kann sich der Betriebsrat bei der zuständigen Gewerkschaft, aber auch bei den Berufsgenossenschaften sichern.

Alle nachfolgenden Ausführungen gelten grundsätzlich auch für Personalratsgremien, die einschlägigen Vorschriften dazu finden sich im Bundes-Personalvertretungsgesetz und den einschlägigen Landes-Personalvertretungsgesetzen.

Neben die gesetzlich eindeutig geregelten Aufgaben des Betriebsrats im SGB VII treten Aufgaben aus dem Betriebsverfassungsgesetz (§§ 87 Abs.1 Nr. 7, 89 und 91 BetrVG) und dem Arbeitssicherheitsgesetz (§§ 9, 11 ASiG). Zudem können Themen des Arbeits- und Gesundheitsschutzes Gegenstand von freiwilligen Betriebsvereinbarungen nach § 77 BetrVG und damit innerbetrieblicher „Gesetzgebung" sein.

6.1 Betriebsratsaufgaben nach dem SGB VII

Das SGB VII regelt an drei Stellen ausdrücklich eine Beteiligung des Betriebsrats.

Informationspflichten des Arbeitgebers

Nach **§ 193 SGB VII** muss der Arbeitgeber Unfälle, die zu einer mehr als dreitägigen Arbeitsunfähigkeit oder zum Tode führen, der Berufsgenossenschaft melden. Er muss dazu derzeit noch ein Meldeformular verwenden, das ihm von der Berufsgenossenschaft zur Verfügung gestellt wird. Dieses sieht vor, dass die Meldung vom Betriebsrat gegenzuzeichnen ist. Der Betriebsrat muss also von diesen Unfällen ebenfalls in Kenntnis gesetzt werden. Diese Verpflichtung ergibt sich im Übrigen auch aus § 89 Abs. 5 BetrVG. Dem Betriebsrat eröffnen sich mit dieser Kenntnis viele Möglichkeiten. Selbstverständlich muss eine Dokumentation solcher Unfälle auch durch den Betriebsrat erfolgen, um auffällige Häufungen bemerken und dieses Wissen auch unter präventiven Gesichtspunkten einsetzen zu können. Unfallursachen und -folgen sollten ebenfalls aufgezeichnet werden.

Praxistipp:

Diese Informationsverpflichtung gilt gegenüber dem Betriebsrat auch für Unfälle, die Fremdpersonal auf dem Betriebsgelände des Unternehmers erleidet[1].

Zusammenwirken mit dem Betriebsrat

Nach **§ 20 Abs. 3 SGB VII**[2] sind die „Aufsichtspersonen"[3] zu einer engen Kooperation mit dem Betriebsrat verpflichtet.

Pflichten des Arbeitgebers

§ 89 BetrVG regelt korrespondierend hierzu die Verpflichtungen des Arbeitgebers gegenüber dem Betriebsrat im Bereich des Arbeitsschutzes.

Auswirkungen auf die Praxis

In der Praxis bedeutet dieses, dass

---

1) BAG vom 12.3.2019 – 1 ABR 48/17, FD-SozVR 2019, 414843

2) und der Verwaltungsvorschrift über das Zusammenwirken der Technischen Aufsichtsbeamten der Träger der Unfallversicherung mit den Betriebsvertretungen vom 21.6.1968, Bundes-Anzeiger Nr. 116 vom 21.6.1968

3) siehe hierzu S. 62 ff. und zum Thema insgesamt SCHWEDE, Aufsichtspersonen, Sicherheitsbeauftragte und Fachkräfte für Arbeitssicherheit, AiB 1998, 664

- der Betriebsrat in den Erfahrungsaustausch einzubeziehen ist, wenn es um die Sicherheit an Arbeitsplätzen geht,
- er bei Betriebsbesichtigungen hinzuzuziehen ist,
- ihm Besichtigungsprotokolle zu überlassen sind,
- Unfallanzeigen an den Betriebsrat weiterzugeben sind, damit er diese gegenzeichnen kann,
- sich die Aufsichtsperson durch den Betriebsrat über Betriebsabläufe oder Unfallhergänge unterrichten lassen kann,
- er anzuhören ist, wenn sich der Unternehmer von bestimmten Unfallverhütungsvorschriften befreien lassen will,
- Mitglieder des Betriebsrats als Praktiker bei der Erarbeitung neuer Sicherheitsvorschriften hinzugezogen werden können und
- er über Sicherheitsschulungen zu informieren ist.

Diese vielfältigen Möglichkeiten sollte jedes Gremium aktiv nutzen. Hat es der Arbeitgeber übrigens versäumt, der Berufsgenossenschaft zu melden, dass es im Unternehmen einen Betriebsrat gibt (weil dieser sich z.B. erst später konstituiert hat), so kann auch der Betriebsrat selbst bei der zuständigen Berufsgenossenschaft seine Existenz anzeigen.

Bestellung eines Sicherheitsbeauftragten

§ 22 SGB VII, der Unternehmer mit mehr als 20 Beschäftigten zur Bestellung eines Sicherheitsbeauftragten verpflichtet, gewährt dem Betriebsrat ein Mitwirkungsrecht bei dessen Bestellung.

Der Betriebsrat kann dieser Bestellung aber nicht widersprechen. Das ist allerdings nicht unumstritten.[1] Grundsätzlich ist davon auszugehen, dass der Betriebsrat auf jeden Fall vor der Bestellung eingehend zu hören ist und der Arbeitgeber diese Anhörung mit dem Ziel einer Verständigung durchführt.

In vielen Unternehmen haben Arbeitgeber Probleme, einen Sicherheitsbeauftragten zu bestellen, weil es sich hierbei meistens um einen „Titel ohne Mittel“ handelt. Der engagierte Betriebsrat hat hier Gestaltungsmöglichkeiten, wenn er den Arbeitgeber bei der Suche unterstützt oder gar eine Vereinbarung treffen kann, wonach dieses wichtige Amt mit einer Zu-

---

1) siehe zum Meinungsstand D/K/K-BUSCHMANN, § 89 BetrVG Rn. 35

satzentlohnung attraktiver gestaltet wird (das BSG regt diese als zusätzlichen Anreiz sogar an).[1] Über die Bestellung, eine mögliche zusätzliche Vergütung und die Abberufung des Sicherheitsbeauftragten kann eine freiwillige Betriebsvereinbarung nach § 77 BetrVG abgeschlossen werden.

6.2 Mitbestimmung nach dem Betriebsverfassungsgesetz

Mitwirkung und Mitbestimmung in der Unfallverhütung

Die Mitbestimmung des Betriebsrats im Bereich der Unfallverhütung ist vor allem in **§ 87 Abs. 1 Nr. 7 BetrVG** geregelt. Danach findet sie bei Regelungen über die Verhütung von Arbeitsunfällen und Berufskrankheiten sowie über den Gesundheitsschutz im Rahmen der gesetzlichen Vorschriften sowie der Unfallverhütungsvorschriften statt. Der Betriebsrat hat danach grundsätzlich mitzubestimmen, wenn der Arbeitgeber verbindliche Arbeits- und Sicherheitsanweisungen erlässt, um Unfallverhütungsvorschriften zu konkretisieren. Nach § 87 Abs. 1 Nr. 14 BetrVG bestimmt der Betriebsrat bei der Ausgestaltung von mobiler Arbeit, die mittels Informations- und Kommunikationstechnik erbracht wird, ebenfalls mit. Hierbei handelt es sich insbesondere um Homeofficearbeitsplätze. Diese Regelung ist durch das Betriebsrätemodernisierungsgesetz[2] eingeführt worden. In der Begründung heißt es zu den Rechten des Betriebsrats nach Nr. 14: „Dazu gehören zum Beispiel Regelungen über den zeitlichen Umfang mobiler Arbeit, über Beginn und Ende der täglichen Arbeitszeit in Bezug auf Mobile Arbeit oder über den Ort, von welchem aus mobil gearbeitet werden kann und darf. Es können Regelungen zur konkreten Anwesenheitspflicht in der Betriebsstätte des Arbeitgebers, zur Erreichbarkeit, zum Umgang mit Arbeitsmitteln der mobilen Arbeit und über einzuhaltende Sicherheitsaspekte getroffen werden."

Als Rahmenvorschrift kommt auch § 2 Abs. 1 VBG (Allgemeine Vorschriften) in Betracht.[3] Im Rahmen dieser Vorschrift hat

---

[1] BSG vom 28.5.1975 – 2 RU 79/72, BSGE 37, 262

[2] Vom 14.6.2021, Bundesgesetzblatt 2021 Teil I, S. 1762

[3] BAG vom 16.6.1998 – 1 ABR 68/97, NZA 1999, 49

der Betriebsrat eine Vielzahl von Möglichkeiten, auch selbst die Initiative zu ergreifen. Er kann

- Unfallquellen deutlich machen,
- über Abhilfen gemeinsam mit dem Arbeitgeber nachdenken und
- gegebenenfalls auch mit der Berufsgenossenschaft gemeinsam mit dem Arbeitgeber tätig werden.

In der Praxis ist z.B. häufig festzustellen, dass zwar die Unfallanzeigen (siehe 6.1) gesammelt, Konsequenzen hieraus jedoch nicht gezogen werden. Der Betriebsrat sollte jedem Unfall nachgehen und bei Häufungen versuchen, Ursachenforschung zu betreiben.

Belegschaftsbefragungen durch den Betriebsrat

Im Bereich der Berufskrankheiten werden die Möglichkeiten des Betriebsrats ebenfalls unterschätzt. Ein wichtiges Medium, den betrieblichen Gesundheitsschutz voranzubringen und als Betriebsrat die Initiative zu ergreifen, sind z.B. **Belegschaftsbefragungen**.

Mitwirkung im Arbeitsschutz

Wichtig ist auch **§ 89 BetrVG**, der dem Betriebsrat im Bereich des Arbeitsschutzes wichtige Aufgaben und Rechte zuweist. Dessen Abs. 1 regelt ausdrücklich, dass der Betriebsrat vor allem die Träger der gesetzlichen Unfallversicherung durch Anregungen, Beratung und Auskünfte zu unterstützen und sich im Betrieb für die Durchführung der Vorschriften über den Arbeitsschutz und die Unfallverhütung einzusetzen hat.

Pflichten des Arbeitgebers

Der Arbeitgeber muss den Betriebsrat nicht nur zu Besichtigungen heranziehen, sondern ihn nach § 89 Abs. 2 BetrVG auch umgehend über Auflagen und Anordnungen z.B. der Berufsgenossenschaften informieren. Der Betriebsrat ist zu Sitzungen und Begehungen mit dem Sicherheitsbeauftragten heranzuziehen und ihm sind Protokolldurchschriften solcher Veranstaltungen zu überlassen. Grundsätzlich sind dem Betriebsrat Protokolle immer zur Verfügung zu stellen, wenn diese angefertigt wurden, unabhängig davon, ob eine Pflicht zur Protokollierung bestand.

Zuständigkeit im betrieblichen Umweltschutz

Mit der Neuregelung des § 89 BetrVG wurde der betriebliche Umweltschutz in der betrieblichen Mitbestimmung stärker verankert.[1] Damit ergibt sich eine eigene Zuständigkeit des Betriebsrats für den betrieblichen Umweltschutz, die mit denselben Rechten und Pflichten versehen ist, wie sie im Bereich des Arbeitsschutzes bestehen. Der Gesetzgeber will damit auch hier der Tatsache gerecht werden, dass Betriebsräte durch ihre ständige Nähe zum Arbeitsplatz viel dazu beitragen können, Probleme und Fragestellungen des betrieblichen Umweltschutzes praxisnah zu lösen.

Umsetzung von Abhilfemaßnahmen

Eine in der Praxis kaum beachtete Vorschrift ist **§ 91 BetrVG**, nach der der Arbeitgeber bei Änderungen der Arbeitsplätze oder des Arbeitsablaufs, die gesicherten Kenntnissen über die menschengerechte Gestaltung der Arbeit widersprechen und so den Arbeitnehmer in besonderer Weise belasten, Abhilfemaßnahmen, die der Betriebsrat verlangen kann, umsetzen muss. Die Voraussetzungen dieser Vorschrift sind so vielschichtig, dass sie in der Praxis kaum je zusammentreffen, so dass eine Anwendung höchst selten ist.

6.3 Aufgaben nach dem Arbeitssicherheitsgesetz (ASiG)

Das Arbeitssicherheitsgesetz vom 12.12.1973 verpflichtet die Unternehmer, Betriebsärzte und Sicherheitsfachkräfte zu bestellen.

Mitbestimmung bei Zusammenarbeit mit Fachkräften

§ 9 ASiG räumt dem Betriebsrat sehr weitgehende Mitbestimmungsrechte bei der Zusammenarbeit mit diesen Fachkräften ein. Sie erstrecken sich über

- eine Verpflichtung zur Zusammenarbeit,
- eine Unterrichtungsverpflichtung des Betriebsrats durch die Fachkräfte bis hin zu
- einem Zustimmungsrecht des Betriebsrats bei der Bestellung und Abberufung dieser Fachkräfte.

Wie weit die Mitbestimmungsrechte gehen, ist nicht unumstritten: Der Betriebsrat kann nach der Rechtsprechung mitbestimmen, wenn es um die Frage geht, wie die arbeitsmedizinische Versorgung ausgestaltet werden soll, ob also ein

---

[1] dazu ausführlich D/K/K-BUSCHMANN, § 89 BetrVG Rn. 49–55

Betriebsarzt fest angestellt wird, ob ein freiberuflich tätiger Arzt beauftragt werden soll oder ob ein arbeitsmedizinischer Dienst beauftragt wird.[1] Die konkrete Auswahl dagegen ist nur von einem Anhörungsrecht begleitet. Wird allerdings ein Betriebsarzt fest angestellt, soll es bei dessen Abberufung ein Mitbestimmungsrecht geben.[2]

Das BAG hat zudem festgestellt, dass der Betriebsrat kein Mitbestimmungsrecht hat, wenn der Arbeitgeber externe Personen oder Stellen mit der Durchführung von Gefährdungsbeurteilungen oder Unterweisungen beauftragt.[3] Dieses wird für den Bereich des kirchlichen Arbeitsrechts anders gesehen, hier soll die Mitarbeitervertretung ein Mitbestimmungsrecht haben.[4]

Betriebsrat im Arbeitsschutzausschuss

In Betrieben mit mehr als 20 Beschäftigten hat der Arbeitgeber nach § 11 ASiG einen Arbeitsschutzausschuss einzuberufen, dem auch zwei Mitglieder des Betriebsrats angehören müssen. Dieser soll vierteljährlich tagen und es ermöglichen, dass an einem „runden Tisch" mit dem Arbeitgeber und den zuständigen Fachkräften Probleme des Arbeitsschutzes diskutiert werden können.

Zwangsweise Durchsetzung

Es ist umstritten, ob der Betriebsrat im Wege eines Beschlussverfahrens den Arbeitgeber dazu zwingen kann, einen Arbeitsschutzausschuss zu bilden. Unter Berufung auf die Durchsetzung einer eigenständigen Rechtsposition des Betriebsrats wurde das vom Landesarbeitsgericht Hessen[5] bejaht, abgelehnt dagegen vom Landesarbeitsgericht Hamburg[6]. Das BAG hat nun jedoch festgestellt, dass der Betriebsrat keinen direkt gegenüber dem Arbeitgeber durchsetzbaren Anspruch hat[7]. Es ist indes auf jeden Fall möglich, dass die Einsetzung eines Arbeitsschutzausschusses von der zuständigen Behörde angeordnet wird, an die sich der Betriebsrat selbstverständlich auch wenden kann.

---

1) LAG Hamm vom 17.1.2008 – 10 TaBV 125/07, BeckRS 2008, 51533 unter Berufung auf die Rechtsprechung des BAG

2) LAG Hamm, a.a.O., Fn. 191

3) BAG vom 18.8.2009 – 1 ABR 43/08, BeckRS 2009, 73840

4) KGH-EKD Hannover vom 9.7.2007 – II-124/N24/07, BeckRS 2008, 52163

5) vom 1.2.1996 – 12 TaBV 32/95, NZA 1997, 114

6) vom 27.9.1995 – 4 TaBV 2/95, NZA-RR 1996, 213

7) BAG vom 15.4.2014 – 1 ABR 82/12, NZA 2014, 1094

7 Träger der gesetzlichen Unfallversicherung

Der „Träger" einer Versicherung ist derjenige, der sie betreibt. Das heißt,

- an ihn werden die Beiträge geleistet,
- er verwaltet diese und
- sorgt im Falle eines Versicherungsfalls für die Leistungen an den Versicherten.

Bei der Frage der Trägerschaft wird der Unterschied zwischen „echter" und „unechter" Unfallversicherung (siehe oben S. 16) deutlich, da sie sich insbesondere hier gravierend unterscheiden. Träger der „echten" Unfallversicherung sind die gewerblichen Berufsgenossenschaften, die der „unechten" Unfallversicherung die Gemeindeunfallversicherungsverbände, Landes- und Feuerwehrunfallkassen und die zu Versicherungsträgern erklärten Gemeinden (so z.B. die Städte Düsseldorf, Köln oder München).

Daneben gibt es als Träger der landwirtschaftlichen Unfallversicherung landwirtschaftliche Berufsgenossenschaften.

7.1 Gewerbliche Berufsgenossenschaften

■ Rechtsform und Organisation

Berufsgenossenschaft = Körperschaft des öffentlichen Rechts

Die gesetzliche Unfallversicherung[1)] wird durch gewerbliche Berufsgenossenschaften gewährleistet, in denen die Unternehmer auf genossenschaftlicher Basis zusammengeschlossen sind. Die Berufsgenossenschaften sind **Körperschaften des öffentlichen Rechts** mit einer eigenen Selbstverwaltung und Organisation. Ihre Eigenschaft als Körperschaft öffentlichen Rechts gestattet es ihnen, wie eine Behörde zu handeln, d.h. in der Praxis, dass die Bescheide, die die Berufsgenossenschaft erlässt, wie Verwaltungsakte einer Behörde zu behan-

1) BGI 506 – „Merkblatt über die gesetzliche Unfallversicherung"

deln und gegebenenfalls anzugreifen sind (siehe dazu unter Kap. 8).

Paritätische Verwaltung

Interessant ist aber auch, dass – obwohl Mitglieder der Berufsgenossenschaft nur die Unternehmer sind – die Selbstverwaltung nach den §§ 43 ff. SGB IV den Unternehmern und den Versicherten gemeinsam zugestanden wird.

Was bedeutet Selbstverwaltung?

Selbstverwaltung bedeutet, dass die Berufsgenossenschaften die ihnen durch Gesetz übertragenen Aufgaben – unter staatlicher Aufsicht – eigenverantwortlich durchführen. Sie sind jeweils einer Vertreterversammlung verantwortlich, die gleichberechtigt je zur Hälfte aus Arbeitgeber- und Arbeitnehmervertretern zusammengesetzt ist. Dort werden Satzungen, der Beitragssatz, wichtige Investitionsentscheidungen der Berufsgenossenschaften u.Ä. beschlossen. Die Vertreterversammlung wählt den Vorstand und beruft auch den Hauptgeschäftsführer der jeweiligen Berufsgenossenschaft, der hauptamtlich die laufenden Geschäfte führt.

Gliederung der gewerblichen Berufsgenossenschaften und ihre Zuständigkeit

Gliederung nach Berufs- und Gewerbezweigen

Die gewerblichen Berufsgenossenschaften gliedern sich fachlich nach Berufs- und Gewerbezweigen. Diese Gliederung hat sich seit der gesetzlichen Begründung des Unfallversicherungsschutzes im Jahre 1884 gehalten und beruht im Wesentlichen auf dem Gedanken, dass eine derartige fachliche Aufteilung ein Höchstmaß an Kompetenz für die verschiedenen Bereiche sichert und auch dem unterschiedlichen Risiko, das die verschiedenen Berufszweige naturgemäß haben, gerecht wird.

Die Zahl der Berufsgenossenschaften ist in den letzten Jahren erheblich reduziert worden, um durch die Mitnahme von Einsparungseffekten den Anteil an Beiträgen, der in die Kosten der Selbstverwaltung fließt, zu reduzieren. Das entspricht dem allgemeinen Trend, der in der Deutschen Sozialversicherung erkennbar ist, die Verwaltungskosten durch Straffungsprozesse zu senken.

Berufsgenossenschaften und ihr Hauptsitz

Die einzelnen gewerblichen Berufsgenossenschaften:[1)]

1. BG Rohstoffe und chemische Industrie (BG RCI), Heidelberg
2. BG Holz und Metall, Mainz
3. BG Energie Textil Elektro Medienerzeugnisse (BG ETEM), Köln
4. BG Nahrungsmittel und Gastgewerbe, Mannheim
5. BG der Bauwirtschaft – BG BAU, Berlin
6. BG Handel und Warenlogistik, Mannheim
7. Verwaltungs-Berufsgenossenschaft, Hamburg
8. BG für Transport und Verkehrswirtschaft, Hamburg
9. BG für Gesundheitsdienst und Wohlfahrtspflege (BGW), Hamburg

Zuständigkeit

Nach §§ 121, 122 SGB VII regelt sich die **Zuständigkeit der Berufsgenossenschaft** für den einzelnen Unternehmer nach „Art und Gegenstand" des Unternehmens. Um möglichst kein Unternehmen aus dem Schutz der Versicherungsleistungen und damit aus der Pflichtmitgliedschaft herausfallen zu lassen, ist der Unternehmensbegriff bereits im Gesetz (§ 136 Abs. 3 Nr. 1 SGB VII) sehr weit gefasst.

Wer ist Unternehmer?

Unternehmer ist danach, wem das Ergebnis des Unternehmens unmittelbar zum Vor- oder Nachteil gereicht. Darunter fallen, wie es in § 121 Abs. 1 SGB VII ausdrücklich heißt, alle Betriebe, Einrichtungen oder Tätigkeiten. Dabei ist weder ein wirtschaftlicher Zweck noch ein Geschäftsbetrieb erforderlich.

Beispiel:

A beschäftigt in seiner Privatwohnung die Reinigungskraft R. Diese verunglückt, als sie beim Fensterputzen von der Leiter fällt, schwer. Die Krankenkasse der R schaltet die zuständige Berufsgenossenschaft ein, die anschließend Leistungen an R erbringt. A wiederum wird von der Berufsgenossenschaft aufgefordert, Beiträge an diese zu zahlen. A weist das von sich, da er ja kein „Unternehmer" sei.

Nach der Rechtsprechung ist A im Unrecht. Er kann als Unternehmer im Sinne des Unfallversicherungsrechts betrachtet werden.

1) Die Adressen finden sich im Internet unter http://www.dguv.de/.

Begriff des Unternehmens

Allgemein definiert die Rechtsprechung ein **Unternehmen** damit, dass es

- planmäßig,
- auf eine bestimmte Dauer angelegt,
- auf eine bestimmte Vielzahl von Tätigkeiten gerichtet,
- einem Unternehmenszweck dient und
- mit einer gewissen Regelmäßigkeit ausgeübt wird.

Der Hauptunternehmenszweck

Etwas problematisch ist die Frage der Zuständigkeit dann, wenn das Unternehmen Tätigkeiten ausübt, die nicht einheitlich einer Berufsgenossenschaft zugeordnet werden können. Dieses ist in der Praxis sehr häufig der Fall, denkt man nur daran, dass jedes produzierende Unternehmen auch über eine kaufmännische Verwaltung verfügt, in größeren Industriebetrieben oftmals eigene Speditionen und Hauswerkstätten vorgehalten werden oder in Krankenhäusern Großküchen mit einer Vielzahl von Beschäftigten vorhanden sind. Um Kompetenzüberschneidungen zu verhindern, ist trotzdem immer nur eine Berufsgenossenschaft zuständig, wobei hier der **Hauptunternehmenszweck** zugrunde gelegt wird. Ein wichtiges Indiz dafür kann z.B. sein, wo die größte Zahl von Arbeitnehmern beschäftigt ist. Wie oben angesprochen, ist einer der Vorteile der Aufteilung der gewerblichen Berufsgenossenschaften auf verschiedene Gewerbezweige eben der der ausgeprägten Kompetenz für diese Gewerbe. Bei Mischunternehmen wird der möglicherweise auftretende Mangel an Kompetenz bei zugeordneten Abteilungen, die nicht diesem Gewerbe angehören, durch die sehr enge Kooperation der Berufsgenossenschaften untereinander ausgeglichen.

Zeitarbeitsunternehmen

Auch bei **Zeitarbeitsunternehmen** trifft man auf diese Problematik. Hier gibt es sehr große Unternehmen, die ihre Mitarbeiter in viele verschiedene Sparten „vermieten". Zentral für alle Zeitarbeitsunternehmen ist jedoch die Verwaltungs-Berufsgenossenschaft zuständig.

Bei Zeitarbeitsunternehmen ist vor allem umstritten, welchen Gefahrklassen die Beiträge unterliegen, wenn Mitarbeiter in gefährlichen und in weniger gefährlichen Bereichen tätig sind. Eine differenzierte Betrachtung nach den entsprechenden Bereichen, an der sich die Beitragshöhe ausrichten müsste, lehnt die Rechtsprechung ab: Die Berufsgenossenschaft kann durch ihre

Vertreterversammlung einen einheitlichen Gefahrtarif (zum Begriff siehe unten S. 215) festlegen, der keinen Nützlichkeits- oder Zweckmäßigkeitserwägungen durch die Gerichte unterliegt.

Entstehen der Mitgliedschaft

Die **Mitgliedschaft** eines Unternehmens in der zuständigen Berufsgenossenschaft **entsteht** nach § 136 Abs. 1 SGB VII **kraft Gesetz**. Das bedeutet vor allem für den betroffenen und damit versicherten Arbeitnehmer, dass sein Versicherungsschutz nicht davon abhängig ist, ob der Unternehmer um eine Mitgliedschaft nachgesucht hat oder gar bereits Beiträge geleistet hat. Es ist auch ohne Belang, ob es sich um einen Vollzeitarbeitnehmer, eine Teilzeitkraft oder um Aushilfskräfte handelt.

Das Unternehmen beginnt bereits mit den vorbereitenden Arbeiten, d.h., dass z.B. schon Tätigkeiten anlässlich der Unternehmensgründung oder der Errichtung des Unternehmens versichert sind. Der Träger der Unfallversicherung stellt den Beginn seiner Zuständigkeit dem Unternehmer gegenüber durch einen schriftlichen Bescheid fest. Damit ist ein weitgehender Schutz der Arbeitnehmer gesichert.

Beispiel:

Rechtsanwalt R gründet eine eigene Kanzlei und stellt sofort eine Anwaltsgehilfin A und eine Auszubildende ein. Er kümmert sich nicht weiter um die „leidigen Personalangelegenheiten“, sondern konzentriert sich vollständig auf seine Mandate. Als sich die Angestellte A beim Hantieren mit einem mehrbändigen Gesetzeskommentar einen Sehnenanriss zuzieht, wird sie vom behandelnden Hausarzt – nach Schilderung des Unfallhergangs – zum Durchgangsarzt überwiesen. Die vom Durchgangsarzt eingeschaltete Verwaltungs-BG übernimmt die Behandlungskosten und stellt R gegenüber gleichzeitig per Bescheid fest, dass dieser beitragspflichtiges Mitglied ist.

Praxistipp:

Gerade bei neu gegründeten Kleinunternehmen („Existenzgründer“) besteht immer wieder eine gewisse Unsicherheit und Unkenntnis hinsichtlich derartiger Verpflichtungen. Die meisten Unternehmer sind nach dem deutschen Kammersystem aber Pflichtmitglieder in Kammern (Handwerkskammer, Rechtsanwaltskammer, Ärztekammer usw.), die diesbezüglich auch zur Beratung und Unterstützung verpflichtet sind.

Eine die Beitragspflicht auslösende Mitgliedschaft kann auch entstehen, wenn dafür eigentlich keine Rechtsgrundlage bestand, jedoch Leistungen erbracht worden sind.

Beispiel:

Ein in der Bundesrepublik Deutschland ansässiges Bauunternehmen warb in den 1970er-Jahren in Jugoslawien Arbeitnehmer an, die dann auf Baustellen in der DDR eingesetzt wurden. In dieser Zeit gingen Unternehmer und die Bau-Berufsgenossenschaft davon aus, dass diese Mitarbeiter unter dem Schutz der gesetzlichen Unfallversicherung standen, so dass Beiträge gezahlt und Leistungen für diverse Arbeitsunfälle erbracht wurden. Nachträglich stellte sich heraus, dass eine Mitgliedschaft des Unternehmens nach den Vorschriften des Unfallversicherungsrechts nicht vorlag.

Die zurückgeforderten Beiträge mussten jedoch nicht erstattet werden, da die Berufsgenossenschaft in dieser Zeit auch Leistungen erbracht hat, damit also eine Art „faktische Mitgliedschaft" entstanden war.[1)]

7.2 Träger der „unechten" Unfallversicherung

Die Träger der „unechten" Unfallversicherung sind die Gemeindeunfallversicherungsverbände, Landes- und Feuerwehrunfallkassen und die zu Versicherungsträgern erklärten Gemeinden.

7.3 Weitere Träger der Unfallversicherung

Für die land- und forstwirtschaftlichen Berufe gibt es landwirtschaftliche Berufsgenossenschaften, die für insgesamt mehr als 4 Mio. Personen in ca. 1,8 Mio. Betrieben Versicherungsschutz gewähren.

7.4 Reformansätze

Auf europäischer Ebene ist das bundesdeutsche Unfallversicherungssystem in seiner Form einmalig. Im Zuge der „Euro-

1) BSG vom 2.2.1999 – B 2 U 3/98, NZS 1999, 507

päisierung" ganzer Rechtsbereiche liegt es auf der Hand, dass auch hier Reformdiskussionen angestoßen werden. Diese gehen bis zu der Forderung, das gesamte System zu privatisieren und auch private Versicherer als Konkurrenz zu den etablierten Berufsgenossenschaften zuzulassen. Versuche, das System als europarechtswidrig vor dem Europäischen Gerichtshof anzugreifen, sind gescheitert.

7.5 Finanzierung

Einseitige Beitragsfinanzierung

Die gesetzliche Unfallversicherung finanziert sich durch die **Beiträge der Unternehmer**. Hier gilt die Besonderheit, dass die Unternehmer die Beiträge alleine erbringen, die Arbeitnehmer als Versicherte dagegen keine Beitragsverpflichtung trifft.

An diesem Punkt setzt regelmäßig eine Diskussion ein, die – angeregt von einigen Unternehmensverbänden – dieses System als nicht mehr zeitgemäß ablehnt und eine Beteiligung der Arbeitnehmer am Beitragsaufkommen fordert. Das ist jedoch schon aus systematischen Gründen abzulehnen: Die gesetzliche Unfallversicherung ist letztlich eine Unternehmenshaftpflicht-Versicherung.

Höhe des Beitragsaufkommens

Im Jahr 2007 wurden im Bereich der gewerblichen Berufsgenossenschaften insgesamt 13,9 Milliarden Euro an Beiträgen eingenommen.

Keine pauschalen Beitragssätze

Im Gegensatz zur gesetzlichen Renten- und Krankenversicherung wird der Beitrag durch den Versicherungsträger nicht pauschal auf einen bestimmten Prozentsatz für alle Versicherten festgelegt, sondern für jeden Unternehmenszweig im Einzelnen bestimmt. Dieser wird auch **„Gefahrtarif"** genannt.

Bestimmung der Beitragshöhe

Dieses recht komplizierte Verfahren nach § 153 Abs. 1 SGB VII legt zugrunde

- das Arbeitsentgelt der Versicherten in einem Unternehmen,
- die Gefahrklasse und
- eine Umlageziffer.

Beitragshöhe entsprechend dem Risiko

Damit wird sichergestellt, dass die Unternehmen **ihrem Risiko gerechte Beiträge** leisten, indem

- die wirtschaftliche Kraft des Unternehmens, dokumentiert durch die Arbeitsentgelte, und
- das mit dem Unternehmenszweck verbundene Risiko, dokumentiert durch eine aus Durchschnittszahlen der aufgetretenen Versicherungsfälle ermittelte Gefahrklasse,

ins Verhältnis gesetzt werden.

Selbstverständlich kann es auch hier, wie in anderen Zweigen des Sozialversicherungsrechts, zu Verzerrungen führen, wenn kleine Unternehmen mit hohen Arbeitsentgelten und geringer Unfallhäufigkeit unverhältnismäßig hohe Beiträge zu leisten haben. Aber auch hier ist auf den Solidaritätsgedanken zu verweisen, der dem gesamten Sozialversicherungsrecht zugrunde liegt, nachdem die Leistungsfähigeren mit ihren etwas höheren Beiträgen für die weniger Leistungsfähigeren aufkommen sollen.

Risikostrukturausgleich

Da auch im Bereich der gewerblichen Berufsgenossenschaften Versicherungsträger vorhanden sind, die aufgrund wirtschaftlicher Probleme der Mehrzahl ihrer Mitgliedsunternehmen ihre Leistungen nicht mehr unbedingt sichern können, kann es auch hier, wie z.B. im Krankenversicherungsrecht, zum Ausgleich durch „wohlhabendere" Berufsgenossenschaften kommen. Hierbei spricht man von **Risikostrukturausgleichen**, die in den §§ 176 ff. SGB VII ausdrücklich geregelt sind.

8 Verfahrensfragen

Werden Leistungen erbracht, richtet sich das Verfahren der gesetzlichen Unfallversicherung nach

- den Vorschriften des SGB X (Verwaltungsverfahren) und
- dem Sozialgerichtsgesetz (SGG) für das Widerspruchs- und Klageverfahren.

Daneben gibt es auch im SGB VII selbst Verfahrensvorschriften, insbesondere zu den Anzeigepflichten des Unternehmers.

8.1 Anzeigepflichten

Man unterscheidet drei unterschiedliche Anzeigepflichten:

Anzeigepflicht des behandelnden Arztes

Ist der Verletzte bereits bei einem Arzt in Behandlung, so muss dieser bei dem Verdacht auf Vorliegen einer Berufskrankheit den zuständigen Unfallversicherungsträger nach § 202 SGB VII hierüber unterrichten. Hat der Arbeitnehmer den Verdacht, dass bestimmte Krankheitsbilder beruflich bedingt sind, so ist es selbstverständlich in seinem Interesse, den Hausarzt darüber zu informieren, dass ein entsprechender Zusammenhang mit der Berufstätigkeit bestehen könnte. Gerade Erkrankungen oder Verletzungen mit Spätfolgen, die zu einer Minderung der Erwerbstätigkeit führen können, sollten zeitnah festgestellt werden, um im Schadensfalle nicht in Beweisnot zu geraten.

Anzeige durch die Krankenkasse

Gemäß § 188 SGB VII können die Unfallversicherungsträger von den Krankenkassen Auskunft über die Behandlung, den Zustand sowie über Erkrankungen und frühere Erkrankungen des Versicherten verlangen, soweit dieses für die Feststellung des Versicherungsfalls erforderlich ist. Sie sollen dabei ihr Auskunftsverlangen auf solche Erkrankungen oder auf solche Bereiche von Erkrankungen beschränken, die mit dem Versicherungsfall in einem ursächlichen Zusammenhang stehen können. Der Versicherte kann vom Unfallversicherungsträger verlangen, über die von den Krankenkassen übermittelten Daten unterrichtet zu werden. Nach § 4 Berufskrankheiten-Verordnung kann jedoch auch schon der Arzt der zuständigen Berufsgenossenschaft den Unfall melden.

Anzeigepflicht des Unternehmers

Nach § 193 SGB VII muss der Unternehmer der Berufsgenossenschaft jeden Unfall im Betrieb anzeigen, der ein Todesopfer gefordert hat oder zu einer vollständigen oder teilweisen Arbeitsunfähigkeit von mehr als drei Tagen geführt hat. Die Unfallanzeige des Unternehmers muss vom Betriebsrat gegengezeichnet werden, womit dieser allerdings lediglich die Kenntnisnahme, nicht dagegen die Richtigkeit der Angaben bestätigt. Auch muss der Unternehmer eine mögliche Berufskrankheit anzeigen. Die seit dem 1.8.2002 gültige neue Unfallversicherungs-Anzeigeverordnung hat dieses Verfahren deutlich vereinfacht. Form und Inhalt der Anzeigen sind vereinheitlicht und für das gesamte Bundesgebiet verbindlich. Im Gegensatz zu den früheren Fragebogen werden nur noch die absolut notwendigen Angaben abgefragt, um den bürokratischen Aufwand in den Betrieben zu verringern und den Sozialdatenschutz zu stärken. Die neue Unfallversicherungs-Anzeigenverordnung lässt auch Meldewege durch Datenübertragung zu, soweit diese von Betrieben und Versicherungsträgern eingerichtet werden.

Die Meldungen von Arbeitsunfällen, Wegeunfällen, Schülerunfällen und Berufskrankheiten an die Berufsgenossenschaften und die Unfallkassen werden ab dem 1.1.2028 nur noch digital möglich sein. Die entsprechende Novellierung der Unfallversicherungs-Anzeigeverordnung (UVAV) wurde am 20.7.2023 im Bundesgesetzblatt verkündet. Mit der neuen Verordnung soll das Verfahren nun vollständig digitalisiert und so beschleunigt und vereinfacht werden.

Die wesentlichen **Ziele der neuen Anzeigeverordnung** sind:

- die Digitalisierung des Verfahrens – die elektronische Anzeige ist der ausschließliche Meldeweg,
- der Wegfall der bisherigen Anzeigeformulare als zwingende Vorgabe des Verordnungsgebers und
- die Festlegung der jeweiligen Anzeigeinhalte durch die detaillierte Beschreibung der Meldedaten.

Darüber hinaus werden Möglichkeiten geschaffen, Daten aus anderen Anzeigeverfahren zu nutzen, um Doppelmeldungen im Bereich der Berufskrankheiten zu vermeiden, sowie die Anzeigeinhalte um aktuelle Entwicklungen zu ergänzen.

Wesentliche Neuregelungen sind im Einzelnen:

Anzeigeerstattung: Arbeitsunfälle und Berufskrankheiten sind nach § 2 UVAV durch eine elektronische Datenübertragung anzuzeigen. Bei dieser sind die Einhaltung der geltenden datenschutzrechtlichen Vorgaben und die Datensicherheit nach dem jeweiligen Stand der Technik sicherzustellen. Der jeweilige Stand der Technik ist den Technischen Richtlinien des Bundesamtes für Sicherheit in der Informationstechnik zu entnehmen. Bei der Nutzung allgemein zugänglicher Internetverbindungen sind Verschlüsselungs- und Authentifizierungsverfahren zu verwenden.

Die Träger der gesetzlichen Unfallversicherung stellen den Anzeigepflichtigen für die Datenübertragung einen elektronischen Zugang zur Verfügung. Über diesen Zugang werden die Anzeigedaten durch gesicherte und verschlüsselte Datenübertragung von den Anzeigepflichtigen an die Träger der gesetzlichen Unfallversicherung sowie an die nach § 193 Abs. 1 bis 3 SGB VII zuständigen Arbeitsschutzbehörden übermittelt. Die elektronische Vorgangsbearbeitung ist barrierefrei zu gestalten.

§ 3 Abs. 1 UVAV regelt die zu erfassenden allgemeinen Daten für jede Form der Anzeige: § 3 Abs. 2 UVAV regelt die zusätzlich erhebbaren, aber freiwilligen, Daten.

Unfallanzeigen: Eine Unfallanzeige hat nach § 4 Abs. 1 UVAV über die in § 3 UVAV aufgeführten Daten hinaus zusätzlich folgende Daten zu enthalten:

1. die Unternehmensnummer des anzeigenden Unternehmens,
2. den Unfallzeitpunkt,
3. den Unfallort und dessen Postleitzahl,
4. bei Eintritt: den Tod der versicherten Person,
5. eine ausführliche Schilderung des Unfallhergangs,
6. die Benennung der Art der Verletzung und der verletzten Körperteile,
7. die Benennung von vorhandenen Zeuginnen oder Zeugen des Unfallgeschehens und
8. den Namen und die Anschrift der erstbehandelnden Ärztin oder des erstbehandelnden Arztes oder des behandelnden Krankenhauses.

§ 4 Abs. 2 UVAV regelt zudem, welche Daten zusätzlich zu erheben sind, wenn der Unfall sich am Arbeitsplatz ereignet hat und § 4 Abs. 3 UVAV regelt, welche Daten zu erheben sind, wenn Versicherungsfälle der Schülerunfallversicherung betroffen sind.

Bei Unfällen am Arbeitsplatz sind nach § 4 Abs. 2 UVAV zusätzlich folgende Daten zu erheben:

1. Name und die Anschrift des Unternehmens, bei dem die versicherte Person zum Zeitpunkt des Unfalls beschäftigt war,
2. Name und die Anschrift der Betriebsstätte, auf der sich der Unfall ereignet hat,
3. Angabe, seit wann, im Rahmen welcher Tätigkeit und in welchem Teil des Unternehmens die versicherte Person zum Zeitpunkt des Unfalls tätig war,
4. Angaben dazu, ob die versicherte Person zum Zeitpunkt des Unfalls
   a) Leiharbeiterin oder Leiharbeiter war,
   b) Auszubildende oder Auszubildender war,
   c) eine geringfügige Beschäftigung ausgeübt hat,
   d) Unternehmerin oder Unternehmer, Gesellschafterin oder Gesellschafter, Geschäftsführerin oder Geschäftsführer war oder
   e) mit der Unternehmerin oder dem Unternehmer verheiratet, in eingetragener Lebenspartnerschaft lebend, verwandt oder Familienangehörige oder Familienangehöriger nach § 2 Abs. 4 SGB VII war,
5. Angaben über das Bestehen und die Dauer eines Anspruchs auf Entgeltfortzahlung zum Zeitpunkt des Unfalls,
6. Angabe, ob der Unfall während einer Homeoffice-Tätigkeit eingetreten ist,
7. Angaben über den Beginn und das Ende der Arbeitszeit der versicherten Person am Tag des Unfalls,
8. Angabe, ob und wann die versicherte Person die Tätigkeit aufgrund des Unfalls beendet hat,
9. Angabe, ob und wann die versicherte Person die Tätigkeit nach dem Unfall wiederaufgenommen hat,

9a. Angabe, ob ein Gewaltereignis (zum Beispiel körperlicher Übergriff, sexueller Übergriff) vorgelegen hat und

10. Name des Betriebsrats- oder des Personalratsmitgliedes, welches von der Anzeige vor ihrer Absendung Kenntnis genommen hat.

Berufskrankheitenanzeige: § 5 UVAV regelt die über § 3 UVAV hinausgehenden zu erhebenden Daten für die Anzeige des Verdachts auf Vorliegen einer Berufskrankheit. Dabei wird zwischen der Anzeige nach § 5 Abs. 1 Nr. 1 UVAV durch den Arzt und der Anzeige durch das Unternehmen (§ 5 Abs. 1 Nr. 2 UVAV) differenziert.

§ 5 Abs. 2 UVAV erleichtert die Meldung durch Ärzte, indem Daten, die bereits anderweitig gemeldet wurden, nicht nochmals erhoben werden müssen. Letzteres betrifft die Meldung von Hautkrankheiten. Für diese haben die Unfallversicherungsträger in Zusammenarbeit mit der Ärzteschaft seit vielen Jahren ein Verfahren installiert, um frühzeitig individualpräventive Maßnahmen einleiten zu können und so die Entstehung oder Verschlimmerung einer Erkrankung möglichst schon im Vorfeld zu verhindern. Im Rahmen dieses Verfahrens erfolgt ein ärztlicher Bericht an den Unfallversicherungsträger (Hautarztbericht), der alle Angaben enthält, die auch in einer Berufskrankheitenanzeige mitzuteilen sind. Die Übermittlung der Daten erfolgt nur mit ausdrücklicher Zustimmung der Versicherten[1)].

Übergangsregelungen zum Inkrafttreten: Die Verordnung tritt zum 1.1.2024 in Kraft (Art. 3 der Verordnung zur Neuregelung der Anzeige von Versicherungsfällen in der gesetzlichen Unfallversicherung). Es wurden jedoch in § 7 UVAV Übergangsregelungen aufgenommen. Abweichend von § 2 UVAV können danach die Anzeigen nach den §§ 193 und 202 SGB VII bis zum 31.12.2027 auf den Vordrucken nach dem Muster der Anlagen 1 bis 4 oder nach § 5 der Unfallversicherungs-Anzeigeverordnung vom 23. Januar 2002 (BGBl. I S. 554), die zuletzt durch Artikel 2 der Verordnung vom 17.7.2023 (BGBl. 2023 I Nr. 192) geändert wurde, in der am Tag vor Inkrafttreten dieser Verordnung geltenden Fassung erstattet werden.

Die vollständige Digitalisierung des Anzeigeverfahrens erfordert nach korrekter Einschätzung des Gesetzgebers er-

1) s. den Referententwurf der Bundesregierung vom 17.1.2023, S. 14

hebliche Anpassungen von bereits bestehenden digitalen Übermittlungsverfahren (Verhältnis Unternehmen - Unfallversicherungsträger) sowie teilweise die erstmalige Nutzung und Einbindung in bestehende Verfahren anderer Sozialversicherungszweige (Verhältnis Ärzteschaft - Unfallversicherungsträger). Da die Nutzung digitaler Übermittlungsverfahren teilweise bereits jetzt stattfindet und sich künftig sukzessive ausweiten wird, sei ein möglichst flexibler Übergang vom papiergebundenen auf das digitale Verfahren erforderlich. § 7 UVAV ermögliche deshalb bis zum Jahresende 2027 die Anzeigeerstattung auf den Vordrucken nach der bisherigen Verordnung. Einerseits können damit in Verbindung mit § 5 UVAV die bereits existierenden Verfahren zur Datenübertragung, insbesondere für die Anzeigen von Unternehmen, für den Übergangszeitraum weitergenutzt werden und andererseits die Übermittlung der notwendigen Anzeigedaten per Papier in anderen Bereichen, insbesondere für die Anzeigen durch die Ärzteschaft, sichergestellt werden, bis auch dort digitale Verfahren installiert sind.

Praxistipp:

Eine im Gesetz nicht genannte „Anzeige“ ist eigentlich auch eine Selbstverständlichkeit: Es ist meistens der Arbeitnehmer vor Ort, der Risiken und Gefahren für die Gesundheit erkennt. Er muss sich deswegen an den Sicherheitsbeauftragten, die Aufsichtsperson, den Betriebsrat oder den Unternehmer wenden und Abhilfe anmahnen und so dazu beitragen, Unfälle zu verhüten.

8.2 Antrags- und Rechtsmittelverfahren

Im unproblematischen Regelfall übernimmt der Träger der Unfallversicherung die Leistungen und alles geht seinen geordneten Gang. Was ist jedoch zu unternehmen, wenn es Probleme gibt?

■ Grundsätzliches

Sollte das Vorliegen eines Arbeitsunfalls von der Berufsgenossenschaft bestritten werden, empfiehlt es sich vor allem, Zeugen für den Unfallhergang oder nähere Umstände vorzumerken, falls diese erst später benötigt werden. Auch der Betriebsrat könnte befragt werden, wenn es darum geht, Unterstützung zu bekommen.

Es gibt Unternehmer, die ihren Arbeitnehmern von einer Unfallanzeige beim Hausarzt abraten, um möglichst wenige Unfälle anzeigen zu müssen. Von einem solchen Verfahren ist dringend abzuraten, da zum Zeitpunkt des Arbeitsunfalls für den Versicherten eventuelle weitere Folgen nicht absehbar sind und er sich unter Umständen dadurch selbst einer geordneten sozialen Versorgung entzieht.

Das Verfahren vom Leistungsantrag bis zur Klage

Antrag auf Leistung

- wird gestellt bei der Berufsgenossenschaft als zuständigem Leistungsträger, üblicherweise unter Einhaltung bestimmter Formvorschriften (Formular)

Entscheidung des Versicherungsträgers (Verwaltungsakt)

- unterliegt Formvorschriften; muss eine Begründung und eine Rechtsbehelfsbelehrung enthalten

Widerspruch gegen diesen Verwaltungsakt

- schriftlich; an die Adresse, die in der Rechtsbehelfsbelehrung genannt wurde; üblicherweise innerhalb der Frist von einem Monat; Begründung nicht erforderlich, aber angeraten

Widerspruchsbescheid durch die Berufsgenossenschaft

- unterliegt Formvorschriften; muss eine Begründung und eine Rechtsbehelfsbelehrung enthalten

Klage zum Sozialgericht

- schriftlich; unterliegt keinen weiteren Formvorschriften; an das Sozialgericht zu richten, das in der Rechtsbehelfsbelehrung angegeben wurde; Begründung nicht erforderlich, aber anzuraten

Berufung, Revision

- sozialgerichtliche Rechtsmittel, nur wenn ausdrücklich zugelassen

Die Ablehnung der Leistungsübernahme

Anforderungen an den Verwaltungsakt

In der Regel wird die Nichtübernahme von Leistungen seitens der Berufsgenossenschaft dem Versicherten gegenüber durch einen Bescheid, der im Amtsdeutsch Verwaltungsakt heißt, festgestellt. Dieser Verwaltungsakt bedarf einer bestimmten Form (insbesondere Schriftform!). Er muss begründet und mit einer Rechtsbehelfsbelehrung versehen werden, d.h. aus dem Verwaltungsakt muss hervorgehen,

- warum die Leistung abgelehnt wurde und
- wohin man gegebenenfalls ein Rechtsmittel zu richten hat und welche Form und Frist zu wahren ist (= Rechtsbehelfsbelehrung).

Begründung bei Ermessensentscheidung

Eine Ermessensentscheidung lässt der Behörde in einem bestimmten gesetzlichen Spielraum die Möglichkeit, eine Entscheidung zu treffen. In der gesetzlichen Unfallversicherung kann die Frage, ob ein Arbeitsunfall vorliegt oder nicht, durchaus eine Ermessensentscheidung sein. Vor allem dabei müssen aus der Begründung die Erwägungen, die der Entscheidung zugrunde lagen, deutlich werden. Ist das nicht der Fall, ist der Verwaltungsakt bereits aus formellen Gründen rechtswidrig. Das bedeutet jedoch nicht, dass damit der Verwaltungsakt „aus der Welt wäre“. Diese Rechtswidrigkeit muss ausdrücklich festgestellt werden.

Eine Ablehnung einer Leistung unter schlichter Bezugnahme lediglich auf höchstrichterliche Rechtsprechung ohne Wertung des Einzelfalls ist ein Ermessensfehler und macht den Verwaltungsakt rechtswidrig.

Beispiel:

A hat die Anerkennung eines Unfalls, der sich auf dem Heimweg von der Arbeit nach Hause ereignet hat, als er an der Tankstelle anhielt, um seinen Wagen aufzutanken, bei der Berufsgenossenschaft beantragt. In dem ihm nun vorliegenden Ablehnungsbescheid vom 21.5.2002 heißt es dazu: „Die Anerkennung als Wegeunfall ist ausgeschlossen, da Sie beim Tanken grundsätzlich unversichert sind (siehe Urteil des Bundessozialgerichts vom …).“

Dieser Bescheid ist schon unter rein formellen Aspekten als rechtswidrig anzusehen: Eine Ermessensabwägung ist nicht erkennbar, es wird sich nicht mit dem Tatbestand des Tankens auseinandergesetzt und eigene Argumentationen werden durch Bezugnahme auf Rechtsprechung ersetzt.

Bei schwierigen Sachverhalten, insbesondere bei Berufskrankheitenverfahren, empfiehlt sich bereits in diesem Verfahrensstadium die Hinzuziehung eines Rechtsanwalts, möglichst eines Fachanwalts für Sozialrecht. Fachanwälte für Sozialrecht finden sich im Telefonbuch oder über einen Anwaltssuchservice im Internet. Anwälte in der Nähe des Versicherten werden auf Nachfrage auch von der Anwaltskammer beim jeweils zuständigen Oberlandesgericht benannt. Diese Benennung ist jedoch nicht mit einer Empfehlung zu verwechseln. Die Kammer darf keine Anwälte empfehlen.

Kein Anwaltszwang in unteren Instanzen

Grundsätzlich ist es jedoch nicht immer erforderlich, einen Anwalt einzuschalten, da es – mit Ausnahme des Verfahrens vor dem BSG (hier werden jedoch auch Verbandsvertreter, z.B. von der Gewerkschaft oder dem Arbeitgeberverband akzeptiert) – keinen Anwaltszwang gibt. Verfahren mit Anwaltszwang können nur betrieben werden, wenn ein vom Mandanten bevollmächtigter Anwalt Erklärungen abgibt.

Besteht eine wirtschaftliche Notlage, kann Prozesskostenhilfe nach den §§ 114 ff. ZPO beantragt werden. Diesen Antrag kann nur der Anwalt stellen. Bezieher von ALG II oder Sozialhilfe können sich von der zuständigen Behörde einen sogenannten Beratungsschein ausstellen lassen, der dann dem beratenden Anwalt vorzulegen ist. Ob sozialversicherungsrechtliche Streitigkeiten von der Rechtsschutzversicherung übernommen werden, sollte **vor** der Inanspruchnahme anwaltlicher Beratung bei der Versicherung erfragt werden. Wird das grundsätzlich bejaht, muss wiederum der Anwalt die Kostenübernahme für den Einzelfall durch die Versicherung beantragen.

Der Widerspruch

Rechtsbehelf gegen Ablehnung

Lehnt die Berufsgenossenschaft die Anerkennung eines Arbeitsunfalls oder einer Berufskrankheit ab, so kann gegen diesen Verwaltungsakt Widerspruch bei der Widerspruchsstelle der Berufsgenossenschaft eingelegt werden. Adressen, zu wahrende Formen und Fristen sind der Rechtsbehelfsbelehrung zu entnehmen. Wird die Frist von üblicherweise einem Monat versäumt, so ist der Bescheid bestandskräftig, d.h., er entfaltet dann seine volle Wirkung!

Frist bei fehlender Rechtsbehelfsbelehrung

Bei einer fehlenden Rechtsbehelfsbelehrung verlängert sich die Frist zur Einlegung des Widerspruchs (siehe dazu unten) von einem Monat auf ein Jahr. Formvorschriften sind nicht zu wahren, da sie ja nicht bekannt sind. Aus Beweisgründen sollte man jedoch immer ein Einschreiben mit Rückschein verwenden oder den Widerspruch – wenn möglich – persönlich abgeben. Ein Verwaltungsakt eines gesetzlichen Unfallversicherungsträgers, der ohne Rechtsbehelfsbelehrung zugestellt wird, sollte grundsätzlich mit einem Widerspruch angegriffen werden, um sich keinesfalls seiner Rechte zu begeben.

Keine Pflicht zur Begründung

Der Widerspruch muss nicht begründet werden; es genügt also, unter Bezugnahme auf den Bescheid der Berufsgenossenschaft Widerspruch bei der Widerspruchsstelle einzulegen, wobei nicht einmal das Wort „Widerspruch" verwendet werden muss. Es genügt, dass aus dem Schreiben hervorgeht, dass man mit der Entscheidung der Berufsgenossenschaft nicht einverstanden ist.

Natürlich empfiehlt es sich aber, den Widerspruch zu begründen. Ist man mit dem Träger der Unfallversicherung bezüglich der Wertung von Umständen, die einen Arbeitsunfall oder eine Berufskrankheit begründen können, nicht einer Meinung, so liegt es geradezu auf der Hand, seine Argumente auch geltend zu machen (s. Beispiel S. 223).

Aus diesem Beispiel wird auch deutlich, warum es für den Versicherten so wichtig ist, dass der Ursprungsbescheid der Berufsgenossenschaft ausführlich die Argumentation, die zur Ablehnung führte, enthält. Denn nur dann kann der Versicherte prüfen, ob die der Entscheidung zugrunde gelegten Umstände wirklich so gegeben waren und sich wirklich konstruktiv „wehren". Es muss dem Versicherten möglich sein, alle der Entscheidung zugrunde liegenden Tatsachen, Zusammenhänge und Umstände zu erkennen. Diese sind die Grundlage der Leistungsbewilligung oder -ablehnung und damit im Falle einer Auseinandersetzung Gegenstand des Verfahrens.

Beispiel:

A aus dem o.g. Beispiel kann in seinem Widerspruch schlicht schreiben:

„Gegen Ihren Bescheid vom 21.5.2002 lege ich hiermit Widerspruch ein." oder noch besser formulieren:

„Gegen Ihren Bescheid vom 21.5.2002 lege ich hiermit Widerspruch ein, den ich wie folgt begründe: Sie haben Ihr Ermessen nicht ordnungsgemäß ausgeübt, weil Sie eigene Argumentationen lediglich durch ein Urteil des Bundessozialgerichts ersetzt haben. Zudem haben Sie sich mit dem von mir geschilderten Unfallhergang nicht auseinandergesetzt, zumindest ist dieses Ihrem Bescheid nicht zu entnehmen."

Anforderungen an den Widerspruchsbescheid

Die Widerspruchsstelle prüft den Widerspruch, wobei sie auf die vorhandenen Unterlagen zugreift, jedoch auch neue Ermittlungen und Untersuchungen anstellen kann. Auch sie handelt nach freiem Ermessen, muss also vom Versicherten benannte Zeugen nicht anhören oder von diesem in Auftrag gegebene Gutachten nicht in die Entscheidung einbeziehen.

Wird aufgrund des Widerspruchs die Leistung bewilligt, ist das Verfahren damit beendet. Wird die Leistungsverweigerung aufrechterhalten, wird dem Versicherten ein Widerspruchsbescheid zugestellt (Postzustellurkunde). Für diesen gelten hinsichtlich Inhalt und Form die Anmerkungen zum Leistungsbescheid. Dieser muss also ebenfalls begründet und mit einer Rechtsbehelfsbelehrung versehen sein, aus der zu ersehen ist, innerhalb welcher Frist (regelmäßig ein Monat) zu welchem Sozialgericht Klage erhoben werden kann.

■ Die Klage zum Sozialgericht

Anhand der Rechtsbehelfsbelehrung im Widerspruchsbescheid kann nun festgestellt werden, innerhalb welcher Frist Klage bei welchem örtlich zuständigen Sozialgericht erhoben werden kann.

Der Widerspruchsbescheid ist eine Zulässigkeitsvoraussetzung für die Klage beim Sozialgericht. Selbst wenn es für diese Klagen wiederum keine ausdrücklichen Formvorschriften gibt, ist der Klage auf alle Fälle eine Kopie des Widerspruchsbescheids beizufügen. Fehlt diese, kann die Klage bereits unter formellen Aspekten abgewiesen werden.

Amtsermittlungsgrundsatz

Selbstverständlich kann das Sozialgericht den Sachverhalt ohne Aktenkenntnis nicht entscheiden. Deshalb liegt es im Interesse des Versicherten, dem Gericht von Anfang an so viele und geeignete Dokumente wie möglich zur Verfügung zu stellen. Auch Zeugen sollte man sofort mit einer ladungsfähigen Adresse benennen. Die Klage vor dem Sozialgericht muss ebenfalls nicht begründet werden, da der sogenannte Amtsermittlungsgrundsatz gilt.

Praxistipp Amtsermittlungsgrundsatz:

Der Richter ist gesetzlich dazu verpflichtet, von sich aus alle relevanten Umstände zu ermitteln, die für oder gegen eine Leistungsgewährung sprechen können. Das bedeutet auch, dass der Richter die Verfahrensakten vom Versicherungsträger heranziehen muss. Umfang und Inhalt der Aufklärungspflicht richten sich nach dem jeweiligen Ermittlungsziel. Dabei ist das Gericht nur zu solchen Ermittlungen verpflichtet, die nach der Sachlage als geboten erscheinen oder die nach dem Vorbringen der Beteiligten geboten sein können.

Das bedeutet für die Praxis, den Vortrag sehr genau und umfassend abzufassen und sich keineswegs darauf zu verlassen, dass das Gericht seiner Ermittlungspflicht schon nachkommen werde!

Um sich ein Bild über den Akteninhalt auch der Gegenseite zu machen, kann man als Kläger Akteneinsicht beantragen. Wenn man nicht anwaltlich vertreten ist, muss man diese bei Gericht selbst einsehen, der Anwalt kann sie in seine Kanzlei übersenden lassen.

Praxistipp:

Auch hier gilt: Grundsätzlich genügt es, an das Gericht zu schreiben:

„Ich erhebe hiermit Klage gegen den anliegenden Widerspruchsbescheid." und diesen einfach anzufügen.

Besser wird es aber sein, dem Gericht auch ausführlich zu begründen, warum man meint, man habe einen Anspruch und – wenn ein solcher vorhanden ist – auch schon die entsprechenden Beweismittel zu benennen und gegebenenfalls beizufügen.

Kosten des Klageverfahrens

Das gesamte Verfahren in der Sozialgerichtsbarkeit ist kostenlos. Auch die Anwaltsgebühren sind begrenzt, so dass sich das Kostenrisiko eines solchen Verfahrens in Grenzen hält. Rechtsschutzversicherungen übernehmen bei Standardpolicen Gebühren für solche Verfahren nicht, es können jedoch entsprechende Risiken abgesichert werden. Es gibt Anwälte, die bei derartigen Verfahren „Honorarvereinbarungen" abschließen wollen, die in der Regel über den in der Gebührenordnung festgelegten Sätzen liegen. Darauf kann, muss man sich aber nicht einlassen, gegebenenfalls sollte man dann einen anderen Anwalt einschalten. Bei Berufskrankheitenverfahren ist jedoch zu bedenken, dass unter Umständen aufwändige und teure Gutachten einzuholen sind. Die Kosten für diese Gutachten können gegebenenfalls zu Lasten des Sozialleistungsberechtigten gehen. Über die Risiken klärt jedoch der Anwalt auf.

Auch den Zeitfaktor solcher Verfahren sollte man nicht außer Acht lassen. Bereits das Verfahren für die Anerkennung einer Berufskrankheit bei der Berufsgenossenschaft kann sich über längere Zeit hinziehen. Das Widerspruchsverfahren nimmt in der Regel nochmals mindestens vier bis fünf Monate in Anspruch. Verfahrenszeiten vor den Sozialgerichten hängen von der Belastung der Gerichte ab, sind aber in erster Instanz mit mindestens einem Jahr anzusetzen.

Der Richter wird versuchen, sich im Rahmen der Amtsermittlung selbst ein komplexes Bild des Geschehens zu machen, und wird dazu – wenn notwendig – auch einen Termin zur mündlichen Verhandlung ansetzen. Fordert das Gericht weitere Unterlagen an, sollte man diese innerhalb der gesetzten Fristen übersenden. Ist die Klage vollkommen aussichtslos, wird gegebenenfalls das Gericht schon frühzeitig darauf hinweisen und die Rücknahme der Klage nahelegen. Ob man diesem Hinweis folgt, ist der eigenen Entscheidung vorbehalten – hält man die Klage aufrecht, muss man in einem solchen Fall aber mit einer Klageabweisung rechnen.

Entschließt man sich zu einer Klage vor dem Sozialgericht, so ist spätestens jetzt die Inanspruchnahme rechtlicher Hilfe geboten. Ein Fachanwalt für Sozialrecht, aber auch gewerkschaftlicher Rechtsschutz (selbstverständlich nur bei Mitgliedschaft in einer Gewerkschaft) sind zwar keine Garanten für einen Erfolg, stellen aber sicher, dass zumindest keine Verfahrensfehler gemacht werden und können aufgrund ihrer Erfahrungen und ihrer Fachkenntnisse dem Versicherten helfen, gegen den „übermächtigen" Sozialversicherungsträger zu bestehen.

Rechtsmittel

Gegen Urteile der Sozialgerichte ist die Berufung zum Landessozialgericht (LSG) möglich. Hier wird das gesamte Verfahren gegebenenfalls nochmals aufgerollt, unter Umständen werden gar neue Gutachten eingeholt. In diesem Fall kann sich das Verfahren nochmals um ca. ein Jahr verlängern. Gegen die Entscheidung des LSG kann Revision zum BSG eingelegt werden, wenn diese von dem entscheidenden LSG zugelassen worden ist (z.B. weil das Verfahren grundsätzliche Bedeutung hat). Hierfür muss erneut mindestens ein Zeitraum von sechs Monaten eingeplant werden.

Stichwortverzeichnis